O PODER INVESTIGATÓRIO DO MINISTÉRIO PÚBLICO

e seus limites na tutela da probidade administrativa
— publicidade *versus* privacidade —

A994p   Azevedo, Felipe Martins de

O poder investigatório do Ministério Público e seus limites na tutela da probidade administrativa: publicidade *versus* privacidade / Felipe Martins de Azevedo. – Porto Alegre: Livraria do Advogado Editora, 2010.

179 p.; 23 cm.

ISBN 978-85-7348-714-5

1. Ministério Público: Direitos e garantias individuais. 2. Ministério Público: Investigação. 3. Ministério Público: Probidade administrativa. I. Título.

CDU – 347.963

Índice para catálogo sistemático:

Ministério Público   347.963

(Bibliotecária responsável: Marta Roberto, CRB-10/652)

Felipe Martins de Azevedo

O PODER INVESTIGATÓRIO DO MINISTÉRIO PÚBLICO

e seus limites na tutela da probidade administrativa
— publicidade *versus* privacidade —

Porto Alegre, 2010

© Felipe Martins de Azevedo, 2010

Capa, projeto gráfico e diagramação
Livraria do Advogado Editora

Revisão
Rosane Marques Borba

Direitos desta edição reservados por
Livraria do Advogado Editora Ltda.
Rua Riachuelo, 1338
90010-273 Porto Alegre RS
Fone/fax: 0800-51-7522
editora@livrariadoadvogado.com.br
www.doadvogado.com.br

Impresso no Brasil / Printed in Brazil

Para *Plauto Faraco de Azevedo*,
meu pai, amigo e professor exemplar.

Meus sinceros agradecimentos:

Ao Professor Doutor Horácio Wanderlei Rodrigues, meu Orientador no Programa de Mestrado da Universidade Federal de Santa Catarina, com quem aprendi a fazer pesquisa em direito;

Ao Professor Doutor Paulo de Tarso Brandão, pelo estímulo e valiosas sugestões;

Ao Professor Doutor João dos Passos Martins Neto, pela inspiração e ensinamentos;

À minha esposa Vânia Lúcia, pelo apoio e compreensão.

Prefácio

As carreiras do Ministério Público e de Professor me proporciona(ra)m momentos inesquecíveis, cada uma em seu âmbito. Agora, o prazer conferido por ambas, assegura-me do acerto de tê-las seguido.

O convite para elaborar o prefácio à obra do Promotor de Justiça e Mestre Felipe Martins de Azevedo representa essa circunstância. Não poderia querer mais, após participar da banca de arguição da Dissertação com que obteve o grau de Mestre em Direito. Sobreveio a honra determinada pela possibilidade de elaborar o texto a título de prefácio para apresentar o autor e o trabalho acadêmico agora transformado em livro.

É assim mesmo: uma honra e um prazer cumprir a tarefa.

As atividades no Ministério Público catarinense me permitiram conhecer o Promotor de Justiça Felipe Azevedo. Profissional combativo, persistente, seguro, mas, sem confundir as coisas, um cidadão afável e cordial. Acompanhei sua carreira, ainda que de longe. No início pensei que minha admiração se tratasse de uma típica transferência de sentimentos. É que logo após o seu ingresso fiquei sabendo ser ele filho do Professor Doutor Plauto Faraco de Azevedo por quem, ainda que não o conhecesse pessoalmente, tinha e tenho uma extremada admiração por todos os atributos de Pesquisador, Professor, Doutrinador (todos em maiúsculas, sim!). Depois, fui me assegurando de que Felipe tem caráter particular e, embora possua as qualidades do pai, sua autonomia se revela já nos primeiros contatos mais próximos. São duas figuras absolutamente notáveis, que se complementam, mas não se confundem.

Mais recentemente nos aproximamos pelas atividades acadêmicas, especialmente quando me debrucei sobre o seu trabalho que se tornou o livro que agora prefacio. Não posso dizer que tenha ficado surpreso. Esperava exatamente a qualidade que encontrei.

Mas me dei conta da importância do caráter de Felipe Azevedo para o Ministério Público e para a academia.

Vou tentar sintetizar minha percepção.

Atualmente, alguns setores do Ministério Público pensam que qualquer crítica e qualquer alerta de que a Instituição tem, sim, limites na sua atuação representam uma ameaça e são produzidos por "inimigos", que querem destruir todo o arcabouço construído ao longo de muitos anos e consolidado na Constituição da República de 1988. É evidente que, se a Instituição atingiu o patamar atual, foi por ter sido delineada em normas constitucionais. Disso não esquecem os membros do Ministério Público antes referidos. Esquecem, no entanto, que a ordem constitucional que querem ver observada e respeitada, no que se refere às normas que regulam o Ministério Público, é a mesma que consagra, com importância superior porque asseguram direitos fundamentais, normas atributivas de direitos aos cidadãos e que, também por isso, devem ser igualmente observadas e respeitadas. O Ministério Público, portanto, tem limitações e deve ter limitações de atuação, pois se trata de uma Instituição inserida no Estado Democrático de Direito e não se encontra acima dele.

Nesse contexto a primeira virtude do autor e da obra: provocar o debate sobre o tema do poder e apontar os seus limites com visão e autoridade de quem opera no sistema jurídico com a responsabilidade de desempenhar competentemente as funções e, ao mesmo tempo, de respeitar direitos fundamentais dos cidadãos. Manifesta a seriedade do Felipe, Promotor de Justiça.

No âmbito da outra atividade, a acadêmica, o autor também apresenta o mesmo grau de retidão.

Após um consistente estudo sobre o Estado e os Direitos Fundamentais e ter indicado as bases do Estado de Direito, o autor discorre sobre a atividade investigatória de fatos que possam ser atentatórios à moralidade administrativa, partindo de uma leitura histórica para indicar as possibilidades dessa atuação, respeitando os princípios e objetivos consagrados na Constituição. As conclusões/reflexões que seguem tornam claro que o poder investigatório encontra limites no ordenamento constitucional que o estabelece em razão de direitos fundamentais estabelecidos no próprio sistema constitucional.

A obra não é uma receita pronta que pretenda indicar como deve atuar o Ministério Público, tão ao gosto dos manuais. A pretensão que surge clara ao leitor é a de provocar um debate muito mais amplo – ainda que, para cumprir exigência acadêmica, parta de um recorte meramente exemplificativo –, que deixa aberta a clareira para a construção de um "modus vivendi" institucional.

Fica mais evidente, ainda, o grau democrático do debate proposto quando o convite para o prefácio é dirigido a quem tem importantes pontos de concordância com as conclusões manifestas no trabalho, mas, por outro lado, algumas discordâncias. Felipe sabe disso, tanto pelos diálogos que tivemos anteriormente, quanto pelas observações feitas em arguição na Banca de Defesa já mencionada.

Estamos absolutamente de acordo no que se refere aos poderes investigatórios do Ministério Público, que decorrem dos poderes (nem tão e nem somente implícitos) estabelecidos no ordenamento constitucional da República Federativa do Brasil.

Em grande parte estamos de acordo que os limites a esse poder de investigação somente podem decorrer de normas constitucionais, de normas infraconstitucionais autorizadas ou que estejam de acordo com a Constituição ou, ainda, do respeito a outros direitos (em especial e na maioria das vezes fundamentais), assegurados na mesma forma que se estabelece o poder investigatório.

No entanto, a amplitude dessas limitações é que determina alguma divergência. Refere-se ela à questão envolvendo o sigilo para a parte e seu advogado em inquérito civil em que se investiga a prática de ato de improbidade administrativa e a da divulgação pelo Ministério Público, por intermédio da mídia, durante a investigação, dos fatos e seus pretensos autores ou partícipes.

Embora manifeste algum desacordo com o trabalho, entenderá o leitor que o faço porque a intenção de Felipe é exatamente essa – o diálogo democrático - e para homenagear o trabalho, porque reconheço a coerência e o rigor metodológico que determinaram as conclusões apontadas na obra. Todas as descrições e todas as fundamentações levam logicamente às proposições. Como parto de outro lugar e encontro outras fundamentações, necessariamente chego a outras respostas e soluções.

Não é este o momento, no entanto, para expor o que penso – já escrevi sobre os temas envolvidos na obra em outros lugares. O que cabe agora é ressaltar que o leitor encontrará uma obra riquíssima e um convite para pensar Ministério Público e Investigação de forma aprofundada e aberta. É, ao mesmo tempo, um facho de luz clareando o caminho na direção do Estado Democrático de Direito e um farol a indicar que há muitos perigos em atuar sem uma reflexão séria sobre a relação entre poder e direitos fundamentais.

Desejo que a obra ganhe mercado e, em especial, mentes abertas; que o autor siga a trilha que começou a abrir; e que o leitor encontre o mesmo grau de provocação e prazer que a obra me conferiu.

Ilha de Santa Catarina, julho de 2010.

Paulo de Tarso Brandão

Procurador de Justiça
Professor do Programa de Pós-Graduação em
Direito da Universidade do Vale do Itajaí - UNIVALI

SUMÁRIO

1. Introdução 15

2. O Estado de Direito e os Direitos Fundamentais 21

   2.1. Estado de Direito, Direitos Fundamentais e Constituição 22

   2.2. A formação histórica do Estado Moderno 23

   2.3. O Estado Liberal e o surgimento dos Direitos Fundamentais 27

   2.4. O Estado Social e a materialização dos Direitos Fundamentais 37

   2.5. Conceitos de Estado Social de Direito e de Direitos Fundamentais 48

   2.6. O Estado de Direito na Constituição de 1988 52

3. A Investigação Cível do Ministério Público na Tutela da Probidade
Administrativa 59

   3.1. Síntese da evolução histórica do Ministério Público no Brasil 61

      3.1.1. O Ministério Público nas épocas colonial e monárquica 61

      3.1.2. O Ministério Público na República Velha 64

      3.1.3. O Ministério Público no período de 1930 até 1964 64

      3.1.4. O Ministério Público após o golpe militar de 1964 66

      3.1.5. O Ministério Público na Constituição de 1988 68

   3.2. A legitimidade do Ministério Público para a tutela coletiva 71

      3.2.1. A coletivização dos litígios no Estado Social 71

      3.2.2. A inadequação da teoria geral do Processo Civil à tutela coletiva . . 73

      3.2.3. O surgimento e a abrangência da Ação Civil Pública 79

      3.2.4. Os conceitos de interesses difusos, coletivos e individuais
homogêneos 81

      3.2.5. A legitimidade do Ministério Público para a defesa do
erário público 84

   3.3. O papel do inquérito civil no exercício da Tutela da Probidade
Administrativa 89

      3.3.1. Conceito, origem e finalidade do inquérito civil 90

      3.3.2. A atuação do advogado e do investigado no inquérito civil 93

      3.3.3. Valor judicial das provas colhidas pelo Ministério Público
no inquérito civil 97

      3.3.4. A Tutela da Probidade Administrativa no inquérito civil 100

4. Limites à Investigação Cível do Ministério Público na Tutela da Probidade Administrativa 109

4.1. O direito fundamental à privacidade 114

4.2. As investigações cíveis sob a ótica do princípio da obrigatoriedade . . . 121

4,3. Publicidade e hipóteses de sigilo das investigações ministeriais 126

4.3.1. O princípio da publicidade e seus reflexos 127

4.3.2. A inadequação do sigilo para a preservação da privacidade dos investigados 132

4.3.3. O interesse público como fundamento de exceção à publicidade das investigações 140

4.4. O acesso e a utilização de informações sigilosas nas investigações cíveis 147

4.4.1. O acesso direto do Ministério Público aos dados das movimentações bancárias 154

5. Conclusão 163

Referências 171

1. Introdução

A Constituição de 1988 consagrou o restabelecimento da Democracia no Brasil, após o fim do período de Ditadura Militar iniciado em 1964, que durou cerca de duas décadas. O fim do Ato Institucional nº 5, em 1979, e a abertura política, ocorrida no final do governo do General João Batista Figueiredo, abriram espaço para a edição da Carta de 1988, a qual adotou o modelo de Estado Social e Democrático de Direito, reconhecendo um amplo rol de direitos fundamentais, não excludente de direitos implícitos da mesma natureza, decorrentes de outros princípios e direitos fundamentais constantes em seu texto, embora fora do capítulo específico, bem como daqueles advindos de tratados internacionais que obtenham a adesão do Estado brasileiro.

A previsão dos direitos sociais no capítulo dos direitos fundamentais, na Constituição de 1988, ressaltou a condição de fundamentalidade destes, o que implica o reconhecimento de sua aplicabilidade imediata, conforme dispôs de forma inovadora o texto constitucional, excluindo a possibilidade do seu reconhecimento como normas programáticas, conforme, de regra, previam as Constituições anteriores. A implementação das transformações sociais previstas pela Constituição passou então a exigir uma nova postura positiva do Estado brasileiro, com a modificação de alguns comportamentos de abstenção característicos do modelo liberal de Estado, substituídos por ações estatais interventivas típicas de seu modelo social, inclusive no campo econômico.

Essa necessidade de materialização dos direitos sociais, oriunda da transição do modelo de Estado Liberal para Social, criou novas espécies de demandas, que não se enquadravam na esfera de proteção do modelo tradicional de processo civil individualista, impondo o reconhecimento das modalidades de interesses transindividuais e de uma nova sistemática para seu tratamento, as quais deram origem à tutela coletiva. Esta necessidade de coletivização dos litígios foi reconhecida pelos legisladores no início da década de 1980, com a edição das Leis da Política Nacional do Meio Ambiente (Lei nº 6.938/81) e da Ação Civil Pública (Lei nº 7.347/85), tendo sido consolidada na Constituição de 1988, que consagrou a legitimidade do Ministério Público para a tutela coletiva de uma ampla gama de direitos, muitos dos quais fundamentais e essenciais ao funcionamento do regime democrático e à concretização dos direitos sociais.

A Constituição de 1988 conferiu ao Ministério Público amplas funções institucionais para a defesa da ordem jurídica, do regime democrático e dos interesses sociais e individuais indisponíveis, sem inseri-lo na estrutura dos Poderes Executivo ou Judiciário, conforme constou na maioria das Constituições brasileiras anteriores. A Constituição atual definiu o Ministério Público como instituição autônoma e independente, essencial à função jurisdicional do Estado, afastando qualquer possibilidade de subordinação em relação aos três Poderes da República. Para tanto, o texto constitucional outorgou-lhe amplas garantias e funções sociais relevantes, destacando-se a titularidade privativa da ação penal pública, na esfera penal, e a legitimidade para promover a defesa dos direitos difusos e coletivos da sociedade, através dos instrumentos do inquérito civil e da ação civil pública, no âmbito cível.

Dentre as novas funções do Ministério Público, desperta especial interesse a atuação na área das investigações dos ilícitos civis relacionados aos interesses transindividuais, na qual se insere a tutela do patrimônio público e da probidade administrativa, cujo exercício tem por principal instrumento o inquérito civil. Para a instrução destas investigações, a Constituição de 1988 conferiu ao Ministério Público importantes poderes, os quais foram ampliados e complementados pela legislação infraconstitucional, destacando-se, no âmbito específico da tutela da probidade administrativa, a denominada Lei de Improbidade Administrativa (Lei nº 8.429/92).

Em decorrência desses dispositivos, o desempenho destas funções gerou milhares de investigações cíveis presididas por Promotores e Procuradores de Justiça, no país, no sentido da apuração de responsabilidades de inúmeros administradores públicos e políticos. Muitas delas resultaram na promoção das ações judiciais necessárias à tutela da probidade administrativa. Por outro lado, a atuação investigatória do Ministério Público na tutela da probidade administrativa tem gerado muitas críticas e resistências, advindas de políticos e de administradores públicos alvos das investigações, que reclamam de eventuais abusos e excessos nestas cometidos, com repercussão na imprensa e na sociedade. Em alguns casos, a exposição dos investigados no noticiário nacional tem dado margem ao que alguns críticos têm denominado "espetacularização" das investigações ministeriais, ao aludirem a supostas agressões à vida privada, à intimidade, à honra e à imagem dos investigados, todas manifestações do direito fundamental à privacidade constitucionalmente tutelado.

Diante disso, a presente trabalho terá por objeto o exame da função investigatória do Ministério Público e dos direitos e garantias individuais fundamentais dos investigados, especificamente no que se refere às investigações cíveis de tutela da probidade administrativa. O exercício das novas atribuições ministeriais, outorgadas pela Constituição de 1988 e por outras leis infraconstitucionais, dentro do modelo de Estado Democrático de Direito brasileiro, levantou várias questões sobre a legitimidade e os limites da atuação do Ministério Público no ordenamento jurídico, abrangendo o eventual conflito entre o interesse público na apuração de atos ilícitos que geram danos à coletividade, e a preservação dos direitos fundamentais individuais dos investigados, cuja pesquisa é de suma importância para o aperfeiçoamento do sistema de justiça brasileiro, como também para a garantia dos direitos fundamentais da pessoa humana.

Assim, a presente pesquisa buscará responder aos problemas referentes à identificação do âmbito de abrangência da função investigatória do Ministério Público, na tutela coletiva da probidade administrativa, bem como dos limites destas investigações ministeriais, os quais condicionam a validade das provas nelas colhidas. Para tanto, será examinada a legitimidade outorgada ao Ministério Público para a apuração de ofensas a direitos difusos e coletivos, decorrente da evolução legislativa consagrada pela Constituição de 1988, bem como da legislação infraconstitucional produzida posteriormente a ela. A pesquisa também abrangerá a questão referente à identificação dos limites das investigações ministeriais, verificando se estes decorrem do duplo aspecto dos direitos fundamentais envolvidos: de um lado, a função de consecução dos fins e valores constitucionalmente declarados, exercida através da tutela dos interesses difusos e coletivos da sociedade, cujo caminho se inicia na função de investigação; de outro, a necessidade do exercício desta função com a observância dos direitos e garantias individuais dos investigados.

Essas questões serão examinadas com a utilização do método dedutivo, partindo-se da identificação de uma teoria geral referente ao Estado de Direito e aos direitos fundamentais, para após descrever e analisar as funções constitucionais do Ministério Público, especialmente quanto às suas atribuições cíveis na tutela coletiva e a um de seus principais instrumentos, o inquérito civil. A seguir, buscar-se-á aplicar esta teoria geral na tentativa de solução dos problemas específicos levantados pelo tema proposto, referentes ao âmbito de abrangência da função investigatória constitucionalmente conferida ao Ministério Público, na tutela cível da probidade administrativa, bem como aos limites das investigações ministeriais, nesta área.

Dessa forma, o trabalho será estruturado em cinco seções, a segunda delas abordando as relações entre as noções de Estado de Direito, direitos fundamentais e constituição, desde a formação histórica do Estado Moderno, passando pelo surgimento do modelo de Estado Liberal e dos direitos fundamentais de primeira dimensão, bem como pela transformação do Estado Liberal para sua modalidade Social, advinda da necessidade de materialização dos direitos fundamentais sociais. A segunda seção se encerra com o exame do modelo de Estado de Direito adotado pela Constituição da República Federativa do Brasil de 1988 e da proteção por ela conferida aos direitos fundamentais.

A terceira seção iniciará por uma síntese da evolução histórica do Ministério Público no Brasil, descrita desde seu surgimento no país, até a promulgação da Constituição de 1988, que consolidou a legitimidade da Instituição para a tutela coletiva. Após, serão examinados o advento da coletivização dos litígios na transição do modelo de Estado Liberal para Social, a inadequação da teoria geral do Processo Civil à tutela coletiva, o surgimento e a abrangência da ação civil pública, os conceitos de interesses difusos, coletivos e individuais homogêneos, além da legitimidade do Ministério Público para a defesa do erário público. Na mesma seção, será analisado o papel do inquérito civil como instrumento do Ministério Público no exercício da tutela da probidade administrativa, sendo examinadas a sua finalidade, as possibilidades de atuação do advogado e do investigado em sua tramitação, o valor judicial das provas colhidas pelo Ministério Público durante sua instrução, além das hipóteses de sua utilização para a tutela da probidade administrativa.

A seguir, na quarta seção serão apontadas hipóteses específicas onde podem surgir discussões quanto aos limites das investigações ministeriais na tutela da probidade administrativa. Nesta linha, serão objeto de análise os requisitos mínimos para o início destas investigações ministeriais, sob a ótica do princípio da obrigatoriedade. Também serão examinadas a publicidade das investigações e identificadas as hipóteses de sigilo, quanto aos aspectos que envolvem o princípio da publicidade, a preservação da privacidade dos investigados e o interesse público como fundamento do sigilo das investigações. Independentemente da publicidade ou do sigilo das investigações, ainda serão examinados os aspectos referentes ao acesso e à utilização de informações sigilosas pelo Ministério Público, inclusive quanto ao acesso direto desta Instituição aos dados das movimentações bancárias dos investigados.

Em todas essas hipóteses, através da teoria geral trabalhada nas duas seções anteriores, buscar-se-ão resolver eventuais conflitos decorrentes do duplo aspecto dos direitos fundamentais envolvidos nas investigações cíveis do Ministério Público de tutela da probidade: de um lado a função de consecução dos fins e valores constitucionalmente declarados, exercida através da tutela dos interesses difusos e coletivos da sociedade, cujo caminho se inicia na função de investigação; de outro, a necessidade do exercício desta função com a observância dos direitos e garantias individuais dos investigados.

2. O Estado de Direito e os Direitos Fundamentais

O estudo do tema relativo às funções investigatórias do Ministério Público e suas relações com os direitos fundamentais exige, em um primeiro momento, que se caracterizem as noções de Estado de Direito e de direitos fundamentais, identificando suas relações com a ideia de constituição. Esta tarefa permitirá situar o âmbito de abrangência das funções investigatórias conferidas ao Ministério Público, no modelo de Estado Democrático de Direito e no regime de reconhecimento e proteção aos direitos fundamentais, adotados pela Constituição da República Federativa do Brasil de 1988.

As novas funções investigatórias conferidas ao Ministério Público por nossa atual Carta Constitucional devem ser vistas dentro do contexto histórico, social, político, jurídico e econômico em que surgiram, o qual é fruto de uma longa evolução dos conceitos de Estado de Direito e dos direitos fundamentais, que muito influenciou o surgimento do atual modelo de regime democrático brasileiro.

Assim, a segunda seção do presente trabalho partirá da análise das relações entre as noções de Estado de Direito, direitos fundamentais e constituição, para a seguir abordar a formação histórica do Estado Moderno, com o surgimento e a evolução do Estado de Direito e dos direitos fundamentais, identificando os principais documentos históricos e as bases teórico-filosóficas que contribuíram para suas consolidações.

Na sequência, buscar-se-á uma caracterização dos conceitos de direitos fundamentais e de Estado de Direito, com a finalidade de se identificar o modelo de Estado de Direito adotado por nossa atual Constituição, bem como o regime de reconhecimento e proteção por esta conferido aos direitos fundamentais, pontos que possuem estreita ligação com as duas seções seguintes, referentes ao papel desempenhado pelo Ministério Público na Constituição Federal e, especificamente, ao âmbito de abrangência e aos limites das funções investigatórias que lhe foram conferidas por nossa Lei Maior.

2.1. Estado de Direito, Direitos Fundamentais e Constituição

Os direitos denominados de fundamentais assumiram grande relevância na história do constitucionalismo e na definição do Estado de Direito. Segundo Pérez Luño, a influência destes direitos é tão sensível que "as normas que sancionam o estatuto dos direitos fundamentais, junto com aquelas que consagram a forma de Estado e as que estabelecem o sistema econômico, são as decisivas para definir o modelo constitucional de sociedade"[1] (Pérez Luño, 1998, p. 19, tradução nossa). De acordo com esta visão, verifica-se uma relação de interdependência entre o Estado de Direito e os direitos fundamentais, pois este não se configura sem garantir aqueles, os quais, por sua vez, exigem o Estado de Direito para sua realização. Estas influências recíprocas inclusive determinam o tipo de Estado de Direito proclamado nos textos constitucionais, seja Estado Liberal ou Social, o qual decorre do significado e do alcance em si conferidos aos direitos fundamentais. O conteúdo destes direitos, por sua vez, é determinado pelo modelo de Estado de Direito em que se inserem (Pérez Luño, 1998, p. 19-20).

A vinculação entre as ideias de direitos fundamentais, de Estado de Direito e de constituição surgiu na segunda metade do século XVIII, tendo sido proclamada no artigo 16 da Declaração Francesa dos Direitos do Homem e do Cidadão, de 26 de agosto de 1789, o qual dispôs que "toda sociedade na qual a garantia dos direitos não é assegurada, nem a separação dos poderes determinada, não possui Constituição"[2] (tradução nossa). A partir destas premissas básicas, Ingo Wolfgang Sarlet refere que foi estabelecido "o núcleo material das primeiras Constituições escritas, de matriz liberal-burguesa: a noção de limitação jurídica do poder estatal, mediante a garantia de alguns direitos fundamentais e do princípio da separação dos poderes" (Sarlet, 2008, p. 67). Assim, os direitos fundamentais passaram a integrar a essência do Estado constitucional, ao lado da definição da forma de Estado, do sistema de governo e da organização do poder (Sarlet, 2008, p. 67-68).

---

[1] Las normas que sancionan el estatuto de los derechos fundamentales, junto a aquéllas que consagran la forma de Estado y las que establecen el sistema económico, son las decisivas para definir el modelo constitucional de sociedad. (Pérez Luño, 1998, p. 19)

[2] Art. 16. Toute société dans laquelle la garantie des droits n'est pás assurée, ni la séparation des pouvoirs déterminée, n'a point de constituicion. (France, 1966)

Esse nexo de interdependência também se mostra presente nas constituições econômicas ou sociais, as quais superaram as disposições meramente formais inerentes ao modelo constitucional liberal-burguês, passando a representar o suporte material para a atuação dos direitos fundamentais que delimitam o regime de propriedade, a livre concorrência, o sistema tributário, as relações laborais e a seguridade social (Pérez Luño, 1998, p. 20), com o objetivo de garantir a igualdade de oportunidades na esfera econômica. O reconhecimento constitucional destes direitos fundamentais sociais e econômicos, no início do século XX, fez necessária e exigível a intervenção estatal para sua efetivação, revelando a direta ligação destes com o surgimento do modelo de Estado Social de Direito.

Assim, "a concepção de direitos fundamentais determina, deste modo, a própria significação do poder público, ao existir uma íntima relação entre o papel destinado a tais direitos e o modo de organizar e exercer as funções estatais"[3] (Pérez Luño, 1998, p. 20, tradução nossa). De igual forma, os direitos fundamentais constituem a principal garantia com que contam os cidadãos de um Estado de Direito no sentido de que o sistema político e jurídico se orientará para o respeito e a promoção da pessoa humana (Pérez Luño, 1998, p. 20), tanto no que se refere à garantia das liberdades, quanto no que diz respeito à efetivação do sistema de valores que os orienta. Tal função extrapola as disposições constitucionais formais, exigindo a realização do conteúdo de justiça material previsto na constituição.

Dessa forma, o nexo de relações existente entre as ideias de direitos fundamentais, de Estado de Direito e de constituição, impõe a análise conjunta da origem e da evolução das três noções, tanto no que se refere às suas bases doutrinárias e filosóficas, quanto aos principais documentos e declarações em que foram reconhecidos. Neste sentido, deve-se também considerar o contexto histórico e social em que se inseriram estas noções, a fim de se identificar seus conteúdos e abrangências atuais no ordenamento jurídico brasileiro.

2.2. A formação histórica do Estado Moderno

O modelo de Estado atual, que implica a limitação do exercício do poder político por meio de regras jurídicas, surgiu como uma

---

[3] La concepción de los derechos fundamentales determina, de este modo, la propia signficación del poder público, al existir una íntima relación entre el papel asignado a tales derechos y el modo de organizar y ejercer las funciones estatales. (Pérez Luño, 1998, p. 20)

superação do Estado Absoluto, que tinha suas bases assentadas nos poderes ilimitados e irrevogáveis do soberano. As principais características distintivas do Estado Limitado relativamente ao Estado Absoluto são os direitos fundamentais e o princípio da separação dos poderes, que dão os contornos ao primeiro, tanto em sua modalidade de Estado Liberal, como de Estado Social.

Inicialmente, João dos Passos Martins Neto registra que "Estado Absoluto, Estado Liberal e Estado Social, em suas mais usuais acepções, designam modelos históricos de organização do poder político e da sociedade correspondendo às três fases de evolução do chamado Estado Moderno, tal como ele se desenvolveu nos países ocidentais de economia do tipo capitalista" (Martins Neto, 2003, p. 99). À experiência histórica destes modelos correspondem três importantes concepções filosóficas ou doutrinárias: o absolutismo, cujo maior representante é Hobbes; o liberalismo político, cujo grande expoente é Locke; e o socialismo não marxista, representado por Leão XIII (Martins Neto, 2003, p. 99); podendo-se ainda acrescentar, quanto ao Estado Social, uma quarta concepção, advinda do liberalismo progressista, cujo principal representante foi Keynes.

O processo de formação do Estado Moderno se iniciou no século XIII, vindo a consolidar-se durante os séculos XVII e XVIII na Europa. Segundo Antônio Carlos Wolkmer, este fenômeno jurídico correspondeu à visão de mundo da formação social burguesa, do modo de produção capitalista, da ideologia liberal-individualista e da centralização política, representada por um Estado Nacional Soberano (Wolkmer, 1997, p. 22). Entre estes fatores, exerceu importante influência no surgimento do Estado Moderno a ascensão do modo de produção capitalista, inicialmente baseado no exercício do livre comércio, na propriedade privada dos meios de produção, no trabalho assalariado formalmente livre e na obtenção do lucro através do capital, cujas características geraram novas demandas, as quais exigiram a superação do modelo feudal, que já mostrava sinais de desagregação na Europa desde o século XI.

A sociedade feudal era marcada pela posse da terra e pela produção econômica agrária, com profundos laços de servidão (subordinação pessoal) entre suseranos e vassalos. Ademais, o poder político era pulverizado em inúmeros centros internos, conferidos aos nobres, bispos, universidades, reinos, estamentos, organizações e corporações de ofício. A isto ainda deve-se somar a existência de um "sistema jurídico múltiplo e consuetudinário, embasado na hierarquia de privilégios e nas regalias nobiliárquicas" (Wolkmer, 1997, p. 24), no qual "cada reino e cada feudo regia-se por um 'Direito próprio, baseado nos usos locais, nos precedentes dos juízes da terra, nas cartas de privilégios concedidas pelo senhor'" (Wolkmer, 1997, p. 24), no qual também tinham influência o Direito Canônico, o Direito Visigótico e, principalmente, o Direito Romano. Posteriormente, com as necessidades surgidas em razão do desenvolvimento do comércio, também surgiu o Direito Mercantil, evidenciando ainda mais o pluralismo jurídico então vigente.

Essa estrutura pluralista e dispersa do Feudalismo não favorecia o desenvolvimento do comércio e a instituição do trabalho assalariado, nem a obtenção dos lucros buscados pela burguesia comerciante em ascensão, pois acarretava incerteza jurídica e um certo de clima de instabilidade nos negócios, tendo em vista os diversos ordenamentos que poderiam ser aplicados na regência de uma relação jurídica, possibilitando soluções distintas e eventualmente contraditórias. Assim, para atender aos seus interesses, conforme Marx, referido por Antônio Carlos Wolkmer (1997, p. 35), "a nascente burguesia necessitava de uma forte autoridade central que protegesse seus bens, favorecesse seu progresso material e resguardasse sua sobrevivência enquanto classe dominante [...]". Diante disso, ocorreu a passagem da estrutura pluralista feudal para uma "instância 'territorial concentrada unitária e exclusiva'" (Wolkmer, 1997, p. 35), com base na racionalização da gestão do poder, o que corporificou o projeto da humanidade na figura do Estado.

De se ressaltar, ainda, que a formação do Estado Moderno unitário ensejou o deslocamento do controle sociopolítico da Igreja para a autoridade laica soberana, pois "a concepção católica medieval, que condenava toda espécie de lucro e apelava para o desprendimento dos bens materiais mundanos" (Wolkmer, 1997, p. 28, 35), também dificultava o desenvolvimento do comércio, colocando em risco as propriedades dos burgueses.

Assim, o Estado Moderno surgiu com a imposição do regime monárquico ao sistema feudal de poder, tendo se singularizado através do "monopólio da força" (Martins Neto, 2003, p. 100), consistente no poder exclusivo de legislar e julgar dentro das fronteiras de seu território e sobre sua população, o qual "desqualifica qualquer outra organização como apta a reger a sociedade e assegura a edificação de um único ordenamento vinculante" (Martins Neto, 2003, p. 100), cuja responsabilidade passa a ser de instituições mundanas integrantes do aparelho estatal, a Coroa, o Parlamento e os Tribunais (Martins Neto, 2003, p. 100).

Dessa forma, o Estado Moderno pode ser definido como Estado Único e Nacional, no sentido de que todo o poder existente dentro de uma comunidade de pessoas, que habita um mesmo território, encontra-se em um mesmo eixo institucional. Contudo, o Estado Único não dispensa a existência do sistema de tripartição de poderes políticos, embora estas esferas possam coexistir com a concentração de suas titularidades na pessoa do soberano. Por isso, pode-se afirmar que "o Estado é único enquanto organismo no qual a soberania repousa com exclusividade, mas o modo como em seu interior o exercício do poder soberano se estrutura pode variar radicalmente, indo da *centralização à separação* de funções" (Martins Neto, 2003, p. 100-101), o que implica o reconhecimento da *"unidade orgânica"* (Martins Neto, 2003, p. 101) do Estado Moderno, mas não de sua *"indivisibilidade funcional"* (Martins Neto, 2003, p. 101), restrita aos modelos absolutistas.

Segundo João dos Passos Martins Neto, o primeiro modelo de Estado Moderno foi o Estado Absoluto, cujo principal princípio foi a soberania indivisível e ilimitada, postulado que afastou de seus contornos a teoria da separação dos Poderes defendida por Montesquieu e Locke. Assim, a filosofia absolutista defendia que o poder soberano devia ser único e unitário, para ser exercido por uma única entidade política, seja o rei ou uma assembleia, que concentrava as funções legislativa, executiva e judiciária (Martins Neto, 2003, p. 102-103). No exercício da função legislativa, esta entidade indivisa não estava sujeita a qualquer exclusão ou limites hierárquicos, "podendo dispor livremente do conteúdo das leis e criando direito válido sob o só fundamento de sua autoridade" (Martins Neto, 2003, p. 103).

Por essas razões, muitos autores não concebem o Estado Absoluto como um Estado de Direito, sustentando que este último surgiu após a superação do primeiro. Exemplo disto pode ser encontrado na posição de Paulo Bonavides, o qual afirma que a noção de Estado de Direito Moderno surgiu da oposição entre a liberdade do indivíduo e o absolutismo do monarca, sendo que alcançou a primeira experiência histórica na Revolução Francesa (Bonavides, 2007, p. 41-42). Também Pérez Luño nega o moderno conceito de Estado de Direito ao Estado Absoluto, afirmando que sua ideologia se resumia na famosa frase de Luís XIV, "o Estado sou eu"[4] (Pérez Luño, 2005, p. 219, tradução nossa), a qual foi substituída pelo Estado de Direito, que supôs uma delimitação das funções do poder

---

[4] L'Etat c'est moi. (Pérez Luño, 2005, p. 219)

estatal e a adoção de formas representativas, com a finalidade de defesa dos direitos dos cidadãos (Pérez Luño, 2005, p. 219).

Por outro lado, apesar de reconhecer que o conceito de Estado Absoluto muitas vezes é vinculado à tirania e ao despotismo, João dos Passos Martins Neto defende que na realidade este se caracterizava como sendo um Estado de Direito, pois observava uma noção de legalidade formal. Com base neste argumento, o autor citado define o Estado Absoluto como um Estado Formal de Direito, distinguindo-o dos modelos de Estado Liberal e Social, aos quais atribui o conceito de Estados Materiais de Direito (Martins Neto, 2003, p. 102).

Os principais traços diferenciadores entre o Estado Absoluto e o Estado Material de Direito, que surgiu num segundo momento da evolução do Estado Moderno, foram os princípios da separação dos poderes e os direitos fundamentais, os quais são negados pelas teorias absolutistas da soberania indivisível e ilimitada. No que se refere aos direitos fundamentais, o Estado Absoluto não admitia quaisquer direitos que fossem oponíveis à atividade legislativa, tais como a existência de regras jurídicas de escalão superior, as quais vinculam a atividade do legislador ao seu respeito. Assim, no Estado Absoluto não há qualquer conteúdo normativo intocável ou indisponível, o que demonstra sua característica de *"um Estado sem direitos do tipo fundamental*, entendidos como limites de conteúdo postos ao legislador constituído, [...] imunes à possibilidade de negação porque reconhecidos num nível superior" (Martins Neto, 2003, p. 104).

Dessa forma, a concentração e a ausência de limites ao poder no Estado Absoluto gerou um sentimento de oposição entre as liberdades dos indivíduos e o absolutismo do monarca, que ganhou força no seio da burguesia capitalista em ascensão, a qual buscou defender seus direitos contra a opressão estatal através da criação de um novo modelo político-jurídico de organização, dando origem ao Estado Liberal de Direito.

2.3. O Estado Liberal e o surgimento dos Direitos Fundamentais

A experiência histórica e doutrinária alemã, que deu origem à noção de Estado de Direito, teve por finalidade a proteção do cidadão em suas liberdades, valores, direitos inatos e adquiridos contra o perigo de abusos por parte dos detentores do poder político. Os primeiros autores que utilizaram esta expressão, consideraram-na como uma forma de Estado que, em resumo, continha as seguintes exigências: a organização e a regulação da atividade estatal guiadas por princípios racionais (Estado de Direito Racional); a existência do Estado para o benefício de todos os indivíduos que o integram, afastando quaisquer justificativas de ordem divina ou de interesses dos governantes; e a limitação das tarefas do Estado às garantias da liberdade, da segurança e da propriedade dos cidadãos através da lei (Pérez Luño, 2005, p. 219, 226).

Tendo em vista o contexto histórico em que foram desenvolvidos esses fundamentos teóricos, no qual reinava o regime político Absolutista, podem-se sintetizar as principais premissas do pensamento liberal através das palavras de Paulo Bonavides:

> Na doutrina do liberalismo, o Estado foi sempre o fantasma que atemorizou o indivíduo. O poder, de que não pode prescindir o ordenamento estatal, aparece, de início, na moderna teoria constitucional como o maior inimigo da liberdade. (Bonavides, 2007, p. 40)

Assim, foi a preocupação com o arbítrio estatal que deu origem à moderna teoria das liberdades, que foram desenvolvidas como uma forma de proteção do indivíduo contra o Estado, com base na ideia de que o bem comum seria obtido com a livre atuação dos indivíduos racionalmente direcionada no sentido da busca da felicidade.

Afora os fundamentos doutrinários que influenciaram o processo histórico de formação do Estado Liberal de Direito, não se pode negar a importância exercida no surgimento deste pelos pactos sobre direitos fundamentais celebrados em países europeus nos séculos XII e XIII, durante a Idade Média, e no século XVII, os quais reconheceram alguns direitos, tais como os direitos à vida, à integridade física, de não ser preso ilegalmente, à propriedade, ao domicílio e à sua inviolabilidade, em favor de um grupo ou estamento.

Desses documentos mais remotos, o mais célebre e importante é a Magna Carta, de 1215, consistente em um pacto firmado entre o Rei João Sem-Terra e os barões da Inglaterra, prática esta que era comum no regime feudal. Embora a Magna Carta, de certo modo, tenha implicado a consagração de privilégios feudais, caracterizando um retrocesso em termos do processo político, ela teve um papel decisivo no desenvolvimento das liberdades públicas inglesas, em decorrência dos direitos que reconheceu, os quais posteriormente foram estendidos a toda a população. Este documento foi uma convenção imposta pelos barões ao Rei João Sem-Terra e não se configurou como uma verdadeira constituição; porém trouxe vários princípios atualmente adotados na maioria das constituições democráticas contemporâneas, tais como o direito de liberdade de locomoção (direito de ir e vir), a exigência de lei prévia para a imposição de tributos, o princípio segundo o qual ninguém é obrigado a fazer ou deixar de fazer alguma coisa senão em virtude de lei, os princípios da proporcionalidade das penas e do devido processo legal. Posteriormente, a Carta foi ratificada várias vezes, tendo representado uma substancial limitação do poder do monarca e um marco de vinculação do rei às leis que editava dentro do período medieval.

A Magna Carta foi o ponto de partida de outros documentos ingleses, tais como o *Petition of Rights* de 1628, que se inspirou no art. 39 da Carta, o qual prescrevia que nenhum homem livre seria detido ou desapossado de seus bens sem um juízo prévio (princípio do devido processo legal), e o *Habeas Corpus Amendment Act*, de 1679, que até hoje tutela a liberdade individual do súdito inglês (Pérez Luño, 2005, p. 116).

Esse ciclo de pactos ingleses se encerrou com a adoção do *Bill of Rights*, em 1689, cuja principal preocupação foi o tema da limitação de poderes, os chamados contrapesos, presente em sua característica central de refortalecimento do Parlamento, pois "o essencial do documento consistiu na instituição da separação dos poderes, com a declaração de que o Parlamento é um órgão precipuamente encarregado de defender os súditos perante o Rei, e cujo funcionamento não pode, pois, ficar sujeito ao arbítrio deste" (Comparato, 2008, p. 96). A Declaração retomou algumas das disposições da *Petition of Rights,* formulada em 1628 por Coke, Eliot e Sir Thomas Wentworth, em nome do Parlamento, ao Rei Carlos I. Dentre estas disposições resgatadas da *Petition of Rights,* destacam-se a proibição de cobrança de impostos sem a autorização do Parlamento, bem como a vedação de prisão sem culpa formada, sendo relevante ainda o fato do *Bill of Rights* ter fortalecido a instituição do júri e reafirmado direitos fundamentais, como o direito de petição e a proibição de penas cruéis, presentes até hoje nas constituições democráticas.

A mudança de sentido das liberdades reconhecidas por estes documentos ingleses ao longo do tempo, que contribuiu para a formação do Estado Liberal de Direito, é bem observada por Pérez Luño, o qual explica que "no transcurso desse longo período as *liberdades* enunciadas na Carta Magna sofrem uma radical metamorfose. De liberdades em sentido exclusivo e estamental em regime de direito privado, passam a ser liberdades gerais no plano do direito público"[5] (Pérez Luño, 2005, p. 116, tradução nossa). Assim, o liberalismo dos pactos medievais representou o fermento do liberalismo moderno, cuja expressão mais acabada foi a experiência política inglesa, a qual se prolongou nas colônias americanas, de forma relevante para o progresso das liberdades públicas, embora sob condições distintas (Pérez Luño, 2005, p. 116).

A Declaração de Independência Norte-Americana de 1776 transformou a legitimidade política, por meio da inovadora ideia da soberania popular, inspirada nas ideias de Rousseau, em razão de seu sentimento de oposição às leis do Parlamento. Disso surgiu a concepção de que a constituição estabelecida originariamente por ato do povo soberano está acima da lei, o que a configurava como um instrumento contrário à tirania parlamentar e à degradação dos direitos individuais. Ademais, a preocupação com o aumento dos poderes do Parlamento levou a Revolução Norte-Americana a adotar o conhecido sistema de freios e contrapesos na limitação dos poderes, de Montesquieu, que foi aperfeiçoado em 1803, com a criação do instituto do controle de constitucionalidade das leis pelos juízes e tribunais, a partir de decisão da Suprema Corte, no famoso caso Marbury v. Madison, que veio a reforçar de forma original a concepção de soberania limitada.

Afora a pioneira ligação da soberania popular com o constitucionalismo, a Declaração de Independência dos Estados Unidos da América do Norte ainda foi o primeiro documento político a reconhecer, com inspiração jusnaturalista e individualista, a existência de direitos humanos inalienáveis e absolutos, inerentes a todos os seres humanos, pela simples razão de seu nascimento, sem quaisquer distinções de raça, sexo, religião, cultura ou classe social, o que revela a importância histórica da Declaração. Dentre os direitos reconhecidos por esta, destacam-se a vida, a liberdade e a busca da felicidade, fruto da influência do pensamento de Locke. Posteriormente, as Declarações de Direitos dos Estados Norte-Americanos, dentre as quais sobressai o *Bill of Rights* do bom povo de Virgínia,[6]

---

[5] En el transcurso de este largo período las *libertates* enunciadas en la Carta Magna sufren una radical metamorfosis. De liberdades en sentido exclusivo y estamental en régimen de derecho privado, pasan a ser liberdades generales el plano del derecho público. (Pérez Luño, 2005, p. 116)

[6] A seção n° 1 da Declaração de Direitos de Virgínia proclama: "1. Todos os seres humanos são, pela sua natureza, igualmente livres e independentes, e possuem certos direitos inatos, dos quais, ao entrarem no estado de sociedade, não podem, por nenhum tipo de pacto, privar ou despojar sua posteridade; nomeadamente, a fruição da vida e da liberdade, com os meios

também de 1776, reconheceram estes e outros direitos humanos inatos, como a propriedade e a segurança, além de terem especificado as liberdades de religião e de imprensa. Em razão da influência da cultura jurídica inglesa, com fortes características de natureza processual, as declarações norte-americanas também asseguraram a ampla defesa, o julgamento pelo júri, os princípios da legalidade e do devido processo legal como requisitos para a imposição da pena de prisão, bem com o princípio da proporcionalidade das penas.

Nesses documentos norte-americanos, a gênese da afirmação dos direitos fundamentais das liberdades pode ser atribuída tanto à defesa da liberdade religiosa, como à exigência da garantia da propriedade privada dos meios de produção e, assim, da estrutura econômica capitalista, podendo-se afirmar que ambas as origens explicativas contribuíram para o desenvolvimento histórico do Estado moderno[7] (Pérez Luño, 2005, p. 119).

As Declarações Norte-Americanas e os pressupostos da Escola de Direito Natural influenciaram a Revolução Francesa de 1789, a qual reafirmou as mesmas ideias de liberdade e de igualdade de todos os homens, inserindo-as expressamente na Declaração dos Direitos do Homem e do Cidadão editada neste mesmo ano. Contudo, ao contrário da Revolução Norte-Americana, ela não teve por objetivo restabelecer tradicionais franquias que haviam sido nega-

---

de adquirir e possuir a propriedade dos bens, bem como de procurar e obter a felicidade e a segurança". (Comparato, 2008, p. 118)

[7] Neste sentido, Pérez Luño refere as posições de Jellinek e de Marx, respectivamente, afirmando textualmente: "Na afirmação do direito de liberdade teve especial relevância a defesa da liberdade religiosa. É sabido como para Jellinek [...] a liberdade religiosa representou o germe da luta por todos os demais direitos fundamentais de liberdade. Para outros, entre os quais sem dúvida deve citar-se o nome de Karl Marx como mais representativo, seria a exigência de garantir a propriedade privada dos meios de produção e com ela a estrutura econômica capitalista, o autêntico fundamento destas liberdades produto da ideologia da burguesia liberal. Apesar de que ambas as posturas não são excludentes, pois cada uma delas, desde seu respectivo nível teórico, contribui certeiramente a revelar a chave histórica do desenvolvimento dos direitos fundamentais no Estado moderno. Já que são notórias as conexões evidenciadas por Max Weber entre a ética individualista protestante e o espírito do capitalismo" (Pérez Luño, 2005, p. 119, tradução nossa). "En la afirmación del derecho de libertad tuvo especial relevancia la defensa de la libertad religiosa. Es sabido cómo para Jellinek [...] la libertad religiosa representó el germen de la lucha por todos los demás derechos fundamentales de libertad. Para otros, entre quienes sin duda debe citarse el nombre de Karl Marx como más representativo, sería la exigencia de garantizar la propriedad privada de los medios de producción y con ello la estructura económica capitalista, el auténtico fundamento de estas liberdades producto de la ideología de la burguesía liberal. Si bien ambas posturas no son excluyentes, pues cada una de ellas, desde su respectivo nível explicativo, contribuyen certeramente a revelar la clave histórica del desarrollo de los derechos fundamentales en el Estado moderno. Ya que son notorias las conexiones evidenciadas por Max Weber entre la ética individualista protestante y el espíritu del capitalismo". (Pérez Luño, 2005, p. 119)

das pelo monarca e o Parlamento. Em sentido oposto, a Revolução Francesa buscou o rompimento com a ordem anterior e, mais do que isto, teve a intenção de levar a ideia de igualdade a outros povos, o que veio a lhe dar uma conotação de universalidade, dada a influência que exerceu em movimentos revolucionários posteriormente surgidos em diversos países.

Além de suas ideias igualitárias, a Declaração de 1789 também delineou os direitos individuais à liberdade, à propriedade, à segurança e à resistência contra a opressão; estabeleceu o princípio penal de que não há crime sem lei anterior que o defina, nem pena que não seja anteriormente prevista em lei; garantiu a propriedade privada contra expropriações abusivas; dispôs, ainda, acerca da estrita legalidade na criação e cobrança de tributos.

Posteriormente, as Declarações de Direitos se incorporaram na história do constitucionalismo. Na França, a Declaração de 1789 foi inserida como o preâmbulo da primeira Constituição francesa democrática de 1791, de inspiração girondina. A Constituição jacobina de 1793, que não chegou a ter vigência, também fez constar em seu preâmbulo uma Declaração dos Direitos do Homem e do Cidadão, muito importante por seu conteúdo democrático; o que foi seguido pela Constituição de 1795. A Constituição de 1814, promulgada por Luis XVIII, com orientação conservadora, foi a primeira a articular os direitos fundamentais em seu próprio texto, dando-lhes contornos jurídico-positivos, o que os fez perderem seu caráter supraestatal, transformando os direitos naturais do homem em direitos públicos dos cidadãos. A partir desta positivação constitucional dos direitos fundamentais, "inicia um processo de progressiva relativização do conceito jusnaturalista dos direitos fundamentais, os quais passam a enquadrar-se no sistema de relações jurídico-positivas entre o Estado, enquanto pessoa jurídica, e os sujeitos privados, que a dogmática alemã de direito público estudará sob a epígrafe dos direitos públicos subjetivos"[8] (Pérez Luño, 2005, p. 121, tradução nossa).

De qualquer modo, é evidente a orientação ideológica liberal destas declarações e constituições dos séculos XVIII e XIX, com exceção das francesas de 1793 e 1848, pois em todas há uma desvinculação entre o caráter absoluto, universal e imprescritível dos direitos fundamentais lá proclamados, e as condições e os interes-

---

[8] [...] inicia un proceso de progresiva relativización del contenido iusnaturalista de los derechos fundamentales, los cuales pasan a encuadrarse en el sistema de relaciones jurídico-positivas entre el Estado, en cuanto persona jurídica, y los sujetos privados, que la dogmática alemana del derecho público estudiará bajo el epígrafe de los derechos públicos subjetivos. (Pérez Luño, 2005, p. 121)

ses históricos que as motivaram, que acabam por determinar seu alcance restrito à burguesia, conforme esclarece Pérez Luño:

> Neste sentido, é notório o fato de que os direitos do homem que com tanta generosidade e amplitude formal recorrem estes documentos não são os direitos de todos os homens – recorde-se que a maior parte das constituições desta época estabelecem o voto censitário,[9] senão os do homem burguês, para quem o direito de propriedade tem o caráter de inviolável e sagrado, segundo postula o art. 17 da Declaração de 1789.[10] (Pérez Luño, 2005, p. 122, tradução nossa)

Essa contradição do Estado Liberal Moderno pode ser explicada em razão da filosofia liberal ter sido elaborada pela burguesia, a qual, após a revolta social, passou de classe dominada para classe dominante, o que fez com que seus interesses não mais conflitassem com o poder, mas sim se dirigissem à manutenção do novo *status quo* adquirido:

> E, tanto antes como depois, nada mais fez do que generalizá-los doutrinariamente como ideais comuns a todos os componentes do corpo social. Mas, no momento em que se apodera do controle político da sociedade, a burguesia já se não interessa em manter na prática a universalidade daqueles princípios, como apanágio de todos os homens. Só de maneira formal os sustenta, uma vez que no plano de aplicação política eles se conservam, de fato, princípios constitutivos de uma ideologia de classe. (Bonavides, 2007, p. 42)

Com o advento do constitucionalismo, o positivismo jurídico passou a ter grande importância no que se refere à consolidação das bases doutrinárias do Estado de Direito, pois afastou as noções de limite do Estado pela razão (jusnaturalismo kantiano), para convertê-lo em um Estado limitado pelo Direito positivo, isto é, um Estado que se autolimita (Pérez Luño, 2005, p. 228). Assim, o positivismo forneceu os fundamentos teóricos para o Estado Liberal burguês, o qual se constituiu como um Estado de direitos meramente formais, que embora normativamente reconhecidos para todos, não poderiam ser por todos materialmente usufruídos:

---

[9] O tema relativo ao sufrágio retrata a contradição existente entre a teoria e a prática do Estado Liberal. Em um primeiro momento deste, o direito ao sufrágio foi somente dos proprietários (Martins Neto, 2003, p. 108). O direito ao sufrágio universal somente surgiu em 1848, na França (Agulhon, 1991, p. 83), após uma forte revolta popular ocorrida no mesmo ano, mas sua duração à época foi efêmera (Bonavides, 2007, p. 43).

[10] En este sentido, es bien notorio el hecho de que los derechos del hombre que con tanta generosidad y amplitud formal recogen estos documentos no son los derechos de todos los hombres – recuérdese que la mayor parte de constituciones de esta época establecen el sufragio censitario –, sino los del hombre burgués, para quien el derecho de propriedad tiene el carácter de *inviolable et sacré*, según postula el artículo 17 de la Declaración de 1789. (Pérez Luño, 2005, p. 122, grifo do autor)

O positivismo formalista se converte, deste modo, na teoria jurídico-política da burguesia liberal, eliminando progressivamente do conceito de Estado de Direito as exigências de conteúdo jusnaturalista, ainda presentes na obra de Kant. O resultado foi o Estado de Direito liberal burguês que, em palavras de Rudolf Wiethölter, supôs: "A Constituição e o direito de sufrágio restringido a somente três classes, a garantia perfeita da vida, da liberdade e da propriedade; foi 'unidade, direito e liberdade', em vez de ser 'liberdade, igualdade e fraternidade' [...]; supôs a igualdade ante o direito e no direito, mas não a igualdade de direitos de possibilidades e de participação". Por ele, a liberdade e a igualdade foram entendidas de modo formal, ou mais exatamente, em sentido negativo, constituíram direitos de defesa contra o Estado (*staatsgerichtete Abwehrrechte*), não direitos de participação política (*politische Anteilsrechte*) na comunidade.[11] (Pérez Luño, 2005, p. 228, tradução nossa, grifo do autor)

A partir dessa concepção negativa de direitos que resulta do modelo de Estado Liberal de Direito, no qual a proclamação das liberdades dos cidadãos tem por principal finalidade a proteção contra o Estado, Pérez Luño sintetiza os principais traços do positivismo-formalista, delineados por Hans Kelsen, seu principal representante: a) Uma aparente despolitização do Estado para assegurar juridicamente o livre jogo dos interesses econômicos (*laissez faire*), com a fratura entre sociedade e Estado, a serviço de uma ideologia dos interesses da burguesia.[12] b) Uma tendência de identificação do conceito de Estado de Direito com o princípio de legalidade, o qual, contudo, não possui qualquer conteúdo material, permitindo sua identificação absoluta com o Estado de Direito, ou entre Estado e Direito, do que se conclui que todo Estado, pelo simples fato de sê-lo, é Estado de Direito (Pérez Luño, 2005, p. 228-229).

---

[11] El positivismo formalista se convierte, de este modo, en la teoría jurídico-política de la burguesía liberal, eliminando progresivamente del concepto del Estado de Derecho las exigencias de contenido iusnaturalista, todavía presentes en la obra de Kant. El resultado fue el Estado de Derecho liberal burgués que, en palabras de Rudolf Wiethöelter, supuso: "La Constituición y el derecho de sufragio restringido a sólo tres clases, la garantía perfecta de la vida, de la libertad y de la propriedad; fue 'unidad, derecho y libertad', en vez de ser 'libertad, igualdad y fraternidad'...; supuso la igualdad ante el derecho y en el derecho, pero no la igualdad de derechos de posibilidades y de participación. Por ello, la libertad y la igualdad fueron entendidas de modo formal, o más exactamente, en sentido negativo, constituyeron derechos de defensa contra el Estado (*staatsgerichtete Abwehrrechte*), no derechos de participación política (*politische Anteilsrechte*) en la comunidad". (Pérez Luño, 2005, p. 228)

[12] Neste aspecto, Pérez Luño acrescenta que "o Estado liberal de Direito funciona com um Estado a serviço da burguesia, para o que dificulta o exercício do direito de associação, abandona o mercado aos economicamente poderosos e reconhece uma liberdade e igualdade no plano formal, que não têm correspondência no social e econômico" (Pérez Luño, 2005, p. 229, tradução nossa). "El Estado liberal de Derecho funciona como un Estado al servicio de la burguesía para lo que dificulta el ejercicio del derecho de asociación, abandona el mercado a los económicamente poderosos y reconoce una libertad e igualdad en el plano formal, que no tienen correspondencia en el social y económico." (Pérez Luño, 2005, p. 229)

Dessa forma, a democracia moderna do Estado Liberal, advinda das Revoluções Norte-Americana e Francesa, surgiu como uma forma de governo que correspondia aos interesses da burguesia, contra os privilégios da nobreza e do clero, conforme aponta Comparato:

A democracia moderna, reinventada quase ao mesmo tempo na América do Norte e na França, foi a fórmula encontrada pela burguesia para extinguir os antigos privilégios dos dois principais estamentos do *ancien regime* – o clero e a nobreza – e tornar o governo responsável perante a classe burguesa. O espírito original da democracia moderna não foi, portanto, a defesa do povo pobre contra a minoria rica, mas sim a defesa dos proprietários ricos contra um regime de privilégios estamentais e de governo irresponsável. Daí por que, se a democracia ateniense tendia, naturalmente, a concentrar poder nas mãos do povo (*demos*), a democracia moderna surgiu como um movimento de limitação geral dos poderes governamentais, sem qualquer preocupação de defesa da maioria pobre contra a minoria rica. As instituições da democracia liberal – limitação vertical de poderes, com os direitos individuais, e limitação horizontal, com a separação das funções legislativa, executiva e judiciária – adaptaram-se perfeitamente ao espírito de origem do movimento democrático. Não assim os chamados direitos sociais, ou a reivindicação de uma participação popular crescente no exercício do governo (referendo, plebiscito, iniciativa popular legislativa, orçamento participativo). De qualquer modo, esse feito notável de geração dos primeiros direitos humanos e de reinstituição da legitimidade democrática foi obra de duas "revoluções", ocorridas no espaço de um lustro, em dois continentes. (Comparato, 2008, p. 51-52)

Apesar de ter representado um grande avanço na história da civilização ocidental, o Estado Liberal de Direito não demorou a entrar em crise, pois os direitos liberais, como originalmente pensados, não proporcionaram vantagens reais e equivalentes para todos, em razão de sua consistência puramente jurídica. Na prática, foram asseguradas a liberdade e a igualdade de direitos, mas não seu exercício, pois a ortodoxia liberal se limitou a declarar que *"em tese, abstratamente,* todos os homens são livres e iguais, sem reclamar a oferta dos meios práticos tendentes a garantir que o sejam *em realidade, concretamente"* (Martins Neto, 2003, p. 109, grifo do autor).

O outro fator que desencadeou a crise do Estado Liberal foi a característica de direitos de abstenção dos direitos liberais, "que exigem do sujeito passivo apenas uma conduta de não-interferência no âmbito existencial do titular" (Martins Neto, 2003, p. 109). Em razão disto, o modelo clássico de Estado Liberal apresenta um baixo grau de atuação positiva, intervindo apenas para a manutenção da ordem interna e a defesa das fronteiras territoriais externas, mas "não contempla remédios capazes de atenuar os males ligados às situações de inferioridade social" (Martins Neto, 2003, p. 109).

Afora estes fatores da vocação para a retórica e a inércia, João dos Passos Martins Neto ainda refere como determinante para a crise do liberalismo uma causa extrínseca, "a formação do proletariado em conseqüência do processo de industrialização no século XIX" (Martins Neto, 2003, p. 109), a qual, com o decorrer do tempo, demonstrou que o Estado Liberal "favorecia a exclusão da numerosa classe dos trabalhadores dependentes ou assalariados do proveito efetivo dos valores liberais" (Martins Neto, 2003, p. 109). Tal fato é revelado pela situação dos operários ingleses àquela época, descrita por Plauto Faraco de Azevedo:

> Uma pesquisa determinada pelo governo inglês, em 1814, revelou a melancólica situação em que viviam os operários: a jornada de trabalho era de 15 a 16 horas, os salários eram de fome, particularmente o das mulheres e menores, não havia higiene mínima nos locais de trabalho nem ajuda nos casos de acidente no trabalho e as habitações dos trabalhadores eram miseráveis. (Azevedo, 1999, p. 81)

Assim, em que pese ressalvar que não podem ser desconsiderados os avanços do liberalismo quanto ao incentivo da discussão e da tolerância, Plauto Faraco de Azevedo destaca o desvirtuamento da ideia de liberdade, na prática deste:

> [...] Os excessos advindos de seu braço econômico, o capitalismo, terminaram "por desnaturar a idéia de liberdade e por dar a deixa para a famosa pergunta de Proudhon: 'Où est la liberté du non propriétaire?' (Onde está a liberdade do não proprietário?)." Os excessos individualistas do capitalismo, que conduziram à absolutização do direito de propriedade, levaram as massas proletárias a um grau de miséria incompatível com a dignidade humana. (Azevedo, 1999, p. 81)

Em decorrência dessa situação social dramática, intimamente ligada ao processo de industrialização ocorrido nos Estados europeus, alguns de seus governos, "percebendo seu caráter insustentável até mesmo para a sobrevivência física dos trabalhadores, passaram a elaborar normas jurídicas 'de tipo assistencial, geralmente isoladas, tendo por finalidade proteger os menores de idade e diminuir a jornada de trabalho'" (Azevedo, 1999, p. 81). Estas normas deram origem ao Direito do Trabalho, o qual foi uma consequência da revolução industrial e do liberalismo, em especial dos movimentos operários que se insurgiram contra as condições aviltantes a que eram submetidos os trabalhadores no século XIX. Embora elas tenham representado avanços para aquela época, revelam as condições desumanas a que estavam submetidos os trabalhadores, em especial as crianças:

> A primeira medida protetora que tem registro foi editada em 1802 na Inglaterra, sendo determinada "health and morals of apretices" (lei que versava sobre a saúde e moral dos aprendizes) que estipulou a jornada máxima em 12 horas para os

menores de 12 anos da indústria têxtil. A França, por sua vez, em 1841, proibiu o trabalho para menores de 08 anos e limitou a 12 horas o trabalho para menores de 12 anos. (Custódio; Veronese, 2007, p. 187)

Por essas razões, "a experiência histórica mostrou que a concepção liberal do 'Estado mínimo' [...] era incapaz de assegurar a vida digna à maioria das pessoas" (Azevedo, 1999, p. 82), as quais "viram-se abandonadas à própria sorte diante da 'neutra' indiferença do Estado" (Azevedo, 1999, p. 82), exigindo a evolução do Estado moderno para um novo modelo que contemplasse uma atuação concreta e positiva do Estado, com objetivos de garantir a justiça social, o qual foi denominado de Estado Social de Direito.

2.4. O Estado Social e a materialização dos Direitos Fundamentais

A crise que atingiu o Estado Liberal de Direito, em razão de suas concepções individualistas, supostamente neutras e apolíticas, a partir da segunda metade do século XIX e do início do século XX, revelou sua insuficiência como modelo de Estado, pois não podia satisfazer as exigências de liberdade e igualdade reais dos setores social e economicamente mais desfavorecidos. A passividade com que contemplou as transformações socioeconômicas da época, das quais resultaram vários conflitos de classe, demonstrou que as liberdades burguesas não poderiam atender aos anseios de justiça social, o que, após a Segunda Guerra Mundial, contribuiu decisivamente para difundir a fórmula de um novo modelo de organização política, o Estado Social de Direito (Pérez Luño, 2005, p. 229).

A evolução do Estado Moderno na edificação do modelo de Estado Social teve uma origem híbrida, fruto de uma conjugação de tendências ideológicas distintas: de um lado representou uma conquista do socialismo democrático, que inspirou uma de suas primeiras manifestações, a Constituição de Weimar; e de outro, também teve suas raízes no pensamento liberal mais progressista, cujo principal representante foi Keynes, cujas ideias foram fundamentais para o surgimento do *Welfare State* (Pérez Luño, 2005, p. 230).

O socialismo havia surgido por volta de 1850, como "um movimento que completaria a revolução iniciada pela burguesia, arrebatando-lhe o 'poder social' exatamente como ela conquistara o poder político. O tema recorrente do movimento socialista desde então tem sido esta noção de 'estender' o princípio democrático da esfera política para a social, a qual, na verdade, é principalmente econômica" (Przeworski, 1989, p. 19). É de se destacar que, naquela época, os direitos políticos eram meramente formais, pois não tinham eficácia na esfera social, onde imperava a desigualdade.

A ideia central dos socialistas era de que "o capitalismo era irracional e injusto. E a causa fundamental desta ineficiência e injustiça residia na propriedade privada dos meios de produção" (Przeworski, 1989, p. 47), pois o lucro não era utilizado em favor da ordem econômica e social. Em decorrência destas ideias, "a socialização ou nacionalização dos meios de produção tornava-se o principal método para a consecução dos objetivos sociais,[13] consistindo, portanto, na primeira tarefa a ser levada a cabo pelos social-democratas após a conquista do poder" (Przeworski, 1989, p. 48).

Apesar do contexto histórico do início do século XX ter demonstrado a impossibilidade dos socialistas tomarem o poder diretamente ou mesmo através da maioria parlamentar, Adam Przeworski refere que surpreendentemente "partidos socialistas em vários países foram convidados a tomar posse como governos de minoria ou a participar do governo como membros de coalizões multipartidárias" (Przeworski, 1989, p. 50), o que trouxe uma nova ideia para o movimento, consistente na possibilidade de governar para trabalhar por reformas irreversíveis e cumulativas, visando a construção da sociedade socialista. Estas reformas consistiram em garantir melhores condições para os trabalhadores, tais como o "desenvolvimento de programas habitacionais, introdução de legislação sobre o salário mínimo, instituição de algum tipo de proteção contra o desemprego, tributação sobre renda e herança, pensão para os idosos" (Przeworski, 1989, p. 52), as quais se mostraram viáveis politicamente e compatíveis com o modelo econômico vigente, dando os primeiros contornos ao Estado Social de Direito.

No entanto, os socialistas não criaram um modelo econômico próprio para colocar em prática suas ideias reformistas. Este modelo foi descoberto de fato na teoria liberal progressista de Keynes, em

---

[13] Apesar da criação dos comitês de socialização na Alemanha, Grã-Bretanha e Suécia, "o resultado dessas primeiras tentativas de nacionalização foi nulo: com exceção da indústria francesa de armamentos, em 1936, nenhuma empresa foi nacionalizada na Europa Ocidental por um governo social-democrata durante todo o período do entreguerras" (Przeworski, 1989, p. 49). Por outro lado, diversos países promulgaram Constituições após a Primeira Guerra Mundial, garantindo o controle dos produtores imediatos sobre suas próprias atividades (Przeworski, 1989, p. 50), em outras palavras, a própria propriedade individual dos meios de produção.

especial na noção de que o Estado seria a instituição por meio da qual a sociedade poderia garantir o pleno emprego em tempos de crise, deixando de lado a ideia de "vítima passiva dos ciclos econômicos". Suas ideias de possibilidade de redução do desemprego através de políticas estatais, "permitindo déficits para financiar obras públicas produtivas durante as depressões e saldando as dívidas nos períodos de expansão" (Przeworski, 1989, p. 53); bem como de que os salários deveriam ser aumentados em tempos de crise, ao invés de cortados, a fim de aumentar a demanda, a expectativa de lucros e os investimentos; contrariaram o modelo econômico então vigente, trazendo tanto justificativas ideológicas, como técnicas, para a nova teoria econômica, que levou os socialistas ao desenvolvimento do Estado do Bem-Estar Social, bem como ao abandono do projeto de nacionalização (Przeworski, 1989, p. 53).

A estratégia adotada pela social-democracia nascente na busca dos objetivos socialistas pode ser assim resumida: "se o Estado pudesse regular a indústria privada quando necessário e mitigar os efeitos da livre interação das forças de mercado, a propriedade direta seria desnecessária e desaconselhável; este passou a ser o lema da social-democracia em conseqüência da revolução keynesiana" (Przeworski, 1989, p. 55). Assim, o Estado não precisaria ter a propriedade direta dos meios de produção, mas apenas influenciaria a indústria privada a agir em função do interesse geral, através das políticas públicas estatais (Przeworski, 1989, p. 55).

Durante a Grande Depressão econômica, cujo auge foi de 1929 até 1933, onde as reformas passaram não só a ser possíveis, como defendiam os socialistas, como também necessárias, "o Estado liberal, a fim de conjurar o perigo que lhe ameaçava a mesma existência, vai pouco a pouco se transformando, mediante a progressiva intervenção na economia, até tornar-se Estado Social ou *Welfare State*, cujos contornos vão ganhando maior nitidez a partir da Segunda Guerra Mundial" (Azevedo, 1999, p. 91), com um grande desenvolvimento dos serviços públicos. O uso das expressões Estado Social e Estado do Bem-Estar como sinônimas, no entanto, sujeita-se às objeções de João dos Passos Martins Neto, o qual sustenta que a segunda se caracteriza como uma categoria de abrangência limitada, inserida na primeira, cujo âmbito é maior. Para tanto, argumenta o autor que o caráter providencial tem relação com as atividades estatais na esfera da saúde e da educação, as quais não esgotam a política intervencionista do Estado generalizada nos países capitalistas ocidentais, a partir da segunda década do século XX (Martins Neto, 2003, p. 114-115).

De se ressaltar, que a principal consequência da Depressão foi o desemprego em massa, em níveis nunca antes vistos, com uma duração maior que qualquer outra já experimentada.[14] Dentro deste contexto, "o que tornava a situação mais dramática era que a previdência pública na forma de seguro social, inclusive seguro-desemprego, ou não existia, como nos EUA, ou, pelos padrões de fins do século XIX, era parca, sobretudo para os desempregados a longo prazo. É por isso que a seguridade social sempre foi uma preocupação tão vital dos trabalhadores: proteção contra as terríveis incertezas do desemprego (isto é, salários), doença ou acidente, e as terríveis certezas de uma velhice sem ganhos [...] Mesmo no país mais coberto por planos de seguro-desemprego antes da Depressão (Grã-Bretanha), menos de 60% da força de trabalho estava protegida por eles [...]" (Hobsbawm, 1999, p. 97).

As consequências políticas imediatas disso podem ser resumidas numa única frase: "a Grande Depressão destruiu o liberalismo econômico por meio século" (Hobsbawm, 1999, p. 99). Isto se conclui da queda de 60% do comércio mundial em quatro anos (1929-1932), do estabelecimento de barreiras comerciais pelos EUA para a proteção de seus mercados e do abandono por parte da Grã--Bretanha do Livre Comércio, em 1931. Por outro lado, "a Grande Depressão obrigou os governos ocidentais a dar às considerações sociais prioridade sobre as econômicas em suas políticas de Estado" (Hobsbawm, 1999, p. 99).

Nesse contexto, as bases doutrinárias do Estado Social de Direito sofreram grande influência do pensamento de Keynes, o qual, percebendo que a grave situação econômica do entreguerras colocava em risco a sobrevivência do sistema capitalista, que poderia estar sujeito a uma revolução, ou mesmo aos avanços do movimento comunista ou do nacional-socialismo, elaborou uma teoria econômica revolucionária, que veio a contrariar várias dos dogmas da economia clássica.

Entendendo que as ideias oriundas do *laissez-faire*[15] do séc. XIX já não apresentavam soluções para os problemas da Depressão,

---

[14] Ao descrever a gravíssima situação econômica ocorrida, Eric Hobsbawm refere que "no pior período da Depressão (1932-3), 22% a 23% da força de trabalho britânica e belga, 24% da sueca, 27% da americana, 29% da austríaca, 31% da norueguesa e nada menos que 44% da alemã não tinha emprego" (Hobsbawm, 1999, p. 97), caracterizando uma verdadeira catástrofe econômica na vida dos trabalhadores.

[15] No séc. XIX, os filósofos e economistas viam a empresa privada como meio de promoção do bem para toda a sociedade, o que justificava a limitação da ação do Estado, devendo a vida econômica ser deixada, "sem regulamentos, à aptidão e ao bom senso de cidadãos individualistas, impelidos pela admirável motivação de subir na vida" (Keynes, 1984, p. 109).

Keynes defendeu ser indispensável a superação destas, passando a questionar a doutrina de Adam Smith e de outros economistas clássicos. Estes sustentavam a eficácia da ideia de harmonia entre o lucro privado e o bem público, decorrente das leis da natureza, segundo a qual os indivíduos, ao defenderem seus interesses, em condições de liberdade, tendiam a promover simultaneamente o interesse geral, o que afirmavam ser uma prova científica da inconveniência da intervenção estatal na economia. Todavia, na Grande Depressão, ficou demonstrado que, em muitos casos, o interesse privado e o social não se harmonizavam, evidenciado o fracasso destas premissas econômicas não intervencionistas (Keynes, 1984, p. 108-109, 114-115).

Ao publicar sua *Teoria Geral do Emprego, do Juro e da Moeda*, em 1936, Keynes analisou em conjunto os aspectos econômicos e sociais da época, o que não era realizado pelos economistas clássicos, afirmando que "os dois principais defeitos da sociedade econômica em que vivemos são a sua incapacidade para proporcionar o pleno emprego e a sua arbitrária e desigual distribuição da riqueza e das rendas" (Keynes, 2007, p. 284). A fim de minimizar esta desigualdade, propôs a intervenção estatal sobre a taxa de juros, sustentando, em suma, que sua redução diminuiria a poupança[16] e estimularia o investimento e, consequentemente, realizaria o pleno emprego (Keynes, 2007, p. 286).

O pleno emprego foi visto por Keynes como a saída da Depressão, pois aumentava o número efetivo de consumidores e, consequentemente, a demanda, movimentando a economia. Além da motivação econômica, convém ressaltar que a ideia de eliminação do desemprego também teve um ingrediente político, pois o desemprego em massa era social e politicamente explosivo. Ao admitir a existência da hipótese do desemprego involuntário,[17] em sua Teoria

---

Os postulados advindos desta postura, consistentes no *laissez-faire*, podem ser resumidos através de uma citação do trabalho do Manual de Economia Política de Bentham, que assim o descrevia: "A regra geral é que nada deve ser feito ou tentado pelo governo; o lema ou divisa do governo, nessas ocasiões, deveria ser ficar quieto... A exigência feita pela agricultura, indústria e comércio aos governos é tão modesta e razoável quanto a que Diógenes fez a Alexandre: – Saia da minha frente" (Keynes, 1984, p. 113).

[16] De se destacar que até então a poupança, e a consequente acumulação de riqueza, era vista pelos economistas da época como uma virtude a ser estimulada (Keynes, 2002, p. 12-13).

[17] Neste tema, Keynes contrariou ideias sedimentadas pelos economistas tradicionais, que não admitiam a existência do desemprego involuntário, mas apenas daquele esporádico ou temporário, que ocorria, por exemplo, durante a troca de um emprego por outro, e do desemprego voluntário, incentivado pelos Sindicatos, para a obtenção de melhores salários. (Keynes, 2007, p. 288)

Geral, Keynes (2007, p. 288) propôs soluções para o problema, as quais exigiam a intervenção estatal, limitada a um controle central para manter o ajuste entre a propensão para consumir e o estímulo para investir (Keynes, 2007, p. 288).

Dessa forma, para superar a recessão, Keynes sustentou que o governo deveria assumir um papel ativo, seja reduzindo impostos, para estimular os investimentos privados, ou complementando os gastos privados, através de obras públicas,[18] pois esta insuficiência de demanda é que gerava a crise de emprego, em razão da escassez de novos investimentos. Desta maneira, esses gastos públicos eram considerados autofinanciáveis por Keynes, pois gerariam duas vantagens: um aumento da renda e do dispêndio, elevando a arrecadação tributária; e diminuiriam a despesa pública com assistência social aos desempregados e seus dependentes, em decorrência do aumento de emprego (Keynes, 2007, p. 109).

Embora as ideias econômicas de Keynes tenham sido adotadas, intencionalmente ou não, por uma parte do movimento socialista, na construção do Estado Providência, Keynes não comungava com as ideias socialistas,[19] pois era contrário à estatização dos meios de produção. Isto revela que ele apenas buscou um aperfeiçoamento do capitalismo, com base no intervencionismo estatal, para lhe trazer mais eficiência tanto na busca de objetivos econômicos, quanto na organização social, permitindo um modo satisfatório de vida e garantindo a sua sobrevivência enquanto sistema, o que não retira a importância das novas teorias por ele trazidas, nem mesmo a influência destas para a criação do Estado Social de Direito.

Dessa forma, a decisão de participação política dos socialistas, aliada ao surgimento de uma nova teoria econômica trazida por Keynes, no contexto da crise econômica mundial, possibilitou uma substancial modificação do modelo liberal de Estado então vigente,

---

[18] Neste aspecto, não bastava que o governo oferecesse recursos para novos investimentos. Seria também necessário que houvesse um aumento simultâneo dos gastos, pois, "em tempos de desemprego rigoroso, as obras públicas, ainda que de duvidosa utilidade, podem ser altamente compensadoras, mesmo que apenas pelo menor custo dos gastos de assistência [...]" (Keynes, 2007, p. 109). Com isso, Keynes contrariou as ideias econômicas ortodoxas, segundo as quais com a diminuição da demanda dever-se-ia cortar despesas e equilibrar os orçamentos, o que, pelo contrário, somente fazia agravar a recessão.

[19] Segundo as próprias palavras de Keynes: "De minha parte, acho que, sabiamente administrado, o capitalismo provavelmente pode se tornar mais eficiente para atingir objetivos econômicos do que qualquer sistema alternativo conhecido, mas que, em si, ele é de muitas maneiras sujeito a inúmeras objeções. Nosso problema é o de criar uma organização social tão eficiente quanto possível, sem ofender nossas noções de um modo satisfatório de vida". (Keynes, 1984, p. 125-126)

cuja grande virtude era o comportamento negativo, isto é, o não intervencionismo nas liberdades individuais e, consequentemente, na economia. Este modelo liberal foi substituído por comportamentos positivos do Estado, que passou da abstenção às ações, em especial através da intervenção no campo econômico, permitindo a realização das transformações sociais buscadas pelos socialistas, que tinham por finalidade conciliar o direito de propriedade e os direitos individuais com o interesse geral, dando origem ao denominado Estado Providência ou *Welfare State*, definido por Plauto Faraco de Azevedo como "um modelo de Estado que, sem negar as conquistas do liberalismo político, a elas viesse a agregar a plena realização dos direitos sociais indispensáveis à efetividade das primeiras" (Azevedo, 1999, p. 92).

A passagem do modelo de Estado Liberal para o de Estado Social de Direito trouxe uma série de questões teóricas e práticas acerca das novas funções a serem desempenhadas pelo Estado, conforme observa Pérez Luño:

> Assinalou-se, por exemplo, que uma das mais evidentes mutações operativas que comporta o Estado social reside em atribuir aos poderes públicos a consecução da "procura existencial" (*Daseinvorsorge*); quer dizer, responsabiliza à Administração da tarefa de proporcionar à generalidade dos cidadãos as prestações necessárias e os serviços públicos adequados para o pleno desenvolvimento de sua personalidade reconhecida não somente através das liberdades tradicionais, mas também a partir da consagração constitucional dos direitos fundamentais de caráter econômico, social e cultural. Ao próprio tempo, o Estado social de Direito pretende assumir a função de reestruturar e equilibrar as rendas mediante o exercício da política fiscal, o que pode ser denominado *Steuerstaat*.[20] (Pérez Luño, 2005, p. 230, tradução nossa, grifo do autor)

Embora alguns importantes autores alemães tenham resistido à concepção de Estado Social de Direito, com base na ideia de separação entre a Constituição como forma jurídica do Estado e o funcionamento político do poder, que implicava o reconhecimento de que o terreno de realização dos programas sociais não poderia ser a Constituição, pois a função social do Estado se vincularia às

---

[20] Se ha señalado, por ejemplo, que una de las más evidentes mutaciones operativas que comporta el Estado social reside em atribuir a los poderes públicos la consecución de la "procura existencial" (*Daseinvorsorge*); es decir, responsabiliza a la Administración de la tarea de proporcionar a la generalidad de los ciudadanos las prestaciones necesarias y los servicios públicos adecuados para el pleno desarrollo de sua personalidad reconocida no sólo a través de las libertades tradicionales, sino también a partir de la consagración constitucional de los derechos fundamentales de carácter económico, social y cultural. Al proprio tiempo, el Estado social de Derecho pretende asumir el cometido de reestructurar y reequilibrar las rentas mediante el ejercicio de la política fiscal, lo que hace que haya podido ser denominado *Steuerstaat*. (Pérez Luño, 2005, p. 230, grifo do autor)

tarefas próprias da Administração[21] (Pérez Luño, 2005, p. 231), esta posição foi superada após o final da Segunda Guerra Mundial, com a queda dos regimes totalitários nacional-socialista alemão e fascista italiano.

As principais notas distintivas do Estado Social de Direito, delineadas pela posição majoritária dos doutrinadores alemães, podem ser assim resumidas: a ideia de democracia como forma do processo vital de concretização da significação social do Estado de Direito; o reconhecimento da abolição fática da separação entre o Estado e a sociedade, da qual resulta a exigência de que o Estado assuma a responsabilidade pela transformação da ordem econômica e social, no sentido da realização material da ideia democrática de igualdade; a superação do caráter negativo dos direitos fundamentais, que deixam de ser meros limites da atuação estatal, para transformar-se em instrumentos jurídicos de controle de sua atividade positiva; a exigência de que a estrutura estatal funcione através de formas pluralistas que possibilitem e articulem a participação das pessoas e grupos no processo político, econômico, social e cultural; e a reafirmação das garantias jurídico-formais do Estado de Direito, que de nenhum modo podem ser objeto de renúncia, em razão da orientação democrática do Estado social (Pérez Luño, 2005, p. 232-235).

Nessa linha, também a ideia de dignidade humana foi situada pela doutrina alemã como a fundamentação material para a noção de Estado Social, decorrente do reconhecimento da existência de uma tensão entre as garantias formais que integram a noção de Estado de Direito e as exigências materiais de justiça que representam seu elemento de legitimação (Pérez Luño, 2005, 247).

Afora os fatores já apontados, a formação do Estado Social de Direito também recebeu influência da doutrina social católica, presente em vários documentos, dentre os quais se destaca a Encíclica

---

[21] Nesse aspecto, Pérez Luño refere a interpretação de Carl Schmitt acerca da Constituição de Weimar, tese que foi posteriormente desenvolvida por seu discípulo Ernst Forsthoff, que também defendeu ser inadmissível a concepção de Estado Social de Direito, pois "em seu entendimento, em sua evolução histórica o elemento definidor do Estado de Direito aparece ligado à Constituição, enquanto que a função social do Estado é algo que se vincula às tarefas próprias da Administração [...] Em suma, o terreno da realização dos programas sócio-econômicos é a legislação e a administração, mas não o das normas constitucionais" (Pérez Luño, 2005, p. 231, tradução nossa). "A su entender, en su evolución histórica el elemento definitorio del Estado de Derecho aparece ligado a la Constituición, mientras que la función social del Estado es algo que se vincula a las tareas proprias de la Administración [...] En suma, el terreno de la realización de los programas socio-económicos es el de la legislación y la administración, pero no el de las normas constitucionales." (Pérez Luño, 2005, p. 231)

Rerum novarum, editada pelo Papa Leão XIII, em 1891, enfrentando o tema da condição dos operários. Neste documento, o ofício do Estado foi definido como sendo o atendimento do interesse comum, para o qual a Justiça Social requer que os governantes cumpram seu principal dever, consistente no cuidado igualitário de todas as classes (Pasold, 1984, p. 59). Assim, a *Rerum novarum* procurou "conciliar os postulados liberais fundamentais com a instituição de mecanismos atenuantes dos desníveis sociais" (Martins Neto, 2003, p. 111), tendo se situado "num ponto intermediário entre o comunismo e o liberalismo" (Martins Neto, 2003, p. 111), o que a aproximou da concepção keynesiana do Estado Social, embora com um enfoque menos econômico que aquela. Embora a Encíclica tenha sustentado que a propriedade privada é um direito relacionado à natureza humana, também defendeu os princípios da justiça distributiva, definidos como "um conjunto de direitos da classe operária oponíveis ao empregador capitalista, reclamando o concurso positivo do Estado para sua efetiva proteção através de uma legislação social"[22] (Martins Neto, 2003, p. 110).

Por outro lado, a construção doutrinária do Estado Social de Direito ensejou a elaboração de vários outros documentos, contendo as premissas da intervenção estatal, com a finalidade de materialização dos direitos formais reconhecidos pelo Estado Liberal. A Constituição Francesa de 1791, apesar de sua curta vigência, pode ser apontada como pioneira no reconhecimento dos primeiros direitos sociais de assistência e de educação, tendo inclusive vedado a edição de leis que retirassem ou obstaculizassem os exercícios dos direitos humanos e civis nela dispostos. A Constituição Francesa de 1793, em que pese não tenha chegado a entrar em vigor, também trouxe importante contribuição ao afirmar a titularidade da soberania do povo, abolindo as diferenças de voto.

No século XIX, com o protagonismo assumido pelo proletariado, os direitos econômicos e sociais passaram a ser objeto de rei-

---

[22] A característica conciliadora da *Rerum novarum* pode ser constatada de seu próprio texto, transcrito por Martins Neto (2003, p. 111), onde são explicitados os princípios da justiça distributiva, os quais passam a exigir a atuação positiva do Estado: "'[...] Se, pois, os interesses gerais, ou o interesse duma classe em particular, se encontram lesados ou simplesmente ameaçados, e se não for possível remediar ou obviar a isso de outro modo, é de toda a necessidade recorrer à autoridade pública. [...] Todavia, na proteção dos direitos particulares, deve preocupar-se, de maneira especial, dos fracos e dos indigentes. A classe rica faz das suas riquezas uma espécie de baluarte e tem menos necessidade da tutela pública. A classe indigente, ao contrário, sem riquezas que a ponham a coberto das injustiças, conta principalmente com a proteção do Estado. Que o Estado se faça, pois, sob um particularíssimo título, a providência dos trabalhadores, que em geral pertencem à classe pobre' (Leão XIII, *Rerum novarum*, p. 30-34)".

vindicação, dentre os quais o direito do trabalho, a seus frutos e a seguridade social. Neste aspecto, "pode-se considerar como a carta destes novos direitos o *Manifesto comunista*, redigido por Marx e Engels no ano de 1848"[23] (Pérez Luño, 1998, p. 38, tradução nossa, grifo do autor).

A Constituição francesa de 1848 instituiu "deveres sociais do Estado para com a classe trabalhadora e os necessitados em geral, [...] aponta para criação do que viria a ser o Estado do Bem-Estar Social, no século XX" (Comparato, 2008, p. 170). Esta Carta ainda trouxe duas importante previsões sobre direitos fundamentais, pois aboliu a pena de morte e proibiu a escravidão em todas as terras francesas (Comparato, 2008, p. 170).

A Constituição mexicana de 1917 representou a pioneira tentativa de conciliação dos direitos individuais com os direitos sociais, tendo sido "a primeira a atribuir aos direitos trabalhistas a qualidade de direitos fundamentais, juntamente com as liberdades individuais e os direitos políticos" (Comparato, 2008, p. 178). A sua importância foi tanta que todas as convenções aprovadas pela Organização Internacional do Trabalho, criada em 1919, "regularam matérias que já constavam da Constituição Mexicana: a limitação da jornada de trabalho, o desemprego, a proteção da maternidade, a idade mínima de admissão de empregados nas fábricas e o trabalho noturno dos menores na indústria" (Comparato, 2008, p. 178).

Contudo, sem qualquer dúvida, o texto constitucional mais importante, que melhor reflete o novo estatuto de direitos fundamentais na passagem do Estado Liberal para o Estado Social de Direito, foi a Constituição alemã de Weimar de 1919 (Pérez Luño, 1998, p. 39). Durante muito tempo, a Constituição de Weimar foi "o texto inspirador de cartas constitucionais que tentaram conjugar em seu sistema de direitos fundamentais as liberdades com os direitos econômicos, sociais e culturais"[24] (Pérez Luño, 1998, p. 40, tradução nossa).

No âmbito do direito à educação, a Constituição de Weimar atribuiu ao Estado o dever fundamental da educação escolar, estabeleceu o ensino público e o material didático gratuitos nos níveis fundamental e complementar, e previu a concessão de subsídios públicos aos pais de alunos considerados aptos a cursar os ensi-

---

[23] [...] se puede considerar como la carta de estes nuevos derechos el *Manifiesto comunista*, redactado por Marx y Engels en el año 1848. (Pérez Luño, 1998, p. 38, grifo do autor)

[24] [...] el texto inspirador de las cartas constitucionales que han intentado conjugar en su sistema de derechos fundamentales las libertades con los derechos económicos, sociales y culturales. (Pérez Luño, 1998, p. 40)

nos médio e superior. Na seara econômica, impôs a preservação de um nível de existência adequado à dignidade humana como limite à liberdade de mercado, estabelecendo, ainda, a função social da propriedade. Além disso, elevou os direitos trabalhistas e previdenciários ao nível constitucional de direitos fundamentais, sendo que no campo trabalhista procurou estabelecer padrões mínimcs de regulação internacional do trabalho assalariado; previu o direito ao trabalho, com o correlato dever do Estado de desenvolver a política de pleno emprego; e instituiu a participação de empregados e trabalhadores na regulação estatal da economia. Ainda trouxe importantes inovações no plano familiar, estabelecendo pela primeira vez na história do mundo ocidental a igualdade entre marido e mulher; equiparando os filhos ilegítimos aos legitimamente nascidos durante o matrimônio, no que se refere à proteção do Estado; e colocou a família e juventude sob a proteção estatal (Comparato, 2008, p. 194-195).

Dessa forma, o modelo de Estado Social também se caracteriza como um Estado Material de Direito, assim como o Estado Liberal, pois ambos estão juridicamente conformados por normas de validade superior. A diferença entre ambos reside na maior amplitude do rol de direitos fundamentais do Estado Social, o qual acrescenta aos tradicionais direitos liberais e políticos até então reconhecidos, em maior ou menor número, os direitos sociais, a fim de corrigir ou reduzir os graves desequilíbrios provocados pelo liberalismo originário (Martins Neto, 2003, p. 113).

Deve-se destacar, ainda, que esse acréscimo dos direitos sociais ao catálogo dos direitos fundamentais é que confere a identidade ao Estado Social, pois passou a exigir uma atuação estatal para sua implementação, através de uma progressiva intervenção do Estado no campo econômico, no sentido da realização da justiça social, seja diretamente, proporcionando à população as prestações e serviços necessários para uma vida com dignidade, ou indiretamente, direcionando a iniciativa privada para a consecução do bem comum. As finalidades do Estado Social podem ser sintetizadas, então, na busca da concretização dos direitos liberais e políticos, através da garantia dos meios necessários para tanto, isto é, assegurando a todos os direitos sociais e econômicos indispensáveis à realização material dos primeiros.

Por outro lado, é de ser salientado que "a história dos direitos não termina com a afirmação positiva dos *direitos sociais*" (Martins Neto, 2003, p. 117, grifo do autor), pois processo de evolução dos direitos ainda está em curso, implicando a transformação do Estado

Social, o que pode ser constatado pelo surgimento de novas categorias de direitos fundamentais, como é o caso dos denominados direitos de solidariedade ou de fraternidade, frutos da consciência de novos desafios à qualidade de vida e à solidariedade entre todos os seres humanos, dentre os quais se destacam os direitos à paz, ao desenvolvimento, ao meio ambiente e ao patrimônio comum da humanidade (Ferreira Filho, 2008, p. 58).

2.5. Conceitos de Estado Social de Direito e de Direitos Fundamentais

O reconhecimento dos direitos liberais e políticos e, posteriormente, dos direitos sociais e econômicos, não encerrou o processo de evolução dos direitos fundamentais. Atualmente, como já mencionado, está em curso a construção de uma nova classe de direitos humanos de solidariedade, definida por José Afonso da Silva como "de terceira geração, direitos fundamentais do homem-solidário, ou direitos fundamentais do gênero humano (direito à paz, ao desenvolvimento, comunicação, meio ambiente, patrimônio comum da humanidade)" (Silva, 2007, p. 184). Dentre estes novos direitos fundamentais, para cuja consolidação a hermenêutica assume papel relevante, sobressai o direito ao meio ambiente ecologicamente equilibrado, inclusive das futuras gerações, tendo em vista a consciência de que os recursos naturais são finitos e de que a degradação que atualmente os atinge, nos mais diversos níveis, coloca em risco a própria sobrevivência da humanidade.

Embora o uso da expressão gerações de direitos suscite polêmica, pois "pode ensejar a falsa impressão da substituição gradativa de uma geração por outra, razão pela qual há quem prefira o termo 'dimensões' de direitos fundamentais" (Sarlet, 2008, p. 52), é certo que no processo de reconhecimento dos direitos fundamentais os direitos liberais e políticos foram os pioneiros, seguidos pelos direitos sociais e econômicos. No entanto, o "reconhecimento progressivo de novos direitos fundamentais tem o caráter de um processo cumulativo, de complementaridade, e não de alternância" (Sarlet, 2008, p. 52), o que indica a maior precisão terminológica da expressão "dimensões" de direitos fundamentais.[25] Assim, a suces-

---

[25] A imprecisão da expressão gerações de direitos também pode dar margem a uma equivocada interpretação acerca da existência de uma permanente exigência de reconhecimento de novos direitos, a cada geração humana, bem como de que alguns destes direitos somente

são cronológica no reconhecimento dos direitos fundamentais não pode ser vista como um óbice à evolução e transformação dos direitos surgidos por primeiro, em razão das mudanças dos contextos histórico e social em que se inserem.

Apesar de existir uma discussão quanto à relação dos direitos humanos com o conceito dos direitos fundamentais, grande parte da doutrina define estes últimos como os direitos humanos positivados nas constituições estatais, resultando em "uma certa tendência, não absoluta [...], a reservar a denominação 'direitos fundamentais' para designar os direitos humanos positivados a nível interno, enquanto que a fórmula 'direitos humanos' é a mais usual no plano das declarações e convenções internacionais"[26] (Pérez Luño, 2005, p. 33, tradução nossa).

Nessa linha, baseado na teoria política e jurídica atuais, o conceito de direitos humanos proposto por Pérez Luño, como "um conjunto de faculdades e instituições que, em cada momento histórico, concretizam as exigências da dignidade, da liberdade e da igualdade humanas, as quais devem ser reconhecidas positivamente pelos ordenamentos jurídicos a nível nacional e internacional"[27] (Pérez Luño, 2005, p. 50, tradução nossa), traz um ponto de partida para a definição dos direitos fundamentais, pois conjuga a exigência jusnaturalista acerca da fundamentação dos direitos humanos com as técnicas de positivação e proteção que condicionam o exercício dos direitos fundamentais. Deve-se registrar, entretanto, que esta base filosófica jusnaturalista acerca dos direitos fundamentais deve ser vista sob uma concepção moderna, que se afasta do catálogo eterno e imutável dos direitos do homem formulado pelo jusnaturalismo racionalista, em razão da crítica histórica que lhe foi dirigida. Esta crítica revelou a necessidade de adequar os princípios do direito natural às circunstâncias de tempo e lugar, bem como a justificativas sociológicas, permitindo o surgimento de uma concepção aberta e dinâmica dos direitos naturais (Pérez Luño, 2005, p. 93), a qual tam-

---

foram criados recentemente. O equívoco se observa quando se verifica que os direitos fundamentais são inerentes à pessoa humana, embora possam variar de amplitude e significado segundo a época e o local onde se situam, o que será aprofundado ao longo deste trabalho.

[26] [...] "una cierta tendencia, no absoluta [...], a reservar la denominación 'derechos fundamentales' para designar los derechos humanos positivados a nível interno, en tanto que la fórmula 'derechos humanos' es la más usual en el plano de las declaraciones y convenciones internacionales". (Pérez Luño, 2005, p. 33)

[27] "[...] un conjunto de facultades e instituciones que, en cada momento histórico, concretan las exigencias de la dignidad, la libertad y la igualdad humanas, las cuales deben ser reconocidas positivamente por los ordenamientos jurídicos a nivel nacional e internacional." (Pérez Luño, 2005, p. 50).

bém pode ser aplicada aos direitos fundamentais, tanto no que se refere aos direitos liberais, quanto aos direitos sociais e aos denominados direitos de solidariedade.

Quanto ao enfoque normativo do conceito de direitos fundamentais, a espécie de proteção que lhes é conferida pela ordem jurídica estatal possui relevância, pois revela diferenças de tratamento com os demais direitos subjetivos não fundamentais, as quais conferem aos primeiros uma proteção maior que aos demais direitos, em razão de sua natureza normativa preferencial e de sua significação singular. A identificação do privilégio que define a fundamentalidade destes direitos decorre de sua previsão constitucional, que gera a imunidade destes frente ao legislador ordinário, pois "eles são [...] juridicamente imunes à abolição, deformação ou atentados de qualquer espécie, ressalvada a possibilidade, em termos que não os nulifiquem, de sua *organização, limitação* ou complementação por normas inferiores" (Martins Neto, 2003, p. 81, grifo do autor); e, principalmente, advém da garantia contra o poder constituinte reformador ou derivado, a qual lhes garante a condição de cláusulas pétreas, reveladora de uma qualidade específica, que lhes confere um *status* especial, "figurando como direitos sem paralelos, em traço e valor, no ordenamento jurídico positivo" (Martins Neto, 2003, p. 86).

Essa garantia contra o poder constitucional reformador, exclusiva dos direitos fundamentais, decorre do reconhecimento de uma qualidade rara, de que são bens de suma valia, considerados essenciais, vitais e indispensáveis, fazendo-os merecedores de proteção por uma cláusula pétrea, conferida pelo constituinte originário, o qual os declara intocáveis e intangíveis pelas maiorias parlamentares (Martins Neto, 2003, p. 87-88). Por isso, da expressão fundamentais se extraem aquelas situações jurídicas sem as quais a pessoa humana não se realiza, não convive ou mesmo sobrevive; devendo ser todos não apenas formalmente reconhecidos como direitos, mas concreta e materialmente efetivados, pois estas prerrogativas conferidas pelo direito positivo concretizam as bases de uma convivência digna, livre e igual de todas as pessoas (Silva, 2007, p. 178).

Às definições de direitos fundamentais aludidas ainda podemos acrescentar a posição de Ingo Wolfgang Sarlet, segundo a qual somente a análise do conteúdo é que permite a verificação da fundamentalidade material dos direitos fundamentais, pois através da norma positiva contida no art. 5º, § 2º, da Constituição Federal de 1988, a noção de fundamentalidade é aberta tanto a outros direitos fundamentais não constantes em seu texto, mas materialmente fundamentais, quanto a outros direitos fundamentais situados fora do catálogo, mas integrantes do texto constitucional, conforme assim explica o autor:

> Importa considerar, ainda com relação à nota de fundamentalidade dos direitos fundamentais, que somente a análise do seu conteúdo permite a verificação de sua fundamentalidade material, isto é, da circunstância de conterem, ou não, decisões fundamentais sobre a estrutura do Estado e da sociedade, de modo especial, porém, no que diz com a posição nestes ocupada pela pessoa humana. É, portanto, evidente que uma conceituação meramente formal, no sentido de serem direitos fundamentais aqueles que como tais foram reconhecidos na Constituição, revela sua insuficiência também para o caso brasileiro, uma vez que nossa Carta Magna, como já referido, admite expressamente a existência de outros direitos fundamentais que não os integrantes do catálogo (Título II da CF), seja com assento na Constituição, seja fora desta [...]. (Sarlet, 2008, p. 87)

Por outro lado, a moderna concepção acerca do jusnaturalismo trazida por Pérez Luño também serve de base para o conceito de Estado de Direito, o qual inicialmente concebeu na lei os valores de justiça e certeza, sob a inspiração do jusnaturalismo racional. Dessa forma, para se evitar erros passados, atualmente a lei deve ser vista como produto da racionalidade histórica da vontade democrática da maioria, a qual não mais se resume ao aspecto jurídico-político, abrangendo também as questões socioeconômicas (Pérez Luño, 2005, p. 251).

Esta nova racionalidade implicou na transição do modelo de Estado Liberal de Direito para o Estado Social de Direito, o qual estabeleceu as garantias materiais para os postulados e as liberdades formais proclamados pelo Estado de Liberal, trazendo inúmeras alterações em suas técnicas operativas, as quais permitem a conceituação do Estado Social de Direito como "[...] uma fórmula de compromisso entre a defesa das liberdades tradicionais individuais e as exigências da justiça social"[28] (Pérez Luño, 2005, p. 232, tradução nossa).

Os atuais conceitos de Estado Social de Direito e de direitos fundamentais ora apresentados possibilitam a identificação do modelo de Estado Democrático de Direito adotado por nossa atual Constituição, bem como dos direitos fundamentais por esta reconhecidos e do âmbito de proteção a estes conferido, aspectos decisivos para

---

[28] Esta posição foi defendida por vários autores alemães no processo de surgimento do Estado Social de Direito, durante o qual houve uma polêmica teórica acerca da natureza e fins do Estado de Direito, tendo a final preponderado sobre as orientações que lhe foram contrárias. Segundo Pérez Luño, *"para estos autores, el Estado social de Derecho ha entrañado una fórmula de compromiso entre la defensa de las libertades tradicionales de signo individual y las exigencias de la justicia social"*. (Pérez Luño, 2005, p. 232, grifo nosso)

se compreender o modelo jurídico, político, econômico e social vigente em nosso país, do qual decorre o trato das questões relativas aos direitos fundamentais, cuja análise a seguir será realizada.

2.6. O Estado de Direito na Constituição de 1988

A atual Constituição, assim como a maioria das Leis Fundamentais contemporâneas, consagrou o princípio do Estado Social, o qual guarda direta relação com os direitos fundamentais por ela previstos. Em que pese não exista norma expressa no texto constitucional qualificando a República brasileira como um Estado Social e Democrático de Direito, pois seu art. 1º, *caput*, menciona apenas o termo Estado democrático de direito, "não restam dúvidas [...] de que nem por isso o princípio fundamental do Estado social deixou de encontrar guarida em nossa Constituição" (Sarlet, 2008, p. 71). Esta afirmação decorre tanto dos fundamentos, objetivos e princípios consagrados no Título I da Carta de 1988, tais como a dignidade da pessoa humana, os valores sociais do trabalho, a erradicação da pobreza e a construção de uma sociedade livre, justa e solidária, como também "da previsão de uma grande quantidade de direitos fundamentais sociais, que, além do rol dos direitos dos trabalhadores (arts. 7º a 11 da CF), inclui diversos direitos a prestações sociais por parte do Estado (arts. 6º e outros dispersos no texto constitucional)" (Sarlet, 2008, p. 71).

Nesse modelo de Estado Social de Direito adotado pelos constituintes originários, os direitos fundamentais sociais representam as exigências de materialização das liberdades e de garantia da igualdade de oportunidades, as quais são "inerentes à noção de uma democracia e um Estado de Direito de conteúdo não meramente formal, mas, sim, guiado pelo valor da justiça material" (Sarlet, 2008, p. 71).

A Constituição de 1988 trata do tema relativo aos direitos e garantias fundamentais[29] em seu Título II, antecipando-os à estruturação do Estado, revelando que "quis com isso marcar a preeminência que lhes reconhece" (Ferreira Filho, 2008, p. 99). Neste Título II, o primeiro capítulo versa acerca dos direitos e garantias

---

[29] O uso da expressão "direitos e garantias fundamentais" constitui um avanço terminológico da Constituição de 1988, pois nas Constituições anteriores era utilizado o termo "direitos e garantias individuais", a qual já estava há muito tempo superado em razão da evolução dos direitos fundamentais no âmbito constitucional e internacional. (Sarlet, 2008, p. 77)

individuais (art. 5º), enquanto o segundo trata dos direitos sociais (arts. 6º até 11), sendo que os capítulos seguintes do mesmo Título se referem aos direitos da nacionalidade (arts. 12 e 13), aos direitos políticos (arts. 14 até 16) e aos partidos políticos (art. 17). Todavia, esta enumeração não esgota as previsões de direitos fundamentais na Constituição, que podem ser encontrados em outros de seus capítulos, como são os exemplos das limitações dos poderes de tributar (arts. 150 até 152) e do direito ao meio ambiente ecologicamente equilibrado (art. 225).

Nesse aspecto, é de se ressaltar a existência de um pluralismo na Constituição de 1988, advindo "do seu caráter marcadamente compromissário" (Sarlet, 2008, p. 75), pois foi produzida no ambiente de amplo debate que marcou o restabelecimento da democracia em nosso país, após o fim de uma ditadura militar que durou mais de duas décadas, do qual resultou a acolhida e conciliação em seu texto de posições e reivindicações "nem sempre afinadas entre si, resultantes de fortes pressões políticas exercidas pelas diversas tendências envolvidas no processo Constituinte" (Sarlet, 2008, p. 75). Este pluralismo também se aplica ao título relativo aos direitos fundamentais, onde "o Constituinte [...] não aderiu nem se restringiu a apenas uma teoria sobre os direitos fundamentais" (Sarlet, 2008, p. 75).

Embora os direitos fundamentais façam parte da tradição constitucional, pois sempre estiveram presentes nas Constituições brasileiras, as duas primeiras Constituições, de 1824 e 1891, respectivamente, trouxeram neste tema apenas normas quanto às liberdades públicas. A partir da Constituição de 1934, todas as Constituições brasileiras acrescentaram os direitos sociais nas Declarações de Direitos que promulgaram. A Constituição de 1988 inovou ao prever pelo menos um dos direitos de solidariedade (Ferreira Filho, 2008, p. 99), consistente no direito ao meio ambiente ecologicamente equilibrado, definido como bem de uso comum do povo e essencial à sadia qualidade de vida (art. 225). Além do direito fundamental ao meio ambiente, Ingo Wolfgang Sarlet ainda refere outros direitos de solidariedade previstos no atual texto constitucional, os quais define como direitos fundamentais de terceira dimensão, presentes no título dos princípios referentes às relações internacionais (art. 4º), dentre os quais estão previstos a independência nacional (inc. I), a autodeterminação dos povos (inc. III), a não intervenção (inc. IV), além da defesa da paz (inc. VI) e da solução pacífica de conflitos (inc. VII) (Sarlet, 2008, p. 78).

No que se refere aos direitos sociais, a sua acolhida no capítulo específico dos direitos fundamentais "ressalta, por sua vez, de forma incontestável sua condição de autênticos direitos fundamentais" (Sarlet, 2008, p. 77), tendo em vista que nas Constituições anteriores os direitos sociais estavam previstos nos capítulos referentes à ordem econômica e social, o que lhes conferia, salvo algumas exceções, caráter meramente programático e natureza de normas de eficácia limitada (Sarlet, 2008, p. 77).

Por essas razões, foi de grande importância a inovação trazida pelo § 1º do art. 5º da Carta de 1988, que estabeleceu a aplicabilidade imediata das normas definidoras de direitos e garantias fundamentais, excluindo o cunho programático destes. Embora a intenção do legislador tenha sido louvável, pois o dispositivo referido visa "evitar que essas normas fiquem letra morta por falta de regulamentação" (Ferreira Filho, 2008, p. 102), tendo "consagrado o *status* jurídico diferenciado e reforçado dos direitos fundamentais na Constituição vigente" (Sarlet, 2008, p. 77), esta norma tem sido objeto de críticas. Manoel Gonçalves Ferreira Filho, por exemplo, afirma que a autoaplicabilidade de uma norma decorre de seu mandamento certo e determinado; do contrário, quando a norma definidora do direito fundamental apresentar lacuna ou incompletude, não será possível aplicá-la pela própria natureza das coisas (Ferreira Filho, 2008, p. 102).

Por outro lado, a maior proteção conferida aos direitos fundamentais pela Constituição de 1988 também decorre da inclusão destes dentre as denominadas cláusulas pétreas, previstas por seu art. 60, § 4º, as quais impedem a supressão ou alteração das normas referentes aos direitos fundamentais por meio da ação do poder Constituinte derivado, ao vedarem qualquer deliberação acerca de proposta de emenda constitucional com a finalidade de abolir os direitos e garantias individuais.

Quanto ao caráter exemplificativo dos direitos e garantias fundamentais contidos no Título II da Constituição de 1988, este advem de previsão expressa contida pelo seu art. 5º, § 2º, que estabelece que os direitos fundamentais contidos em seu texto não excluem outros decorrentes do regime e dos princípios por ela adotados, ou dos tratados internacionais em que a República Federativa do Brasil seja parte. Segundo Manoel Gonçalves Ferreira Filho, através deste dispositivo, a Constituição admite a existência de direitos fundamentais implícitos, como já faziam as anteriores. Entretanto, afora a possibilidade de deduzi-los ou induzi-los de outros princípios e direitos fundamentais previstos nela contidos, a Constituição atual inovou ao dispor sobre a possibilidade de reconhecimento de direitos implícitos advindos dos tratados internacionais (Ferreira Filho, 2008, p. 100).

Quanto a essa última hipótese de direitos fundamentais previstos implicitamente pela Constituição de 1988, a Emenda Constitucional nº 45/2004 acrescentou o § 3º ao art. 5º da Constituição, conferindo *status* de emenda constitucional aos tratados e convenções internacionais sobre direitos humanos, quando estes forem aprovados em cada Casa do Congresso Nacional, em dois turnos, por três quintos dos votos dos respectivos membros, quórum este equivalente ao exigido para a aprovação das próprias emendas constitucionais (art. 60, § 2º). Assim, as normas de tratados ou convenções sobre direitos humanos não aprovados desta forma não terão valor constitucional, mas sim de lei ordinária, revogando as normas ordinárias internas incompatíveis que lhes forem anteriores, mas também podendo ser revogados por leis internas de equivalente hierarquia que forem posteriores à assinatura dos tratados ou convenções pelo Estado brasileiro. Todavia, como a revogação das normas decorrentes de tratados por lei posterior não desobriga o país das obrigações por si assumidas no plano internacional, há uma forte tendência a reconhecer a impossibilidade de sua revogação por lei posterior, conferindo à norma oriunda de tratado um patamar intermediário entre a norma constitucional e a lei ordinária (Ferreira Filho, 2008, p. 101-102).

Outro ponto positivo a ser destacado quanto ao tema dos direitos fundamentais, é a amplitude do catálogo da Constituição de 1988, a qual aumentou o elenco do direitos protegidos, trazendo direitos fundamentais de diferentes dimensões, como já mencionado. Além dos direitos fundamentais originariamente previstos em nossa Constituição, o poder Constituinte reformador inseriu dentre estes o direito à moradia (art. 6º – Emenda Constitucional nº 26/2000) e o direito à razoável duração do processo (art. 5º, inc. LXXVIII – Emenda Constitucional nº 45/2004).

Por outro lado, o rol de direitos fundamentais previstos na atual Constituição contem algumas fraquezas, decorrentes da falta de rigor científico e de uma técnica legislativa adequada, revelando contradições, ausência de tratamento lógico nas matérias e problemas de ordem hermenêutica. Em seu artigo 6º, por exemplo, o qual enuncia de forma genérica os direitos sociais básicos, não há qualquer explicitação quanto ao conteúdo destes, que deve ser buscado no capítulo da ordem econômica e, sobretudo, da ordem social, o que gera sérias dúvidas sobre quais os direitos situados fora do Título II que efetivamente integram os direitos fundamentais sociais. A ausência de sistematização das matérias também é revelada pela "posição 'geográfica' dos preceitos que consagram a aplicabilidade direta dos direitos fundamentais (art. 5º, § 1º), bem como a abertura para outros direitos fundamentais, ainda que não expressos no texto da Constituição (art. 5º, § 2º), ambos situados no final do rol do art. 5º, mas antes dos demais direitos fundamentais do Título II" (Sarlet, 2008, p. 79).

O amplo catálogo de direitos fundamentais previsto na Constituição de 1988, também apresenta problemas em razão da inclusão de "diversas posições jurídicas de 'fundamentalidade' ao menos discutível, conduzindo [...] a um desprestígio do especial *status* gozado pelos direitos fundamentais [...]" (Sarlet, 2008, p. 79). Dentre estas, encontram-se normas organizacionais (art. 14, § 3º, incs. I a VI, e § § 4º a 8º) ou até mesmo normas de natureza penal (art. 5º, incs. XLII e XLIII). Em pese estas normas pudessem ter sido deixadas para a regulação do legislador infraconstitucional, ou mesmo dispostas na seara constitucional fora do catálogo dos direitos fundamentais, não há como se negar a sua força jurídica, ao menos advinda de sua fundamentalidade formal, o que impede a análise de sua verdadeira ou falsa constitucionalidade pelos poderes constituídos, inclusive pela Corte Constitucional (Sarlet, 2008, p. 79-80).

Deve-se destacar, ainda, a ausência de previsão de normas genéricas expressas pelo legislador constitucional quanto à possibilidade de restrições aos direitos fundamentais. De acordo com Ingo Wolfgang Sarlet, esta lacuna não possui justificativa, pois a proteção do núcleo essencial (*Wesensgehalt*) dos direitos fundamentais, o princípio da proporcionalidade e a reserva legislativa (restrições somente mediante leis no sentido formal), parâmetros concretos aceitos no direito comparado, teriam sido categorias que serviriam para um tratamento científico e uniforme da matéria, acaso adaptados para a realidade pátria (Sarlet, 2008, p. 80).

Por outro lado, apesar da posição privilegiada ocupada pelos direitos fundamentais na Constituição, no que se refere à sua força jurídica (de aplicabilidade imediata) e à sua imunidade quanto ao poder constituinte reformador, da qual decorre uma hermenêutica de interpretação em harmonia com os direitos fundamentais, estes não gozam de uma posição hierárquica superior às demais normas constitucionais originárias. Assim, Ingo Wolfgang Sarlet defende que a posição dos direitos fundamentais em relação à ordem constitucional deve "ser analisada à luz do princípio da unidade da Constituição, resolvendo-se os inevitáveis conflitos por meio dos mecanismos de ponderação e harmonização dos princípios em pauta" (Sarlet, 2008, p. 85).

Em que pesem as críticas de ordem técnica apontadas quanto à previsão dos direitos fundamentais pela Constituição de 1988, é inegável o avanço verificado tanto no seu reconhecimento pela ordem jurídica interna, quanto nos instrumentos colocados por esta à disposição dos operadores do Direito para sua garantia. Assim, pode-se afirmar que "os direitos fundamentais estão vivenciando o seu melhor momento na história do constitucionalismo pátrio, [...] inclusive no que concerne às possibilidades de efetivação sem precedentes no ordenamento nacional" (Sarlet, 2008, p. 80). Para que seja dada continuidade a este processo, "torna-se indispensável o concurso da vontade por parte de todos os agentes políticos e de toda a sociedade [...] uma vontade dos direitos fundamentais"[30] (Sarlet, 2008, p. 80).

Dessa forma, no contexto do Estado Social de Direito e dos direitos fundamentais previstos na Constituição de 1988, pode-se afirmar que "o problema fundamental em relação aos direitos do homem, hoje, não é tanto o de *justificá-los*, mas o de *protegê-los*. Trata-se de um problema não filosófico, mas político" (Bobbio, 2004, p. 23, grifo do autor). Assim, embora seja inegável a existência de uma crise nos fundamentos dos direitos fundamentais, após ter sido superada a ilusão de seu fundamento absoluto, o estudo de suas justificativas passará a ter relevância histórica somente se for acompanhado dos meios e condições para a realização deste ou daquele direito. Por isto, "o problema filosófico dos direitos do homem não pode ser dissociado do estudo dos problemas históricos, sociais, econômicos, psicológicos, inerentes à sua realização: o problema dos fins não pode ser dissociado do problema dos meios" (Bobbio, 2004, p. 24).

Por essas razões, dentre as quais se destaca a presente necessidade de garantir a proteção e a efetividade dos direitos fundamentais reconhecidos pela Constituição, o papel por esta outorgado ao Ministério Público assume especial relevância, em especial pela defesa da ordem jurídica, do regime democrático e dos interesses sociais e individuais indisponíveis que lhe foi incumbida (art. 127), a qual guarda estreita relação com o modelo de Estado Social e Democrático de Direito e com o amplo regime de direitos fundamen-

---

[30] A expressão utilizada por Sarlet segue a paradigmática afirmação de Konrad Hesse, na obra "A Força Normativa da Constituição", onde este afirma que para a preservação e o fortalecimento da força normativa da Constituição é indispensável a existência de uma "vontade de Constituição". (Sarlet, 2008, p. 80)

tais por esta previstos. As novas funções conferidas ao Ministério Público pela Constituição de 1988, bem como suas relações com o regime de Estado de Direito e de direitos fundamentais por esta estabelecido, serão o objeto da análise contida na seção seguinte.

3. A Investigação Cível do Ministério Público na Tutela da Probidade Administrativa

A função investigatória do Ministério Público na área cível surgiu no período de transição da Ditadura Militar para a Democracia no Brasil, na primeira metade da década de 1980, com a edição das Leis da Política Nacional do Meio Ambiente (Lei nº 6.938/81) e da Ação Civil Pública (Lei nº 7.347/85), tendo sido consolidada com a edição da Constituição "Cidadã" de 1988, que consagrou a legitimidade da investigação ministerial para a defesa de uma ampla gama de direitos, muitos dos quais fundamentais e essenciais para o restabelecimento do regime democrático. Após, esta função ainda foi alargada por outras leis infraconstitucionais, dentre as quais destacamos a Lei de Improbidade Administrativa – LIA (Lei nº 8.429/92) –, a qual conferiu atribuições investigatórias ao Ministério Público na defesa da probidade administrativa, reforçando a rede de tutela já existente nesta área no ordenamento jurídico nacional.

A compreensão dos motivos e da amplitude dessa outorga de funções investigatórias exige a análise do surgimento e da evolução constitucional da própria Instituição do Ministério Público no Brasil. Embora a história institucional não seja o objeto do presente trabalho, mostra-se necessário um exame resumido desta, a fim de se verificarem os avanços e retrocessos do Ministério Público ao longo de nossas constituições, bem como suas relações com as condições políticas, sociais, econômicas e culturais da época. Este exame é de grande relevância para o entendimento do atual perfil do Ministério Público brasileiro, com sua recente atuação no campo das investigações dos ilícitos civis relacionados às áreas dos interesses transindividuais, dentre as quais se insere a tutela do patrimônio público e da probidade administrativa.

Nesse contexto, o exame da coletivização dos litígios advinda da transição do modelo de Estado Liberal para Social contribui para a identificação da origem e das razões da outorga de funções investigatórias ao Ministério Público. A ausência de proteção às novas demandas coletivas trazidas pelo Estado Social, no modelo tradicional de processo civil individualista, impôs o reconhecimento das modalidades de interesses transindividuais e de uma nova sistemática para seu tratamento, as quais deram origem à denominada tutela coletiva. Assim, para uma melhor compreensão do tema, faz-se necessária a identificação das relações da tutela coletiva com o atual perfil de atuação do Ministério Público, no que se refere à sua legitimidade ativa para a promoção do inquérito civil e da ação civil pública, em especial para a proteção do patrimônio público e do erário, para cujo exercício assume importância a função investigatória.

O principal instrumento da investigação cível do Ministério Público é o inquérito civil, sendo que a partir de seu conceito, origem e finalidade pretende-se examinar a posição do investigado e do advogado, identificando-se as eventuais possibilidades de intervenção destes no inquérito civil, tendo em vista as restrições aos princípios do contraditório e da ampla defesa decorrentes da natureza predominantemente informativa e inquisitorial deste. A condição de instrumento de tutela de direitos fundamentais e transindividuais do inquérito civil não permite que se olvidem os direitos constitucionais dos investigados e de seus procuradores, desde que compatibilizados com o adequado desenvolvimento das investigações, que em muitos casos exige restrições a estes direitos. Tais aspectos mantêm direta relação com a validade em juízo das provas colhidas pelo Ministério Público no inquérito civil, especificamente quanto ao âmbito de admissibilidade destas em suas modalidades documental, pericial e testemunhal.

Por outro lado, é importante delimitar a abrangência da investigação cível do Ministério Público na tutela da probidade administrativa e, especificamente, quanto aos denominados atos de improbidade administrativa,[31] nas modalidades de enriquecimento ilícito de agente público no exercício de função pública (art. 9º da LIA), ou de ato lesivo ao erário (art. 10 da LIA), ou mesmo de ofensa aos princípios constitucionais aplicáveis à administração pública (art. 11 da LIA). Na tutela da probidade ainda se destacam outras hipóteses que não caracterizam improbidade, mas em que se ve-

---

[31] Esta foi nomenclatura adotada pelos arts. 9º, 10 e 11 da Lei nº 8.429, de 02 de junho de 1992 – Lei de Improbidade Administrativa (LIA) – a qual "dispõe sobre as sanções aplicáveis aos agentes públicos nos casos de enriquecimento ilícito no exercício de mandato, cargo, emprego ou função na administração pública direta, indireta ou fundacional e dá outras providências".

rifica ser necessária a tutela do patrimônio público, tais como os casos de lesão ao erário ou de ofensa aos princípios da moralidade administrativa, legalidade ou eficiência. Este ponto possui estreita relação com exame da legitimidade do Ministério Público para atuar judicialmente após o término das investigações, pois não faz sentido a instauração de uma investigação abrangendo determinada matéria para a qual a Instituição posteriormente não possa ajuizar as ações judiciais respectivas, se estas forem necessárias.

Dessa forma, a identificação da origem da base constitucional e legal da investigação cível do Ministério Público na tutela da probidade administrativa, de sua abrangência material quanto aos atos de improbidade e outras hipóteses de defesa do patrimônio público, da participação do investigado e de seu advogado em seu curso, bem como do valor judicial das provas nesta colhidas, permitirão identificar e examinar, sob vários aspectos, a tutela dos direitos fundamentais realizada pelo Ministério Público através do inquérito civil, em razão do poder-dever que lhe foi constitucionalmente conferido, conforme a seguir será exposto.

3.1. Síntese da evolução histórica do Ministério Público no Brasil

A construção histórica do Ministério Público no Brasil, com seus avanços e retrocessos, pode ser observada a partir do tratamento que lhe foi conferido pelas diversas constituições brasileiras, desde a primeira promulgada nos tempos do Império, até a de 1988, onde a presença maior ou menor da Instituição, ou mesmo sua ausência, tiveram relação direta com os regimes democráticos ou autoritários adotados, bem como com os modelos de Estado de Direito e as espécies de proteção conferidas aos direitos fundamentais estabelecidos. Algumas normas infraconstitucionais também tiveram relevância no desenvolvimento do atual perfil institucional do Ministério Público e igualmente merecem registro.

3.1.1. O Ministério Público nas épocas colonial e monárquica

A origem do Ministério Público no Brasil está nas codificações portuguesas; indiretamente nas Ordenações Afonsinas, de 1446, que serviram de base para o surgimento da estrutura jurídica brasileira; e diretamente nas Ordenações Manuelinas, de 1521, e nas Ordenações Filipinas, de 1603, nas quais surgiu a figura do Promotor de Justiça, com papel acusador. Nas Ordenações Filipinas também foi agregada a função fiscalizatória ao cargo de Promotor de Justiça. O primeiro texto legislativo nacional que trouxe a previsão da figura do Promotor de Justiça foi o que disciplinou a composição do Tribunal da Relação do Brasil, sediado na Bahia, de 09 de janeiro de 1609,[32] onde o papel de Procurador da Coroa e de Promotor de Justiça era exercido por um dos dez Desembargadores que a integravam (Rangel, 2005, p. 124-125). Segundo Roberto Lyra, este "velava pela integridade da jurisdição civil contra os invasores da jurisdição eclesiástica, sendo obrigado a ouvir missa rezada por capelão especial, antes de despachar, e a usar a Opa" (Lyra, 2001, p. 21).

De se ressaltar que, naquela época, a magistratura era considerada a "espinha dorsal" do governo real, sendo que os critérios de seleção para o acesso à carreira judicial, enquanto função privilegiada, além da condição social,[33] incluíam a indispensável graduação na Universidade de Coimbra, de preferência em Direito Civil ou Canônico, o exercício profissional por dois anos e a seleção através do exame de ingresso ao serviço público (a "leitura de bacharéis") pelo Tribunal do Paço em Lisboa (Wolkmer, 2008, p. 80-81, grifo do autor).

O Código de Processo Criminal de 1832, editado durante o Império, trouxe um tratamento mais sistemático ao Ministério Público, dispondo em seu art. 36 que podiam ser promotores públicos as pessoas passíveis de serem juradas, preferencialmente aquelas que conhecessem as leis do país. Ocorre que somente podiam ser jura-

---

[32] Até a criação do Tribunal de Relação da Bahia, somente havia a justiça de primeira instância no Brasil colônia e os recursos eram julgados no Tribunal de Relação de Lisboa (Garcia, 2008, p. 29). Após, foram criadas Relações no Rio de Janeiro, em 1751, no Maranhão, em 1812, e em Pernambuco, em 1821, junto a cada qual funcionava um Promotor de Justiça. A criação destes Tribunais veio a consolidar a administração da justiça centrada na burocracia de funcionários civis preparados e treinados na Metrópole, onde os magistrados portugueses revelavam lealdade e obediência à Coroa, como integrantes de uma justiça por esta criada e imposta, o que explica suas posições favoráveis aos interesses reais, que lhes resultavam em benefícios e promoções (Wolkmer, 2008, p. 76, 78-79). Com a transformação da Relação do Rio de Janeiro em Casa da Suplicação do Brasil, em 1808, ocorrida em razão da vinda da família real portuguesa para o Brasil, houve a separação nesta Corte dos cargos de Procurador dos Feitos da Coroa e da Fazenda e de Promotor de Justiça, com o exercício de cada um por um agente distinto (Garcia, 2008, p. 29).

[33] O acesso à magistratura, enquanto função privilegiada, impunha certos procedimentos de triagem, baseados em critérios de origem social. Predominavam os operadores jurídicos de classe média, pois a carreira de jurista era uma forma de ascensão social. As classes sociais que mais contribuíram para a composição dos cargos profissionais da Justiça foram a pequena nobreza e o funcionalismo, além de filhos e netos de letrados; de outro lado, havia restrições aos descendentes de comerciantes, aos cristãos novos e aos "impuros de sangue", como os mestiços, mulatos, judeus e outros (Wolkmer, 2008, p. 80-81, grifo do autor).

dos os cidadãos eleitores, de reconhecido bom-senso e probidade, os quais se restringiam àqueles de boa situação econômica, o que causava a elitização do cargo (Rangel, 2005, p. 126), a exemplo do que já havia ocorrido no período colonial anterior. No mesmo artigo, foi prevista a nomeação e a exoneração dos Promotores Públicos pelo Governo na Corte e pelos Presidentes nas Províncias, sem prazo de mandato definido, com preferência aos Bacharéis de Direito idôneos. Nas funções lá atribuídas ao Promotor de Justiça predominou o papel de acusador, com algumas atribuições fiscalizatórias.[34] No entanto, a importância da função ministerial era atenuada no Código de Processo Criminal de 1832 pela possibilidade do oferecimento da denúncia criminal por qualquer do povo (art. 74) e de nomeação de Promotores Públicos interinos pelos Juízes de Direito (art. 38), verificando-se a posição subalterna em que se encontrava o Ministério Público em suas disposições.

Com a reforma do Código de Processo Criminal realizada pela Lei nº 261, de 3.12.1841, passou a ser exigida a presença de um Promotor Público atuando em cada Comarca, acompanhando o Juiz de Direito (art. 23), nomeado e demitido pelo Imperador ou pelos Presidentes das Províncias, tendo sido mantida a possibilidade de nomeação interina pelos Juízes de Direito, nos casos de falta ou impedimento do Promotor (art. 22).

Mesmo que não se tenha por objeto uma análise histórica, como ocorre no presente trabalho, Paulo Rangel afirma que uma breve noção desta permite a compreensão da presença ou não do Ministério Público nas constituições brasileiras, pois "de acordo com os ares democráticos ou ditatoriais será maior, menor ou até nenhuma a presença do Ministério Público nas constituições" (Rangel, 2005, p. 127). Assim, a primeira Constituição brasileira, de 1824, decretada pelo Imperador, não tratou do Ministério Público, limitando-se a prever a figura do Procurador da Coroa e Soberania Nacional, que fazia a acusação penal (art. 48). Embora esta Carta tenha previsto vários direitos individuais, na prática estes somente podiam ser

---

[34] Sobre as funções do Promotor de Justiça, assim previa o Código de Processo Criminal do Império, de 1832: "Art. 37. Ao Promotor pertencem as attribuições seguintes: 1º Denunciar os crimes publicos, e policiaes, e accusar os delinquentes perante os Jurados, assim como os crimes de reduzir á escravidão pessoas livres, carcere privado, homicidio, ou a tentativa delle, ou ferimentos com as qualificações dos artigos 202, 203, 204 do Codigo Criminal; e roubos, calumnias, e injurias contra o Imperador, e membros da Familia Imperial, contra a Regencia, e cada um de seus membros, contra a Assembléa Geral, e contra cada uma das Camaras. 2º Solicitar a prisão, e punição dos criminosos, e promover a execução das sentenças, e mandados judiciais. 3º Dar parte ás autoridades competentes das negligencias, omissões, e prevaricações dos empregados na administração da Justiça".

usufruídos por uma pequena parcela da população, mais favorecida economicamente, dentre a qual se destacavam os grandes produtores rurais; daí a ausência de interesse de um Ministério Público que assegurasse direitos, pois se este existisse "seria para a proteção dos interesses do Imperador e não do povo" (Rangel, 2005, p. 128).

Assim, a figura do Promotor Público e suas funções antecederam o surgimento da própria Instituição do Ministério Público, pois, conforme explica Emerson Garcia, "nas fases colonial e monárquica, o Ministério Público não era propriamente uma Instituição, mas um aglomerado de atribuições que recaia sobre agentes dissociados entre si e que não gozavam de quaisquer garantias, sendo nítida a subordinação à Chefia do Executivo" (Garcia, 2008, p. 31).

3.1.2. O Ministério Público na República Velha

A Constituição de 1891, promulgada após o golpe militar que gerou a Proclamação da República, em 1889, também não trouxe qualquer previsão institucional específica quanto ao Ministério Público, tendo apenas disposto sobre a forma de escolha do Procurador-Geral da República, dentre os membros do Supremo Tribunal Federal, por designação do Presidente da República, no título referente ao Poder Judiciário (art. 58, § 2º). Em razão da nova forma de Estado federativa adotada pela República, "cada Estado passou a disciplinar o critério de escolha do respectivo Procurador-Geral, que deveria ser integrante de tribunal estadual" (Garcia, 2008, p. 31).

No entanto, no plano infraconstitucional houve um esboço de institucionalização do Ministério Público, com a edição do Decreto nº 848, de 11.10.1890, de autoria de Campos Sales, considerado "patrono" do Ministério Público no Brasil. Referida norma criou e regulamentou a Justiça Federal, tratando do Ministério Público em seu Capítulo VI. Também o Decreto nº 1.030, de 14.11.1890, trouxe uma contribuição semelhante, ao dispor sobre a organização da Justiça no Distrito Federal (Garcia, 2008, p. 31).

3.1.3. O Ministério Público no período de 1930 até 1964

Após a Revolução de 1930, foram realizadas eleições para a Assembleia Nacional Constituinte em 1933, da qual resultou a Constituição brasileira de 1934, a primeira a institucionalizar o Ministério Público, dando-lhe um capítulo próprio, no qual foi definido como órgão de cooperação nas atividades governamentais, associado ao Poder Executivo. Esta Carta manteve a escolha do Procurador-Geral da República pelo Presidente da República, passando a exigir a aprovação do Senado Federal. Também trouxe outros avanços, com a possibilidade de nomeação do Procurador-Geral da República não mais recaindo sobre os membros do Supremo Tribunal Federal, mas dentre os cidadãos que preenchessem os mesmos requisitos exigidos para a escolha daqueles Ministros, além de ter estabelecido a paridade de seus vencimentos com os dos Ministros da Corte Suprema (art. 95, § 1º). A Constituição de 1934 ainda previu a existência de Ministérios Públicos na União, nos Estados, no Distrito Federal e nos Territórios (art. 95, *caput*); criou a regra do concurso para o ingresso na carreira; e dispôs acerca da estabilidade no cargo dos membros do Ministério Público (art. 95, § 3º), com exceção do Procurador-Geral, demissível *ad nutum* (art. 95, § 1º). A seleção de candidatos ao ingresso na carreira por concurso representou grande avanço, pois garantiu a isonomia de condições para o acesso ao cargo de Promotor de Justiça, atenuando a elitização do cargo. Já a estabilidade no cargo veio a garantir a independência no exercício das funções ministeriais. Apesar dos avanços mencionados, a possibilidade de livre exoneração do Procurador-Geral da República pelo Presidente da República, aliada à nomeação daquele por este, causou uma restrição à independência do Ministério Público.

Com o rompimento da ordem constitucional e a instalação do regime ditatorial denominado de Estado Novo no país, o qual outorgou a quarta Constituição brasileira, em 1937, houve um retrocesso tanto para a sociedade brasileira, com a supressão de liberdades individuais, quanto para o Ministério Público, que perdeu sua institucionalização constitucional, a estabilidade e a paridade de vencimentos, situação que foi resumida por Paulo Rangel com a seguinte frase: "Regime forte, Ministério Público fragilizado" (Rangel, 2005, p. 133). A Constituição do Estado Novo trouxe apenas algumas previsões esparsas quanto ao Ministério Público,[35] como a forma de nomeação e demissão do Procurador-Geral da República pelo Presidente da República (art. 99), de maneira semelhante à prevista pela Constituição de 1934, mas sem a aprovação do Senado, tendo em vista a supressão do Poder Legislativo, substituído pela sistemática edição de decretos-leis pelo Presidente Getúlio Vargas. Na Carta de 1937, a menção que se fez ao Ministério Públi-

---

[35] A Constituição de 1937 previu a competência para o julgamento do Procurador-Geral da República pelo Supremo Tribunal Federal (art. 101, inc. I, alínea "b"), a possibilidade de interposição de recursos pelo Ministério Público (art. 101, parágrafo único) e o acesso dos membros da Instituição aos tribunais superiores pelo quinto constitucional, em lista organizada pelos tribunais de relação (art. 105).

co foi no Capítulo referente ao Poder Judiciário, e não em capítulo próprio, como ocorreu na Constituição de 1934, "o que significa dizer, perdeu a instituição sua independência e autonomia como órgão próprio e passou a ficar subordinada ao judiciário" (Rangel, 2005, p. 133-134). Em síntese, o regime ditatorial[36] vigente à época era incompatível com a presença do Ministério Público enquanto guardião de direitos individuais ou coletivos desrespeitados; daí a ausência da presença da Instituição naquela ordem constitucional.

Com o fim do Estado Novo e o ressurgimento da democracia no país, foi promulgada a Constituição de 1946, que conferiu título próprio ao Ministério Público, dando-lhe novos contornos, nos âmbitos federal e estadual, sem vinculá-lo a qualquer dos poderes da República. A Carta disciplinou a organização da Instituição, com a escolha do Procurador-Geral da República pelo Presidente da República, condicionada à aprovação do Senado, prevendo a possibilidade de sua demissão *ad nutum* (arts. 63, inc. I, e 126); o ingresso na carreira mediante concurso público, as garantias da estabilidade e inamovibilidade a seus membros (art. 127); e, posteriormente, através da Emenda Constitucional nº 16, de 26.11.1965, conferiu legitimidade ao Procurador-Geral da República para representar pela inconstitucionalidade de leis e atos normativos (art. 101, inc. I, alínea "k"). Apesar dos avanços, a possibilidade de exoneração *ad nutum* do Procurador-Geral da República comprometia a independência e autonomia da instituição, atrelando-a ao Poder Executivo, o que também ocorria através de disposição expressa prevendo a representação da União em juízo pelos Procuradores da República (art. 126, parágrafo único).

3.1.4. O Ministério Público após o golpe militar de 1964

A seguir, o golpe militar de 1964 rompeu com a estrutura constitucional de 1946, criando uma normatividade paralela, o Ato Institucional nº 01, de 09.04.1964, que estabeleceu a eleição indireta do Presidente da República; suspendeu as garantias constitucionais da estabilidade e da vitaliciedade; previu a possibilidade de demissão, exoneração e aposentadoria compulsória de servidores públicos e

---

[36] Afora a supressão do Poder Legislativo já mencionada, o regime ditatorial do Estado Novo também se caracterizou pelo estado de emergência decretado pelo Presidente da República, que suprimia as liberdades civis garantidas pela própria Constituição, pela instituição da pena de morte, pela censura dos meios de comunicação e pela criação do Tribunal de Segurança Nacional, colegiado de exceção instalado para intimidar adversários políticos do Presidente (Rangel, 2005, p. 134).

a cassação de direitos políticos e de mandatos legislativos. Outros Atos Institucionais posteriores também suprimiram direitos e liberdades públicas. Posteriormente, o regime militar de 1964 veio a publicar a Constituição de 1967, colocando o Ministério Público em posição de subordinação, no capítulo do Poder Judiciário, embora tenha estabelecido o ingresso na carreira com provas e títulos (Rangel, 2005, p. 137-138), e resgatado a seus membros as garantias da estabilidade e da inamovibilidade (art. 138, § 1º).

Na prática, a Constituição de 1967 foi suspensa com a edição do Ato Institucional nº 05, de 13.12.1968, conhecido como AI 5, o qual conferiu extensos poderes autoritários ao Presidente da República, possibilitando-lhe determinar o recesso do Congresso Nacional, com a cassação de vários deputados; a suspensão de direitos políticos de qualquer cidadão pelo prazo de 10 anos; a supressão de garantias da magistratura (e indiretamente do Ministério Público, que nesta estava inserido), forçando a aposentadoria de alguns ministros do Supremo Tribunal Federal; a suspensão do *Habeas Corpus* nos crimes políticos, contra a segurança nacional, contra a ordem econômica e social e contra a economia popular; além da revogação do princípio de acesso à justiça, com a vedação de apreciação judicial dos atos praticados com base no AI 5. Tal supressão de direitos públicos e privados impediu o Ministério Público de exercer a defesa de quaisquer direitos individuais e coletivos, em razão de ter sido sufocado pela ditadura, revelando, mais uma vez, a impossibilidade de sua convivência com regimes daquela espécie (Rangel, 2005, p. 138-139, 141).

A Emenda Constitucional nº 01, de 17.10.1969, considerada uma Constituição em seu sentido material, retirou o Ministério Público do capítulo do Poder Judiciário e o inseriu no capítulo do Poder Executivo, comprometendo, assim, sua independência funcional, além de ter suprimido a paridade de aposentadoria e de vencimentos com os magistrados. Durante sua vigência, o Ministério Público não teve independência para atuar livre de pressões políticas, ideológicas e institucionais, sendo que sua presença era praticamente desprovida de qualquer eficácia social, pois não garantia à sociedade uma atuação protetora de seus interesses (Rangel, 2005, p. 141-142, 144).

Ainda durante a ditadura militar, excepcionando a incompatibilidade da ocorrência de avanços institucionais do Ministério Público com a vigência de regimes autoritários, a Emenda Constitucional nº 7, de 1977, autorizou os Ministérios Públicos dos Estados a se organizarem por carreira, através de lei estadual. Para tanto, previu a aprovação de uma lei federal, de iniciativa do Presidente da República, traçando as normas gerais dos Ministérios Públicos dos Estados, o que foi realizado através da Lei Complementar nº 40, de 14.12.1981, que adiantou muitos dos contornos conferidos à Instituição na Constituição de 1988.

3.1.5. O Ministério Público na Constituição de 1988

O fim do AI 5, no início de 1979, e a abertura política ocorrida no final do governo do General João Batista Figueiredo, abriram espaço para a edição da Constituição de 1988, a qual foi orientada pelo espírito democrático, tendo conferido ao Ministério Público amplas funções institucionais para a defesa da ordem jurídica, do regime democrático e dos interesses sociais e individuais indisponíveis (art. 127, *caput*). Apesar de ter incluído o Ministério Público em seu Título IV, que trata da organização dos poderes, a Constituição de 1988 não o inseriu dentro de nenhum dos Poderes da República, enquadrando-o como uma Instituição autônoma e independente no Capítulo IV deste, definida como função essencial à justiça na Seção I do mesmo Capítulo, ao lado da Advocacia Pública (Seção II) e da Advocacia e da Defensoria Pública (Seção III). Ao estabelecer dentre seus princípios institucionais a independência funcional (art. 127, § 1º), assegurando-lhe as autonomias funcional, administrativa (art. 127, § 2º) e financeira (art. 127, § 3º), conferindo as garantias da vitaliciedade e da inamovibilidade a seus membros (art. 128, § 5º, inc. I, alíneas "a" e "b") e prevendo o ingresso na carreira mediante concurso público de provas e títulos (art. 129, § 3º), a Constituição de 1988 afastou a condição de subordinação do Ministério Público em relação aos três Poderes da República, outorgando-lhe o perfil de órgão autônomo e independente, essencial à função jurisdicional do Estado. Contudo, permanece a ressalva acerca de existência de limitação desta independência, no que se refere à forma de escolha do Procurador-Geral da República e dos Procuradores-Gerais de Justiça nos Estados e no Distrito Federal, cujas nomeações ainda são de competência do Chefe do Poder Executivo respectivo.[37]

---

[37] A Constituição de 1988 prevê a forma de escolha do Procurador-Geral da República e dos Procuradores-Gerais de Justiça nos Estados nos §§ 1º e 3º, de seu art. 128, respectivamente, assim dispondo: "§ 1º O Ministério Público da União tem por chefe o Procurador-Geral da República, nomeado pelo Presidente da República dentre os integrantes da carreira, maiores de 35 anos, após a aprovação de seu nome pela maioria absoluta dos membros do Senado Federal, para mandato de dois anos, permitida a recondução. [...] § 3º Os Ministérios Públicos dos Estados e o do Distrito Federal e Territórios formarão lista tríplice dentre integrantes da carreira, na forma da lei respectiva, para a escolha de seu Procurador-Geral, que será nomeado pelo Chefe do Poder Executivo, para mandato de dois anos, permitida uma recondução."

No entanto, essa independência e autonomia do Ministério Público em relação aos Poderes da República não significa a ausência de controle sobre sua gestão administrativa, orçamentária, financeira e patrimonial, a qual está sujeita à fiscalização do Tribunal de Contas. Além disso, após a publicação da Emenda Constitucional nº 45, de 8.12.2004, a qual criou o Conselho Nacional do Ministério Público (art. 130-A), foi delegado a este órgão o controle da atuação administrativa e financeira da Instituição, bem como do cumprimento dos deveres funcionais de seus membros (art. 130-A, § 2º). Neste sentido, a referida Emenda Constitucional atribuiu ao Conselho Nacional do Ministério Público a função de verificar a observância dos princípios aplicáveis à Administração Pública (art. 37 da Constituição de 1988) nos atos administrativos praticados pelos membros da Instituição ou quaisquer de seus órgãos, podendo desconstituí-los, revê-los ou fixar prazo para sua regularização. O Conselho Nacional aludido também recebeu funções para o recebimento e exame de representações contra os membros do Ministério Público ou seus órgãos, sem prejuízo da competência disciplinar e correicional da Instituição, sendo-lhe permitido avocar processos disciplinares em curso e aplicar sanções administrativas, desde que assegurada a ampla defesa. Ainda foi assegurada ao Conselho Nacional a possibilidade de rever os processos disciplinares de membros do Ministério Público julgados há menos de um ano.

Embora na época de tramitação da Emenda Constitucional nº 45/2004 tenha havido um temor de que a criação do Conselho Nacional do Ministério Público pudesse interferir na independência funcional da Instituição, via de regra isto não veio a ocorrer, pois as atribuições que lhe foram conferidas não lhe permitem influir quanto ao teor e direção das manifestações processuais Institucionais, nem mesmo na esfera extrajudicial, no que se refere aos inquéritos civis e procedimentos administrativos preparatórios relativos à defesa dos direitos transindividuais da sociedade. As funções do Conselho Nacional, pelo contrário, somente vieram a trazer mais transparência à gestão administrativa e financeira da Instituição, no sentido de aperfeiçoá-la e de corrigi-la, se necessário, por meio de um controle posterior dos atos praticados, mas não anterior a este, a fim de não retirar a autonomia administrativa e financeira institucionais. Além disso, os eventuais abusos ou excessos eventu-

---

É de se destacar, ainda, que no Ministério Público da União a vinculação ao Poder Executivo na nomeação do Procurador-Geral da Republica é maior que nos Estados, no Distrito Federal e nos Territórios, pois para ela a Constituição não exige a formação de lista tríplice, nem mesmo estabelece limites para eventuais reconduções no cargo.

almente cometidos na atuação do Conselho estão sujeitos à apreciação judicial pelo Supremo Tribunal Federal, acaso haja provocação pelos interessados, pois o art. 102, inc. I, alínea "r", da Constituição de 1988, estabeleceu a competência originária daquela Corte para o julgamento das ações contra o Conselho Nacional do Ministério Público, o que pode trazer vantagens quanto à celeridade e unificação das decisões judiciais relativas às atividades exercidas pelo Conselho, pela supressão de entrâncias nestas questões, em benefício de todos os eventuais interessados.

Por outro lado, as novas funções outorgadas ao Ministério Público pela Constituição "Cidadã" de 1988 foram definidas por Paulo Rangel como "típicas de um Estado Constitucional Democrático de Direito" (Rangel, 2005, p. 146), dentre as quais pode-se destacar o exercício da titularidade privativa da ação penal pública, com a possibilidade de requisição tanto de diligências investigatórias, como de instauração de inquérito policial; a fiscalização e garantia do respeito aos direitos constitucionais pelo Poder Público e pelos serviços de relevância pública; a legitimidade para a defesa dos direitos transindividuais através do inquérito civil e da ação civil pública; a legitimidade para propor a ação direta de inconstitucionalidade; a defesa dos direitos e interesses dos indígenas; e o controle externo da atividade policial (art. 129). Estas novas disposições constitucionais foram seguidas da edição da Lei Complementar nº 8.625, de 12.2.1993, a qual instituiu a Lei Orgânica Nacional do Ministério Público, dispondo sobre normas gerais sobre a organização do Ministério Público dos estados, e da Lei Complementar nº 75, de 21.5.1993, que dispôs sobre a organização, as atribuições e o Estatuto do Ministério Público da União, as quais vieram a se enquadrar no atual perfil constitucional da Instituição.

Em resumo, a Constituição de 1988 conferiu ao Ministério Público o tratamento de Instituição essencial à prestação jurisdicional do Estado, outorgando-lhe amplas garantias e funções sociais relevantes. Na esfera penal, além de ter-lhe atribuído de forma inovadora a titularidade privativa da ação penal pública, garantiu-lhe os instrumentos necessários para o seu exercício, inclusive aqueles necessários apurar eventuais abusos cometidos por agentes públicos, em decorrência da possibilidade de requisição de diligências investigatórias que lhe foi conferida. Na esfera cível, o avanço Institucional foi ainda maior, pois a democrática Constituição de 1988 atribuiu ao Ministério Público a função de guardião tanto dos direitos nela previstos, quanto da própria ordem constitucional, conferindo-lhe a legitimidade para promover a defesa de quaisquer direitos difusos e coletivos da sociedade, através dos instrumentos do inquérito civil e da ação civil pública, e outorgando-lhe a iniciativa para propor a ação direta de inconstitucionalidade.

3.2. A legitimidade do Ministério Público para a tutela coletiva

O perfil atual do Ministério Público, consolidado pela Constituição de 1988, não foi criação desta, embora nossa atual Carta Magna tenha contribuído significativamente para seu aperfeiçoamento, avançando em muitos aspectos. As funções assumidas pela Instituição decorreram de uma lenta e gradual evolução doutrinária e legislativa, iniciada na primeira metade da década de 1980, a qual prosseguiu após a edição da Constituição de 1988, estando ainda em curso, ampliando em muitos aspectos as atribuições ministeriais para a defesa dos direitos coletivos e sociais, mas também tendo sofrido algumas restrições, fruto de alterações legislativas pontuais. Esta evolução legislativa Institucional possui relação com o modelo de Estado Democrático e Social de Direito adotado pela Constituição de 1988, que delineou o Ministério Público como Instituição permanente e guardiã do regime democrático, o que recomenda seja descrita de forma sucinta a construção de sua legitimidade para o exercício da tutela coletiva, com o objetivo de situar com clareza a função do Ministério Público na ordem jurídica nacional.

3.2.1. A coletivização dos litígios no Estado Social

As novas funções conferidas na área cível ao Ministério Público pela Constituição de 1988, com o alargamento de sua legitimidade ativa, decorreram do surgimento de novas demandas na sociedade, oriundas da transição do modelo de Estado Liberal para Social. Este último trouxe a previsão de novos direitos fundamentais econômicos e sociais à população, a fim de tornar efetivas e concretas as liberdades apenas formalmente garantidas aos cidadãos pelo modelo liberal de Estado. Para tanto, como já explicitado na segunda seção, passou-se a exigir uma atuação positiva do Estado Social, no sentido da implementação dos direitos fundamentais sociais e econômicos, em substituição da postura de abstenção e negativa que caracterizava o Estado Liberal.

Essa nova forma de atuação estatal modificou profundamente a relação do Estado com a Sociedade, que passaram a atuar em conjunto, com o objetivo de tornar realidade os direitos sociais reconhecidos durante o século XX. Uma das necessidades surgidas com a transformação do Estado para sua modalidade Social, bem como da relação de proximidade entre Estado e Sociedade daí advinda, foi a coletivização dos litígios estabelecida em nossa atual Constituição, que expressamente previu, dentre outras modalidades, a legitimação do Ministério Público para a promoção da ação civil pública, sem a exclusão de outras entidades.

A ação civil pública teve uma origem doutrinária e legal anterior à edição da Constituição de 1988, cujos fundamentos podem ser sintetizados em dois fatores principais: o reconhecimento de que a concepção individualista do processo civil tradicional não oferecia instrumentos eficazes para a satisfação dos novos direitos difusos reconhecidos, tais como o meio ambiente ecologicamente equilibrado e o patrimônio cultural;[38] e a necessidade de solução destes obstáculos por meio de uma nova sistemática, desvinculada dos institutos do processo civil tradicional, a fim de conferir eficácia aos direitos difusos e coletivos reconhecidos pela Constituição e pelas normas infraconstitucionais nacionais. Estes fatores deram origem ao que se tem denominado tutela coletiva ou de massa, na qual o enfoque ultrapassa a esfera individual para centrar-se na coletiva.

De acordo com a visão de Kazuo Watanabe, o surgimento das primeiras normas específicas à tutela coletiva deu-se com o objetivo de "tratar molecularmente os conflitos de interesses coletivos, em contraposição à técnica de solução atomizada, para com isso conferir peso maior às demandas coletivas, solucionar mais adequadamente os conflitos coletivos, evitar decisões conflitantes e aliviar a sobrecarga do Poder Judiciário, atulhado de demandas fragmentárias" (Watanabe, 1999, p. 726).

Pedro da Silva Dinamarco também aponta diversas vantagens do tratamento coletivo dos litígios, afirmando que ele propicia a efetividade do princípio constitucional da isonomia, evitando a prolação de decisões opostas em situações idênticas, fenômeno que denomina de "loteria judiciária"; evita a chamada "litigiosidade contida", através da representação de pretensões de diversas pessoas em uma única ação civil pública, as quais, acaso tivessem que ser ajuizadas em demandas autônomas, poderiam ser muito pequenas para o pagamento separado das custas do processo; além de

---

[38] O art. 1º, inc. III, da Lei nº 7.347, de 2.7.1985, prevê a aplicabilidade da ação civil pública às "ações de responsabilidade por danos morais e patrimoniais causados a bens e direitos de valor artístico, estético, histórico, turístico e paisagístico", os quais são abrangidos pela expressão patrimônio cultural aqui utilizada.

contribuir para o desafogamento do Poder Judiciário e para a diminuição da morosidade geral da prestação jurisdicional, com benefícios indiretos para a sociedade, pois um único litígio pode resolver problemas que tradicionalmente seriam diluídos em milhares de processos. Afora estes inúmeros benefícios oriundos da tutela coletiva, o autor referido ainda aponta que a maior importância dela reside na conscientização daqueles que usualmente causavam danos a interesses metaindividuais, os quais estavam acostumados a subestimar os direitos transindividuais, em razão da impunidade que cercava estas questões, mas que atualmente passaram a temer a potencialidade de uma ação coletiva, inclusive quanto à sua sobrevivência econômica (Dinamarco, 2001, p. 43-45).

Nesse contexto, a ação civil pública surgiu como "um instrumento para a defesa de interesses e direitos que se manifestam enquanto coletividade e não de direitos originários de uma vivência individualista, de índole liberal-burguesa-capitalista, que reconhecia somente o espaço de conflitos intersubjetivos, e, nesta medida, é ferramenta que serve à cidadania – pelo que, está a serviço da política" (Brandão, 1996, p. 103).

Assim, dentre as modalidades de tutela coletiva, a ação civil pública inegavelmente assumiu relevância, em grande parte em razão da atuação do Ministério Público, enquanto órgão legitimado constitucionalmente para sua promoção, a qual permitiu a defesa de vários direitos transindividuais anteriormente desamparados.

3.2.2. A inadequação da teoria geral do Processo Civil à tutela coletiva

A incompatibilidade dos conceitos aplicáveis à teoria geral do processo civil com a tutela coletiva decorre das características fortemente individualistas da primeira, assim como da vinculação desta última à transição do Estado para sua modalidade Social, conforme sintetiza Paulo de Tarso Brandão:

> [...] O Estado contemporâneo, cumulativamente com os direitos fundamentais do cidadão, veio reconhecer e garantir uma gama de direitos até então não enunciados, quais sejam, os direitos sociais e, especialmente, os coletivos, que são aqueles direitos que se manifestam no âmbito da Sociedade Civil, enquanto coletividade.
>
> O conceito do direito de ação do Processo Civil, com finalidade de resolução de conflitos intersubjetivos, não contempla essa evolução do Estado, posto que esta não é efetivamente o espectro de sua abrangência. O Estado perde sua marca eminentemente individualista, mas o direito de ação continua a levar em consideração somente as relações individuais. (Brandão, 1996, p. 86-87)

Kazuo Watanabe também explica a inadequação da aplicação das normas individualistas do processo civil tradicional à tutela coletiva, trazendo uma visão pragmática do problema:

A necessidade de estar o direito subjetivo sempre referido a um titular determinado ou ao menos determinável, impediu por muito tempo que os "interesses" pertinentes, a um tempo, a toda uma coletividade e a cada um dos membros dessa mesma coletividade, como, por exemplo, os "interesses" relacionados ao meio ambiente, à saúde, à educação, à qualidade de vida etc., pudessem ser havidos por juridicamente protegíveis. Era a estreiteza da concepção tradicional do direito subjetivo, marcada profundamente pelo liberalismo individualista, que obstava a essa tutela jurídica. (Watanabe, 1999, p. 719)

Assim, antes do surgimento da concepção de coletivização dos litígios, a legitimidade *ad causam* individualista prevista pelo art. 6º do Código de Processo Civil, que estabelece a regra geral de que cada um defende em juízo seus próprios direitos, impedia a defesa dos direitos coletivos, pois "alguns bens ou direitos de interesse de toda a comunidade não podiam ser defendidos em juízo porque não havia uma pessoa legitimada para tanto, na medida em que não havia uma determinada pessoa prejudicada" (Dinamarco, 2001, p. 10). Como todas as pessoas eram prejudicadas em algumas situações, não havia qualquer uma legitimada para promover a defesa dos interesses ou direitos violados em juízo, o que exigia uma solução, com a criação de um novo direito de ação,[39] de outra natureza, a fim de corrigir a negativa de acesso à justiça quanto aos interesses e direitos diversos dos individuais.

Embora o tema da inadequação das normas do processo civil tradicional à tutela coletiva traga várias questões, duas delas exemplificam a necessidade de uma nova teoria acerca das ações coletivas: a legitimidade para agir na ação civil pública; e as regras da sucumbência, no caso de improcedência desta.

No que se refere à legitimidade *ad causam*, o direito de ação que fundamenta a ação civil pública não se confunde com o tradicional direito de ação do Processo Civil, consistente no direito subjetivo a exigir a prestação jurisdicional do Estado. Por ser a ação civil pública um "instrumento a serviço da Sociedade Civil" (Brandão, 1996,

---

[39] Segundo Paulo de Tarso Brandão, "a principal inadequação está justamente no direito de ação. Esta impropriedade tem uma dupla justificativa: a) o conceito de ação utilizado no Processo Civil não pode ser o mesmo conceito definidor da Ação Civil Pública, em razão da modificação da concepção teórica e constitucional sobre o Estado; b) os direitos e interesses que são ou podem ser objeto da ação civil pública inserem-se em uma outra ordem, diversa do direito de cunho individualista-liberal, objeto da ação característica da ciência processual civil." (Brandão, 1996, p. 83)

p. 105), cuja finalidade é a tutela de interesses difusos e coletivos, o direito de ação que sobre ela recai não pode ser subjetivo, pois foi deferido à sociedade como um todo. Por isso, a legitimidade dos encarregados de manejá-la decorre da previsão legal, que lhes permite exercer a defesa dos direitos difusos e coletivos da sociedade, não advindo da titularidade do interesse deduzido em juízo, diversamente do conceito de legitimidade para a defesa do direito subjetivo contido nas normas do Direito Processual Civil (Brandão, 1996, p. 105-106, 117).

Em razão de a legitimidade para a propositura da ação civil pública ser outorgada por lei, Paulo de Tarso Brandão afirma que esta legitimação é sempre ordinária,[40] fazendo com que o exame da espécie de interesse tutelado na demanda passe a ser matéria de mérito e não condição da ação:

> Em síntese, a legitimidade para buscar em Juízo a tutela dos interesses coletivos (abrangendo com tal expressão os interesses coletivos, difusos e individuais homogêneos) decorre da lei. Assim, na esfera da Ação Civil Pública não opera o conceito ou a noção de legitimidade extraordinária, uma vez que as pessoas jurídicas ou as instituições, são legitimadas por força de disposição legal; e, nesse caso, a legitimação é sempre *ordinária*. Qualquer outra pessoa que não esteja legitimada por força de lei não poderá exercitar o direito de ação decorrente da Ação Civil Pública, pois em nenhuma hipótese poderá haver a substituição processual, ou seja, a legitimação extraordinária.
>
> Assim, quando a Ação Civil Pública é proposta por um dos co-legitimados previstos pela lei (Ministério Público, União, Estado, Município, autarquia, empresa pública, fundação, sociedade de economia mista ou associação que preencha os requisitos legais), resta somente indagar se o interesse em que a ação busca tutelar é difuso, coletivo ou individual homogêneo. Esta análise, no entanto, é matéria de mérito e não pode, jamais, ser considerada como condição da ação. (Brandão, 1996, p. 118-119)

Esta questão assume relevância por ser frequentemente mal interpretada em decisões judiciais, onde muitas vezes é determinada a extinção de ações civis públicas, sem resolução de mérito, baseada na ilegitimidade ativa do Ministério Público para a defesa dos direitos discutidos na demanda, cujo exame acerca de sua natureza (se difusos, coletivos, individuais homogêneos ou meramente individuais) deveria ser reservado para o mérito da demanda, pois

---

[40] Deve-se mencionar que grande parte da doutrina define como extraordinária a legitimidade para a propositura da ação civil pública, baseada no conceito de interesse subjetivo objeto da tutela, fornecido pelo Direito Processual Civil. Contudo, o posicionamento de Paulo de Tarso Brandão, explicitado no presente trabalho, demonstra estar equivocada esta conceituação, sendo mais apropriada a denominação de legitimação ordinária, por decorrer de lei.

a legitimidade do Ministério Público para a propositura da ação, conforme já dito, decorre de expressa previsão legal.

Outra questão que merece consideração, revelando a necessidade da concepção de um novo tipo de ação para a tutela coletiva, refere-se à hipótese de condenação do Ministério Público ao pagamento das verbas decorrentes da sucumbência (as despesas processuais – incluindo custas, honorários processuais e outras despesas – e os honorários advocatícios), em caso de julgamento de improcedência da ação civil pública por este ajuizada. No sistema do Código de Processo Civil, impõe-se à parte autora o adiantamento das custas processuais (art. 19), sendo que a final do processo o vencido deverá ser condenado na sentença ao pagamento das despesas efetuadas pelo vencedor (art. 20). Quanto ao Ministério Público, o Código de Processo Civil não o isenta do pagamento das despesas processuais, apenas abre-lhe uma exceção quanto à necessidade de adiantamento das despesas oriundas dos atos processuais efetuados a seu requerimento (art. 27), atribuindo a responsabilidade pelo pagamento destas à parte vencida no final do processo.

Nesse aspecto, o art. 18 da Lei de Ação Civil Pública (Lei n° 7.347, de 2.7.1985), com sua redação original modificada pelo art. 116 do Código de Defesa do Consumidor (Lei n° 8.078, de 11.9.1990), traz tratamento diverso, compatível com a natureza dos interesses transindividuais objeto de sua tutela. Embora o dispositivo não se refira especificamente ao Ministério Público, dispensa o adiantamento de custas, emolumentos, honorários periciais e quaisquer outras despesas, pela associação autora, vedando a condenação desta ao pagamento de honorários de advogado, custas e despesas processuais, salvo o reconhecimento de comprovada má-fé (art. 18).[41] Na prática, as associações estão isentas dos ônus da sucumbência, em que pese possam ser responsabilizadas por dano processual decorrente da má-fé (art. 17).[42]

Quanto ao Ministério Público, a Lei de Ação Civil Pública não trouxe qualquer previsão quanto à má-fé em sua atuação processual, a fim de cominar-lhe sanções por dano processual causado

---

[41] Dispõe o art. 18 da Lei n° 7.347/85 (Lei de Ação Civil Pública): "Nas ações de que trata esta lei, não haverá adiantamento de custas, emolumentos, honorários periciais e quaisquer outras despesas, nem condenação da associação autora, salvo comprovada má-fé, em honorários de advogado, custas e despesas processuais."

[42] O art. 17 da Lei n° 7.347/85 assim estabelece: "Em caso de litigância de má-fé, a associação autora e os diretores responsáveis pela propositura da ação serão solidariamente condenados em honorários advocatícios e ao décuplo das custas, sem prejuízo da responsabilidade por perdas e danos."

à parte contrária, pois presume a boa-fé em sua atuação em prol do interesse público, conforme sustenta José dos Santos Carvalho Filho:

> Na verdade, dificilmente se poderá conceber que o Ministério Público ou a União, os Estados e os Municípios atuem como litigantes de má-fé na ação civil pública. Sendo integrantes do Poder Público, seus atos trazem em si a presunção de legitimidade, presunção que só é desnaturada diante de prova em contrário. Demais disso, tais entes compõe o próprio Estado, não sendo de se esperar que objetivem intencionalmente causar prejuízo à outra parte no processo, sabido que sua finalidade há de ser sempre o interesse público.
>
> [...]
>
> Seja como for, não prevê a lei a responsabilidade por dano processual em relação aos demais legitimados para a ação civil – o Ministério Público, as pessoas da federação e as da administração indireta. A regra alcança apenas as associações, única das categorias de legitimados que, além de personalidade de direito privado, não tem vinculação com o Poder Público. (Carvalho Filho, 2001, p. 426-427)

A função do Ministério Público na promoção da ação civil pública foi institucionalizada pela Constituição de 1988, sendo diversa dos demais legitimados para a ação, inclusive os entes públicos e os órgãos da administração indireta. Estes últimos, via de regra, defendem tanto interesses transindividuais, como interesse próprios da entidade autora, quando ajuízam uma ação civil pública para sua proteção. Diferentemente, o Ministério Público não defende qualquer interesse próprio nas ações civis públicas que promove, buscando nelas tão somente a tutela de interesses metaindividuais. Assim, em caso de improcedência da ação civil pública, o Ministério Público não pode ser considerado sucumbente, o que afasta a possibilidade de que lhe sejam impostos os ônus da sucumbência, consistentes na condenação ao pagamento das despesas processuais (custas, honorários periciais e outras despesas) e dos honorários advocatícios. Nesta hipótese, os ônus da sucumbência também não podem ser impostos ao Estado, pois a presença do Ministério Público não torna aquele parte na relação processual, nos moldes a sujeitar-se aos referidos ônus. Embora o Ministério Público integre a estrutura do Estado, não atua em nome deste, nem mesmo o representa; "volta-se, ao revés, em direção a interesses da sociedade, esta sim, o alvo de proteção do *Parquet*" (Carvalho Filho, 2001, p. 434-435).

Quanto a essa questão, não se desconhecem os posicionamentos diversos de Hugo Nigro Mazzilli (Mazzilli, 2001, p. 407-408) e de Rodolfo de Camargo Mancuso (Mancuso, 2001, p. 353-354), os quais admitem a possibilidade de condenação ao pagamento das despesas processuais e dos honorários advocatícios, em caso de improcedência da ação civil pública movida pelo Ministério Público, acaso seja reconhecida a litigância de má-fé de seu representante na demanda, à semelhança do que prevê a Lei de Ação Civil Pública quanto às associações. Mazzilli sustenta, no entanto, que os ônus da sucumbência devem recair sobre a pessoa jurídica a que pertence a Instituição autora, o Estado (Ministério Público estadual) ou a União (Ministério Público Federal).

De se destacar, no entanto, o efeito inibitório que a possibilidade de imposição dos ônus da sucumbência poderia causar a demandas futuras para a defesa de interesses transindividuais, em razão dos prejuízos potenciais ao Ministério Público no caso de julgamento de improcedência da ação civil pública, o que poderia gerar uma considerável diminuição do número de ações protocoladas, em detrimento da defesa dos interesses difusos e coletivos da sociedade.

Assim, estes argumentos impedem a condenação do Ministério Público no pagamento das despesas processuais e dos honorários advocatícios, mesmo no caso de julgamento de improcedência da ação civil pública por si ajuizada, revelando a inadequação da aplicação das normas do processo civil tradicional à hipótese, pois estas impõem os ônus da sucumbência à parte vencida no processo.[43]

Em que pese a existência de inúmeros outros exemplos que poderiam ser trazidos acerca da inadequação da aplicação das normas do processo civil tradicional à tutela coletiva, as duas situações apresentadas, referentes à legitimidade para agir e às regras da sucumbência, revelam a necessidade de criação e utilização de uma nova sistemática normativa para a tutela coletiva. Esta nova concepção necessita estar intimamente ligada ao modelo de Estado Democrático e Social de Direito estabelecido na Constituição de 1988, pois a tutela coletiva é um instrumento a serviço da sociedade para a efetivação dos direitos fundamentais sociais e econômicos contidos na Constituição.

---

[43] Os arts. 20 e 21 do Código de Processo Civil assim dispõem: "Art. 20. A sentença condenará o vencido a pagar ao vencedor as despesas que antecipou e os honorários advocatícios. Esta verba honorária será devida, também, nos casos em que o advogado funcionar em causa própria. § 1º O juiz, ao decidir qualquer incidente ou recurso, condenará nas despesas o vencido. § 2º As despesas abrangem não só as custas dos atos do processo, como também a indenização de viagem, diária de testemunha e remuneração do assistente técnico. § 3º Os honorários serão fixados entre o mínimo de dez por cento (10%) e o máximo de vinte por cento (20%) sobre o valor da condenação, atendidos: a) o grau de zelo do profissional; b) o lugar de prestação do serviço; c) a natureza e importância da causa, o trabalho realizado pelo advogado e o tempo exigido para o seu serviço. [...] Art. 21. Se cada litigante for em parte vencedor e vencido, serão recíproca e proporcionalmente distribuídos e compensados entre eles os honorários e as despesas. Parágrafo único. Se um litigante decair de parte mínima do pedido, o outro responderá, por inteiro, pelas despesas e honorários."

3.2.3. O surgimento e a abrangência da Ação Civil Pública

A preocupação com a defesa dos interesses transindividuais surgiu na doutrina italiana, repercutindo no Brasil em meados na década de setenta, através de trabalhos escritos por José Carlos Barbosa Moreira e por Ada Pellegrini Grinover, os quais influenciaram o surgimento da primeira norma legal pátria prevendo a tutela coletiva, a Lei da Política Nacional do Meio Ambiente (Lei nº 6.938, de 31.8.1981), a qual conferiu legitimidade ao Ministério Público para a defesa do meio ambiente, embora não tenha criado normas processuais específicas para esta tarefa.

A seguir, a Lei de Ação Civil Pública (Lei nº 7.347, de 24.7.1985, LACP) legitimou o Ministério Público, órgãos públicos e associações civis, para a defesa do meio ambiente, do consumidor, dos bens e direitos de valor artístico, estético, histórico, turístico e paisagístico. Embora não tenha sido o primeiro, nem seja o único instrumento previsto em nosso ordenamento jurídico para a defesa de interesses transindividuais,[44] a Lei de Ação Civil Pública é considerada um marco na tutela coletiva, pois além de ter ampliado o rol de legitimados para a defesa dos interesses e direitos difusos e coletivos, assim como o âmbito de abrangência desta proteção, trouxe avançadas normas processuais específicas à tutela coletiva, as quais inexistiam na Lei da Política Nacional do Meio Ambiente. Contudo, o veto presidencial ao inciso IV de seu art. 1º, que previa a proteção a "qualquer outro interesse difuso ou coletivo", restringiu a atuação dos legitimados à defesa dos direitos taxativamente referidos em seu texto.

Percebendo ser a ação civil pública um instrumento a serviço da cidadania, os constituintes de 1988 elegeram o Ministério Público como um dos legitimados para seu manejo, sem excluir outros já admitidos pela legislação ordinária, tendo conferido *status* constitucional à matéria e alargado o objeto da atuação ministerial nesta área, conferindo-lhe a função de "promover o inquérito civil e a ação civil pública, para a proteção do patrimônio público e social, do meio ambiente e de outros interesses difusos e coletivos" (art. 129, inc. III). Assim, quanto à atuação do Ministério Público, a atual Constituição revogou tacitamente o rol taxativo de matérias passí-

---

[44] Nosso ordenamento jurídico prevê outros institutos para a defesa de interesses transindividuais, tais como a ação popular (art. 5º, inc. LXXIII, da Constituição de 1988 e Lei nº 4.717, de 29 de junho de 1965), o mandado de segurança coletivo (art. 5º, incs. LXIX e LXX, da Constituição de 1988), o mandado de injunção (art. 5º, inc. LXXI, da Constituição de 1988), a ação direta de inconstitucionalidade e a ação declaratória de constitucionalidade (art. 103 da Constituição de 1988), dentre outros.

veis de serem objeto do inquérito civil e da ação civil pública, conforme disposto na Lei nº 7.347/85, o qual passou a ser interpretado como meramente exemplificativo.

A partir da Constituição de 1988, toda e qualquer ameaça ou ofensa a direito difuso ou coletivo passou a ser objeto de defesa pelo Ministério Público, o que, contudo, não ocorreu quanto aos demais legitimados para promover a ação civil pública, que ainda permaneceram atrelados às hipóteses taxativas originalmente dispostas na Lei de Ação Civil Pública. Este tratamento diferenciado entre os legitimados ativos da ação civil pública foi corrigido com a edição do Código de Defesa do Consumidor (Lei nº 8.078, de 11.9.1990, CDC), que trouxe profundas alterações na Lei de Ação Civil Pública, com o acréscimo do art. 21 a esta, determinado pelo art. 117 daquele, que dispôs acerca da aplicação do Título III do Código de Defesa do Consumidor à Lei de Ação Civil Pública. Foram acrescidas à Ação Civil Pública as hipóteses de tutela de quaisquer direitos difusos e coletivos, na mesma linha constitucional (art. 110 do CDC), além da defesa dos direitos individuais homogêneos (art. 81, parágrafo único, inc. III, do CDC), com a ampliação do rol dos legitimados para sua promoção (art. 82 do CDC) e a admissão de quaisquer espécies de ações para a tutela dos interesses e direitos por ela protegidos (art. 83 do CDC).

Outras leis ordinárias também ampliaram o objeto da ação civil pública. A Lei nº 7.853, de 24.10.1989, previu a hipótese de sua utilização para a proteção das pessoas portadoras de deficiência. A Lei nº 7.913, de 7.12.1989, de forma original à época, permitiu a defesa de interesses individuais homogêneos dos investidores no mercado imobiliário, ao dispor acerca da ação civil pública de responsabilidade por danos a estes causados. O Estatuto da Criança e do Adolescente (Lei nº 8.069, de 13.7.1990) também trouxe normas específicas para a defesa dos direitos difusos, coletivos e individuais lá protegidos. A Lei Antitruste (Lei nº 8.884, de 11.6.1994), por sua vez, ampliou o objeto da ação civil pública, determinando a inclusão do inc. V ao art. 1º desta, que previu a tutela dos danos causados por infração da ordem econômica. Por fim, o Estatuto do Idoso (Lei nº 10.741, de 1º.10.2003) também dispôs acerca da possibilidade de manejo da ação civil pública para a defesa dos interesses difusos, coletivos, individuais indisponíveis ou homogêneos nele previstos. Todas estas Leis conferiram legitimidade ao Ministério Público para propor a ação civil pública na defesa dos interesses e direitos por elas protegidos.

Por outro lado, o alargamento da legitimidade do Ministério Público para a defesa dos interesses coletivos, com sua crescente atuação nesta área, tem causado incômodos a grandes empresários e políticos, motivando alguns reveses na evolução legislativa antes descrita, mediante alterações pontuais na Lei de Ação Civil Pública, que restringiram seu objeto. Exemplos disto temos na introdução do parágrafo único ao artigo 1º da Lei, incluído pela Medida Provisória 2.180-35, de 2001, que vedou o ajuizamento de ações civis públicas que veiculem pretensões relativas a tributos, contribuições previdenciárias e ao Fundo de Garantia por Tempo de Serviço – FGTS; bem como na restrição imposta ao alcance da coisa julgada, mediante a alteração promovida ao art. 16 da mesma Lei, através da Lei nº 9.494, de 10.9.1997.

Por fim, é de se destacar que o Código de Defesa do Consumidor sistematizou a defesa dos interesses e direitos difusos, coletivos e individuais homogêneos, tendo inclusive os definido, a fim de evitar confusões e desentendimentos quanto a seu conteúdo que viessem a obstaculizar a sua tutela. A conceituação legal destes interesses e direitos[45] difusos e coletivos *lato sensu*, além de ter permitido uma identificação mais precisa das hipóteses de atuação dos legitimados para ajuizar a ação civil pública, também auxiliou a compreensão acerca da natureza distinta destes interesses e direitos em relação ao direito subjetivo tradicionalmente tutelado pelo Processo Civil, exigindo que aqueles sejam tratados através de uma sistemática própria.

3.2.4. *Os conceitos de interesses difusos, coletivos e individuais homogêneos*

Os direitos difusos na conceituação legal são os direitos transindividuais de natureza indivisível, cujos titulares sejam indeterminados e ligados entre si por circunstâncias de fato. O exemplo clássico de direito difuso é a defesa do meio ambiente, como no caso de poluição de um rio, onde o direito dos lesados é indivisível, pois a pretensão de recomposição do dano não pode ser dividida ou quantificada entre os lesados, os quais também não podem ser

---

[45] Embora no campo doutrinário jurídico os conceitos de interesses e direitos tenham significação distinta, com a palavra interesse significando vontade dirigida a uma finalidade e o vocábulo direito significando o interesse juridicamente tutelado, para os fins da Lei de Ação Civil Pública e do Código de Defesa do Consumidor esta diferenciação não traz qualquer relevância, pois o legislador conferiu o mesmo tratamento a ambas expressões, orientação esta que será seguida no presente trabalho.

perfeitamente identificados, até porque o rio poderá servir futuros moradores da região e também as gerações vindouras, sendo que o vínculo entre os lesados decorre da situação de fato do próprio dano. Outro exemplo de interesse difuso é a divulgação de uma propaganda enganosa pelo rádio ou pela televisão, onde não é possível se identificar os lesados, nem mesmo dividir ou medir a pretensão a ser deduzida em juízo, sendo que o vínculo entre os lesados também surge do dano sofrido.

Assim, podem ser apontadas como características distintivas dos interesses ou direitos difusos a sua titularidade indeterminada, bem como seu objeto coletivo e indivisível, onde a satisfação de um interessado implica a de todos, ao mesmo tempo em que a lesão de um interessado acarreta na lesão a toda a coletividade. A estas notas distintivas ainda se pode acrescentar a ausência de uma relação jurídica base entre os interessados, que são unidos por um vínculo fático, além da ocorrência de lesões disseminadas em massa.

Já os interesses e direitos coletivos foram definidos pelo legislador como direitos transindividuais de natureza indivisível, cujo titular seja um grupo, categoria ou classe de pessoas ligadas entre si, ou com a parte contrária, por uma relação jurídica base, ou seja, por um mesmo vínculo jurídico anterior. Pode-se citar como exemplo de interesses coletivos a existência de uma cláusula ilegal ou abusiva em um contrato de adesão, onde o grupo atingido é determinável e ligado por uma relação jurídica básica comum (a celebração do contrato de adesão), sendo que o objeto da pretensão é indivisível, pois a solução do caso deverá ser idêntica para todo o grupo lesado.

Por outro lado, os interesses ou direitos individuais homogêneos foram definidos no Código de Defesa do Consumidor como sendo os direitos individuais de origem comum. Nesta espécie de interesses ou direitos, os titulares são determinados ou determináveis, o que a diferencia dos interesses difusos. Estes titulares são ligados por circunstâncias de fato, não havendo uma relação jurídica base que os una, diferentemente dos interesses coletivos. Além disso, o objeto da pretensão é divisível entre seus titulares, ao contrário do que ocorre nos casos de interesses ou direitos difusos e coletivos. Como exemplo de interesses individuais homogêneos, pode-se referir os dos compradores de uma televisão com defeito de série, cujos titulares da pretensão podem ser determinados, mas não possuem um relação jurídica base, pois são unidos entre si pelo fato de terem adquirido o mesmo produto com defeito de série. Além disso, cada um dos integrantes do grupo de lesados tem direito à reparação individual pelos prejuízos sofridos. Assim, embora os interesses individuais homogêneos não tenham as mesmas características científicas que os difusos e coletivos *stricto sensu*, inerentes às suas indivisibilidades, por uma criação legal foi conferido àqueles o mesmo tratamento que a estes, com fundamento na função teleológica de conferir maior efetividade no acesso à justiça, com a priorização da eficiência e da economia processuais.

É importante ressaltar, no entanto, que não é a situação de fato que define a natureza dos interesses ou direitos objeto da tutela, isto é, se difusos, coletivos, individuais homogêneos, ou meramente individuais; o que importa para identificar a modalidade de interesses ou direitos tutelados é o tipo da pretensão deduzida em juízo, pois de uma mesma situação fática podem ser postuladas pretensões de natureza diversa, caracterizando distintas espécies de interesses ou direitos:

> A pedra de toque do método classificatório é o *tipo de pretensão material e de tutela jurisdicional que se pretende* quando se propõe a competente ação judicial.
> Da ocorrência de um mesmo fato, podem originar-se pretensões difusas, coletivas e individuais. O acidente com o *Bateau Mouche IV*, que teve lugar no Rio de Janeiro, pode ensejar ação de indenização individual por uma das vítimas do evento pelos prejuízos que sofreu (direito individual), ação de obrigação de fazer movida por associação das empresas de turismo que têm interesse na manutenção da boa imagem desse setor da economia (direito coletivo), bem como ação ajuizada pelo Ministério Público em favor da vida e segurança das pessoas, para que seja interditada a embarcação, a fim de se evitarem novos acidentes (direito difuso).
> Em suma, o tipo de pretensão é que classifica um direito ou interesse como difuso, coletivo ou individual. (Nery Júnior, 1999, p. 874, grifo do autor)

Dessa forma, a espécie de pretensão formulada em juízo é que classifica o direito ou interesse nesta buscado, possuindo relevância quanto à identificação da existência da hipótese de atuação do Ministério Público, tanto para a apuração dos fatos ofensivos a direitos difusos e coletivos *lato sensu* por inquérito civil, quanto para a propositura da ação civil pública quanto a estes. O tipo desta pretensão também tem pertinência no que se refere ao exame do mérito da demanda em juízo.[46]

---

[46] Adota-se no presente trabalho a posição de Paulo de Tarso Brandão, de que a questão da legitimidade na ação civil pública, por estar defina na lei, não tem relevância quanto ao exame das condições da ação, cabendo apenas analisar se o autor da ação figura dentre os legitimados elencados na Lei de Ação Civil Pública. O exame acerca da natureza do interesse é questão de mérito e com este deve ser analisada (Brandão, 1996, p. 112-127).

3.2.5. A legitimidade do Ministério Público para a defesa do erário público

A questão relativa à legitimidade do Ministério Público para a defesa do erário público foi alvo de controvérsia doutrinária e jurisprudencial, mesmo após a promulgação da Constituição de 1988, que outorgou ao Ministério Público a função de promover a "ação civil pública, para a proteção do patrimônio público e social, do meio ambiente e de outros interesses difusos e coletivos", e do advento do Código de Defesa do Consumidor (Lei nº 8.078, de 11.9.1990), o qual inseriu o inciso IV no art. 1º da Lei de Ação Civil Pública (Lei nº 7.347, de 2.7.1985), ampliando o âmbito da ação dos colegitimados para a defesa de quaisquer interesses ou direitos difusos ou coletivos.

Alguns autores defenderam que a atuação do Ministério Público na tutela dos interesses difusos deveria ser restringir às hipóteses taxativamente enumeradas pela legislação,[47] em que pese a existência de expressas disposições constitucionais e legais em sentido contrário, isto é, trazendo um rol meramente exemplificativo de matérias para a atuação ministerial na tutela coletiva. Referida posição restritiva foi acolhida em decisões do Superior Tribunal de Justiça[48] e de tribunais estaduais,[49] que inclusive acrescentaram óbices processuais para a defesa do erário pelo Ministério Público,

---

[47] Paulo de Tarso Brandão refere as posições de Rogério Lauria Tucci e de Arnold Wald no sentido da limitação da atuação do Ministério Público na defesa dos interesses difusos, a fim de admiti-la somente para a proteção daqueles taxativamente enumerados pelas normas legais, o que excluiria a sua legitimidade para promover a ação de reparação de danos ao erário público (Brandão, 1996, p. 120-121).

[48] Exemplo destas decisões que negaram a legitimidade do Ministério Público para a defesa do erário, encontra-se na seguinte ementa proferida pelo Superior Tribunal de Justiça, no julgamento do Recurso Especial nº 34.980/SP, Relator Ministro Francisco Peçanha Martins: "Processual Civil. Legitimidade de parte. ação civil pública. Leis 7.347/85 e 8.078/90. Reparação de danos. Municipalidade de Marília/SP. Ilegitimidade do Ministério Público. Precedentes. 1. Questão relativa à legitimidade de parte e passível de exame de ofício, não podendo o Tribunal "ad quem" furtar-se de apreciá-la sob alegação de preclusão. 2. A Lei n. 7.347/85 confere legitimidade ao Ministério Público para propor ação civil pública nas condições estabelecidas no art. 1º, Acrescido do inc. IV pela Lei 8.078/90. 3. Ação para ressarcimento de possíveis danos ao erário municipal não se insere nas condições previstas na referida lei, não tendo o Ministério Público legitimidade para promover ação civil pública para esse fim específico. 4. Recursos especiais conhecidos e providos para decretar a extinção do processo, na forma do art. 267, VI, do CPC." (Brasil, Superior Tribunal de Justiça, 1994)

[49] TJSP, 7ª Câm. Dir. Públ., AI 274.440-1/6, rel. Des. Sérgio Pitombo, j. 18.3.1996, m. v., *RT*, 730/234; TJSP, 7ª Câm. Dir. Públ., Ap. 030947-5/4-SP, rel. Des. Sérgio Pitombo, j. 8-3-1999, v. u.; TJMG, 5ª Câm., Ap. 10.061/0, rel. Des. José Loyola, j. 14.10.1993, v. u. (*apud* Dinamarco, 2001, p. 224/225)

afirmando que a via processual adequada para tanto seria a ação popular, para cuja promoção a Instituição não estaria legitimada.

No início do século XXI, Pedro da Silva Dinamarco sustentou a impossibilidade da atuação do Ministério Público na defesa do erário, baseada no argumento de que esta consistiria em representação do Estado em juízo, como titular secundário[50] do interesse público tutelado. Segundo o autor, esta titularidade determinada do interesse retira a sua natureza difusa, acarretando a inconstitucionalidade da atuação do Ministério Público na defesa do erário, pelos seguintes fundamentos: a) invasão das funções reservadas à advocacia (art. 133 da Constituição de 1988); b) invasão das funções atribuídas aos Procuradores dos Estados para a representação judicial das unidades federadas pelo art. 132 da Constituição Federal; c) contrariedade à vedação para o exercício de representação judicial de entidades públicas pelos representantes do Ministério Público, prevista pelo art. 129, inc. IX, de nossa atual Constituição; d) invasão da legitimidade constitucional do cidadão para promover a ação popular na defesa da moralidade administrativa (art. 5º, inc. LXXIII, da Constituição de 1988). Acrescentou, ainda, que a origem legal da legitimidade do Ministério Público para a defesa do patrimônio público não impede o reconhecimento de sua inconstitucionalidade (Dinamarco, 2001, p. 218-227).

Todavia, esses argumentos não prosperaram, pois desconsideraram a legitimação expressa para a defesa do patrimônio público conferida ao Ministério Público pelo art. 129, inc. III, da Constituição de 1988, a qual, por si só, já afasta qualquer argumento de inconstitucionalidade. Neste aspecto, é importante ressaltar que o conceito de patrimônio público contido no art. 1º da Lei de Ação Popular (Lei nº 4.717, de 29.6.1965), foi ampliado pela Constituição de 1988, o que permitiu a defesa de outros interesses anteriormente não amparados pela legislação, inclusive através da ação civil pública:

> A Constituição Federal, ao admitir a proteção do patrimônio público e social, ampliou o elenco previsto na lei. Desse modo, é possível afirmar que os bens e direitos de valor artístico, estético, histórico, turístico e paisagístico sempre se incluirão no patrimônio público ou social, mas nem sempre bens e valores relativos a estes últimos se classificarão rigorosamente nos padrões conceituais dos primeiros. A relação é de espécie para gênero: espécie, o elenco da lei; gênero, o patrimônio referido na Constituição. Conclui-se, pois, que se determinado bem se reveste de

---

[50] O autor distingue o interesse público primário, que diz respeito aos valores transcendentais de toda a sociedade, do interesse público secundário, o qual relaciona-se com o interesse do Estado enquanto estrutura político-administrativa, com base na doutrina de Renato Alessi (Dinamarco, 2001, p. 219).

valor pertinente ao patrimônio público ou social, é tutelável através da ação civil pública. (Carvalho Filho, 2001, p. 25-26)

Com ampliação constitucional do conteúdo da expressão patrimônio público, esta também passou a abranger os valores econômicos, permitindo a defesa do erário pelo Ministério Público, conforme é especificado na conceituação trazida por Hugo Nigro Mazzilli:

> *Patrimônio público* é o conjunto dos bens e direitos de valor econômico, artístico, estético, histórico ou turístico, ou de caráter ambiental, que podem ser defendidos em juízo: a) pelo próprio Estado, legitimado ordinário; b) pelo cidadão, por meio de ação popular; c) pelo Ministério Público, por meio de ação civil pública. Doutrinariamente, excluídos os valores estritamente econômicos ligados ao patrimônio público, os demais são, também, conhecidos como integrantes do chamado *patrimônio cultural.* (Mazzilli, 2008, p. 127, grifo do autor)

Marino Pazzaglini Filho também defende a legitimidade do Ministério Público para promover ação civil de improbidade administrativa na defesa do patrimônio público, afirmando que em seu conceito está compreendido o erário, "representando seu conteúdo econômico-financeiro (bens e direitos de valor econômico)" (Pazzaglini Filho, 2002, p. 169). Assim, o âmbito econômico corresponde a uma parcela do conceito de patrimônio público, no qual também pode ser inserido o patrimônio moral dos entes públicos (Alves; Garcia, 2008, p. 518), de interesse de toda a sociedade, no sentido da preservação dos valores de honestidade, de probidade e dos critérios de lisura dentre os integrantes da Administração Pública.

Por outro lado, a circunstância da defesa do erário público ser exercida em favor de toda a sociedade, cujos titulares primários são indeterminados – ou, na prática, de difícil ou impossível determinação – caracteriza um nítido interesse difuso, conforme esclarece Paulo de Tarso Brandão:

> É inegável o caráter preponderantemente difuso do interesse que envolve a higidez do erário público. Talvez seja o exemplo mais puro de interesse difuso, na medida que diz respeito a um número indeterminado de pessoas, ou seja, a todos aqueles que habitam o Município, o Estado ou o próprio País a cujos Governos cabe gerir o patrimônio lesado, e mais todas as pessoas que venham ou possam vir, ainda que transitoriamente, desfrutar do conforto de uma perfeita aplicação ou os dissabores da má gestão do dinheiro público. (Brandão, 1996, p. 122)

A natureza difusa do interesse envolvido na defesa do erário também advém de sua indivisibilidade, pois a satisfação da pretensão de um implica a de todos os titulares, assim como também são disseminadas ou dispersas as lesões a que estes estão sujeitos, os quais não possuem qualquer relação jurídica base os unindo. Esta característica difusa da defesa do patrimônio público não é desconfigurada em razão da existência do interesse secundário concomitante da pessoa jurídica integrante da Administração Pública, pois mesmo que a pretensão seja por esta formulada em juízo, sua satisfação beneficiará toda a população, sendo difícil ou impossível a identificação de todos os titulares dos interesses protegidos.

Embora Hugo Nigro Mazzilli sustente que nem sempre a defesa do patrimônio público configura interesse difuso, argumenta ele que a legitimidade do Ministério Público para esta proteção é expressamente admitida pela Constituição e pelas leis, relacionando-a com a defesa da moralidade administrativa, a qual pode ser exercida por diversos instrumentos processuais:

> Na defesa do patrimônio público, a noção de responsabilidade supõe análise da moralidade administrativa, que é princípio informador da Administração Pública. A noção de *imoralidade administrativa* liga-se à teoria do desvio de poder ou de finalidade. O ato imoral em seus fins viola o princípio da legalidade, e tanto pode ser questionado em ação popular como em ação civil pública. (Mazzilli, 2001, p. 155, grifo do autor)

Nesse aspecto, deve-se ressaltar que após os acréscimos do inc. IV ao art. 1º e do art. 21 à Lei de Ação Civil Pública (Lei nº 7.347, de 2.7.1985), determinados pelos arts. 110 e 117 do Código de Defesa do Consumidor (Lei nº 8.078, de 11.9.1990, CDC), o objeto da ação civil pública foi ampliado para a defesa de quaisquer interesses ou direitos difusos ou coletivos, sendo que com a aplicabilidade do Título III do Código de Defesa do Consumidor à Lei de Ação Civil Pública, passaram a ser admitidas todas as espécies de ações para a tutela destes (arts. 81, parágrafo único, inc. I, c/c o art. 83 do CDC), tornando sem relevância qualquer discussão quanto ao meio processual adequado para tanto.

Por outro lado, a atuação do Ministério Público na defesa do patrimônio público não se equipara à função de advogado da Fazenda. A iniciativa ministerial na defesa do patrimônio público somente se justifica em caso de existência de razões especiais para tanto, "quando o Estado não tome a iniciativa de responsabilizar o administrador por danos por este causados ao patrimônio público, ou quando motivos de moralidade administrativa exijam seja nulificado algum ato ou contrato da Administração que esta insista em preservar, ainda que em detrimento da coletividade" (Mazzilli, 2008, p. 127-128).

A edição da Lei de Improbidade Administrativa (Lei nº 8.429, de 2.6.1992) também representou avanço no reconhecimento da legitimidade ministerial para a defesa do erário. Esta norma definiu os atos de improbidade administrativa que importam enriquecimento ilícito, os que causam prejuízos ao erário e aqueles que atentam contra os princípios da administração pública, outorgando o exercício da defesa do patrimônio público ao Ministério Público, ao qual também foi conferida a tarefa de promover a responsabilização dos agentes públicos ímprobos, sem prejuízo da iniciativa da Fazenda Pública lesada, que recebeu da Lei referida idêntica legitimidade ativa (art. 17). O art. 25, inc. IV, alíneas *a* e *b*, da Lei nº 8.625, de 12.2.1993 (Lei Orgânica Nacional do Ministério Público), e o art. 6º, inc. VII, alínea *b*, da Lei Complementar nº 75, de 21.5.1993 (Estatuto do Ministério Público da União) também conferiram ampla legitimidade ao Ministério Público para a defesa do patrimônio público.

A solução trazida pela Lei de Improbidade Administrativa, conferindo legitimidade concorrente ao Ministério Público e ao ente público lesado para a defesa do erário, parece ter sido a adotada pelo Superior Tribunal de Justiça (STJ), que pacificou o tema ao editar sua Súmula nº 329, a qual assim dispõe: "O Ministério Público tem legitimidade para propor ação civil pública em defesa do patrimônio público" (Brasil, Superior Tribunal de Justiça, 2006A). Recentemente, o mesmo Tribunal, ao decidir o Recurso Especial nº 1119377/SP, Relator Ministro Humberto Martins, reconheceu a legitimidade do Ministério Público para a defesa do erário, sustentando que o conceito de patrimônio público não comporta subdivisão apta a atribuir exclusivamente à Fazenda Pública a exclusividade para a defesa de sua esfera econômica, o que levaria a uma proteção deficiente do bem jurídico tutelado (Brasil, Superior Tribunal de Justiça, 2009A). Assim, no Superior Tribunal de Justiça há atualmente o entendimento pacífico acerca da ampla legitimidade ativa do Ministério Público na defesa do erário, independentemente da configuração da prática de ato de improbidade administrativa na hipótese objeto da pretensão de ressarcimento ao patrimônio público (Brasil, Superior Tribunal de Justiça, 2007A; Brasil, Superior Tribunal de Justiça, 2009B).[51]

Da mesma forma, antes mesmo da edição da Súmula nº 329 pelo STJ, o Supremo Tribunal Federal também já havia admitido a

---

[51] No acórdão proferido no Recurso Especial nº 695214/RJ, em que foi relator o Ministro Humberto Martins, foi reconhecido que a legitimidade para a defesa dos interesses transindividuais pelo Ministério Público assumiu uma amplitude maior, abrangendo a tutela dos direitos de toda a sociedade (Brasil, Superior Tribunal de Justiça, 2007A). No mesmo sentido: Recurso Especial nº 1058053/MG, Relatora Ministra Eliana Calmon (Brasil, Superior Tribunal de Justiça, 2009B).

legitimidade ministerial para a defesa do patrimônio público, sem prejuízo da iniciativa da própria Fazenda Pública lesada, com base na natureza difusa do "direito à boa administração e à correta aplicação dos recursos públicos" (Brasil, Supremo Tribunal Federal, 2002),[52] vindo a consolidar a atuação ministerial nesta área, em concordância com a evolução doutrinária antes referida.

3.3. O papel do inquérito civil no exercício da tutela da probidade administrativa

Após a contextualização acerca da legitimidade do Ministério Público para a tutela coletiva, passa-se a examinar uma parcela dela, relativa a sua fase preparatória, isto é, de apuração da existência de circunstância de atuação do Ministério Público através do inquérito civil, especificamente quanto às investigações de defesa da probidade administrativa. Nesta área, cuja atuação do Ministério Público tem recebido muitos elogios e, também, sido alvo de intensas críticas, entende-se relevante a identificação das possibilidades de atuação do advogado e do investigado, do valor judicial das provas colhidas pelo Ministério Público, além das hipóteses e da forma de atuação investigatória da Instituição, para que na seção seguinte possam ser examinados alguns conflitos entre direitos fundamentais tutelados por estas atividades investigatórias e direitos fundamentais dos investigados, com a proposição das respectivas soluções.

O principal instrumento da investigação cível do Ministério Público é inquérito civil, o qual foi criado com a finalidade de permitir uma defesa mais eficiente dos direitos difusos e coletivos, consistindo em um procedimento investigatório e preparatório, destinado à coleta dos elementos de convicção necessários ao ajui-

---

[52] Da fundamentação do acórdão proferido no Recurso Extraordinário nº 248202/MG, Relator Ministro Moreira Alves, extrai-se: "A hipótese dos autos é, sem dúvida, de interesses ou direitos difusos, pois o direito à boa administração e à correta aplicação dos recursos públicos pertence a todos os cidadãos, de forma indeterminada, ou seja, é direito social titularizado pela coletividade como um todo. Transcende ao indivíduo, não pode ser pleiteado singularmente em Juízo, mas interessa, no caso vertente, a todos os habitantes do Município" (Brasil, Supremo Tribunal Federal, 2002). No mesmo sentido, reconhecendo a natureza difusa da defesa do erário, a legitimar a atuação do Ministério Público, sem prejuízo da iniciativa do ente público na defesa de seu patrimônio lesado, o mesmo Tribunal decidiu o Recurso Extraordinário nº 208.790/SP, Relator Ministro Ilmar Galvão (Brasil, Supremo Tribunal Federal, 2000).

zamento da ação civil pública, tendo sido outorgado com exclusividade à Instituição (art. 8°, § 1°, da Lei n° 7.347/85). Assim, o exame da função investigatória do Ministério Público quanto aos atos de improbidade administrativa se inicia pela descrição do inquérito civil, no que se refere à sua origem e finalidade.

3.3.1. Conceito, origem e finalidade do inquérito civil

O inquérito civil é mais importante instrumento para a realização da investigação cível do Ministério Público, relativa a apuração de ofensas a direitos difusos e coletivos *lato sensu*, consistindo em "uma investigação administrativa prévia, presidida pelo Ministério Público, que se destina basicamente a colher elementos de convicção para que o próprio órgão ministerial possa identificar se ocorre circunstância que enseje eventual propositura de ação civil pública ou de outra atuação a seu cargo" (Mazzilli, 2008, p. 47). Este instrumento conferiu ao Ministério Público relevantes poderes investigatórios, consistentes na expedição de notificações e de requisições de informações e documentos para sua instrução, vindo a trazer maior efetividade à defesa da cidadania ao facilitar a coleta de provas acerca de condutas ofensivas a direitos transindividuais da sociedade.

A Resolução n° 23, de 17.9.2007, do Conselho Nacional do Ministério Público (CNMP), assim o conceituou, em seu artigo 1°: "O inquérito civil, de natureza unilateral e facultativa, será instaurado para apurar fato que possa autorizar a tutela dos interesses ou direitos a cargo do Ministério Público nos termos da legislação aplicável, servindo como preparação para o exercício das atribuições inerentes às suas funções institucionais" (Brasil, CNMP, 2007). E o parágrafo único do mesmo artigo destacou sua dispensabilidade para a atuação ministerial: "O inquérito civil não é condição de procedibilidade para o ajuizamento de ações a cargo do Ministério Público, nem para a realização das demais medidas de sua atribuição própria" (Brasil, CNMP, 2007). Assim, a Resolução definiu o inquérito civil como um instrumento para a atuação do Ministério Público no exercício da tutela coletiva, sem o tornar um obstáculo para tal iniciativa, pois estabeleceu sua facultatividade ou dispensabilidade. Esta afastou qualquer óbice que poderia representar sua instauração obrigatória, nos casos em que a Instituição já possuísse as informações e documentos necessários para sua atuação, por meio de outros procedimentos administrativos de sua atribuição, ou através de peças de informações que viesse a obter, tais como cópias de processos judiciais, ou de auditorias do Tribunal de Contas, onde fosse constatada ofensa a direitos difusos ou coletivos *lato sensu*.

O inquérito civil foi uma criação da Lei de Ação Civil Pública (Lei nº 7.347/85), cujo objeto se limitou inicialmente à defesa dos interesses transindividuais nesta originalmente previstos, mas posteriormente seu âmbito de abrangência foi ampliado pela Constituição de 1988 e por outras leis subsequentes, conforme já explicitado na subseção nº 3.2.3, permitindo a afirmação de que "hoje o inquérito civil presta-se à investigação de lesões a quaisquer interesses que justifiquem a propositura de qualquer ação civil pública pelo Ministério Público, ou de outras formas de atuação a seu cargo" (Mazzilli, 2008, p. 48).

Apesar do processo legislativo que resultou na edição da Lei nº 8.429/92 ter suprimido o dispositivo referente à instauração de inquérito civil, o que se verifica da atual redação de seu art. 22, Wallace Paiva Martins Júnior sustenta com acerto que é possível a sua utilização como instrumento para a apuração de ato de improbidade administrativa, pois não foi ele vedado pela Lei referida, estando expressamente previsto em outras normas constitucionais e legais, para o exercício da tutela do patrimônio público, da moralidade administrativa e de quaisquer interesses ou direitos transindividuais:

> [...] Nada impede ao Ministério Público a promoção de inquérito civil com o uso dos poderes requisitórios correspondentes (perícias, estudos, dados técnicos, informações, depoimentos, notificações etc.) para a apuração de ato de improbidade administrativa, tendo em vista que a Constituição Federal (art. 129, III e VI), a Lei Federal n. 7.347/85 (arts. 1º, IV, e 8º e parágrafo único) e, posteriormente, a Lei Federal n. 8.625/93 (arts. 25, IV, e 26, I a III) inscrevem essas prerrogativas na instituição da proteção do patrimônio público, da moralidade administrativa e de qualquer outro interesse difuso ou coletivo.
>
> Em que pese a involução preconizada pelos legisladores na fase do processo legislativo, a superveniência da Lei Federal n. 8.625/93 superou o problema. Para apurar ato de improbidade administrativa o Ministério Público tem ampla opção, podendo sua escolha recair sobre o inquérito civil, que não foi excluído pela Lei n. 8.429/92, o inquérito policial ou o procedimento administrativo. (Martins Júnior, 2009, p. 482)

Além desses dispositivos invocados pelo autor citado, também se pode referir a previsão contida nos arts. 6º, XIV, alínea "f", e 7º, inc. III, da Lei Complementar nº 75/93, que permitem ao Ministério Público Federal a instauração de inquérito civil para a apuração de ato de improbidade administrativa, a qual é aplicável subsidiariamente ao Ministério Público dos Estados, por força do art. 80 da Lei nº 8.625/93. Assim, uma interpretação sistemática destas normas permite concluir que o disposto no art. 22 da Lei nº 8.429/92 permitiu a ampliação dos meios de investigação dos atos de improbidade administrativa pelo Ministério Público, não excluindo, nem conferindo exclusividade ao inquérito civil como instrumento para tal tarefa.

Por outro lado, em que pese tenham sido previstos outros legitimados para o exercício da ação civil pública, tais como as associações civis, a União, os Estados, o Distrito Federal e os Municípios, as autarquias, as empresas públicas, as fundações, as sociedades de economia mista e a Defensoria Pública,[53] o inquérito civil foi outorgado com exclusividade ao Ministério Público, para a instauração de investigações sob sua presidência. Isto não impede que os demais legitimados instaurem outras espécies de procedimentos para a coleta dos elementos de convicção necessários para sua atuação; porém, o inquérito civil, com seus mecanismos de produção de provas e de controle de legalidade, é exclusivo das investigações do Ministério Público.

A finalidade do inquérito civil é fornecer os elementos de convicção para o Ministério Público decidir se propõe, ou não, a ação civil pública, ou se realiza, ou não, outra atuação de sua atribuição, cuja decisão tem efeitos apenas *interna corporis*, pois não condiciona a atuação dos demais colegitimados. Por esta razão, apesar do inquérito civil ser um procedimento escrito e ordenado, que se submete a regras de instauração, instrução e conclusão, Hugo Nigro Mazzilli afirma que sua natureza jurídica não é de processo admi-

---

[53] A legitimidade da Defensoria para a propositura da ação civil pública foi incluída pelo Inciso II do art. 5º da Lei nº 7.347/85, advindo da Lei nº 11.448/2007. Todavia, ela está sendo questionada junto ao Supremo Tribunal Federal, na Ação Direta de Inconstitucionalidade nº 3943, ajuizada em 16.8.2007, sem pedido de medida cautelar, pela Associação Nacional dos Membros do Ministério Público (CONAMP), a qual sustenta que a atribuição conferida à Defensoria Pública pelo referido dispositivo não é permitida pelo ordenamento constitucional, pois afronta os arts. 5º, inc. LXXIV, e 134, *caput*, ambos da Constituição de 1988, os quais preveem que a função da Defensoria é o atendimento gratuito das pessoas necessitadas ou com carência financeira individualmente identificadas. Na ação referida, a CONAMP também alega que a legitimidade da Defensoria para a ação civil pública impede o Ministério Público de exercer plenamente suas atividades constitucionais, em especial a titularidade constitucional da ação civil pública, razão pela qual postula o reconhecimento da inconstitucionalidade do dispositivo ou, alternativamente, que se dê interpretação conforme a Constituição a este, para que se exclua a legitimidade ativa da Defensoria Pública quanto ao ajuizamento de ação civil pública para a defesa de interesses difusos (Brasil, Supremo Tribunal Federal, 2007A).

nistrativo[54] e sim de procedimento, pois "nele não há uma acusação nem nele se aplicam sanções; nele não se decidem nem se impõem limitações, restrições ou perda de direitos" (Mazzilli, 2008, p. 49).

Dessa forma, como no inquérito civil não se criam, modificam ou extinguem direitos, sua natureza é diversa de um processo administrativo disciplinar ou fiscal, pois naquele não se decidem controvérsias submetidas ao poder decisório da Administração, o que justifica considerá-lo como mero procedimento. Disto decorre a sua natureza inquisitória, que afasta a aplicação dos princípios do contraditório e da ampla defesa em sua instrução, embora possa ser facultado o exercício destes, a critério de quem estiver na presidência do inquérito civil, em hipóteses específicas, desde que não resultem em prejuízos às investigações.

3.3.2. A atuação do advogado e do investigado no inquérito civil

Tratando-se o inquérito civil de uma investigação administrativa prévia, de natureza inquisitória, instaurada para a apuração de eventuais ofensas a interesses ou direitos cuja defesa seja conferida ao Ministério Público, cuja finalidade é colher os elementos de convicção necessários para que este decida ajuizar ou não a ação civil pública, ou mesmo tomar outra providência que esteja dentre suas atribuições, não lhe são aplicáveis os princípios do contraditório e da ampla defesa, pois nele não há litigantes, nem acusados, requisitos exigidos pelo art. 5º, inc. LV, da Constituição de 1988, para a observância dos princípios referidos. Sequer não decididos interesses controvertidos em sua tramitação, o que também afasta a necessidade de observância daqueles princípios.

Defendendo a ausência do caráter contraditório no inquérito civil, Hugo Nigro Mazzilli o equipara "às diligências preliminares que as partes e seus advogados tomam para propor uma ação civil de qualquer natureza" (Mazzilli, 2008, p. 205), nas quais também não vigora este princípio. O autor ainda complementa que "se no inquérito civil não há *imputação, pretensão* ou exercício de *ação*, nele também não pode haver exercício de *defesa*" (Mazzilli, 2008, p. 205). A reforçar esta posição, pode-se afirmar que se for movida uma ação civil pública com base nos elementos de convicção obtidos no inquérito civil, os princípios do contraditório e da ampla defesa de-

---

[54] O autor citado esclarece que somente em sentido lato o inquérito civil pode ser considerado procedimento administrativo, em razão de ser instaurado por órgão do Estado e produzir efeitos jurídicos relevantes, como ocorre para fins penais, onde aquele é equiparado a processo administrativo no que se refere ao crime de falso testemunho (Mazzilli, 2008, p. 50).

verão ser exercitados pelos demandados durante a ação judicial, afastando qualquer prejuízo que possa advir da inexigência destes durante as investigações.

Contudo, há espaços para a atuação do advogado na tramitação do inquérito civil. Neste aspecto, o advogado poderá acompanhar o investigado, fornecendo informações e documentos, ou requerendo diligências, ou ainda o assistindo em seu interrogatório. Também o advogado poderá representar colegitimados para a ação civil pública, ou mesmo prestar auxílio a lesados, denunciantes e demais interessados, seja requerendo a instauração do inquérito civil ou acompanhando sua solução. Poderá ainda acompanhar depoimentos de testemunhas e levantar questões de ordem durante suas oitivas, desde que não oriente as respostas, apresentando reperguntas acaso isto lhe for facultado. Também é possível a interposição de recursos previstos nas Leis Orgânicas do Ministério Público e a apresentação de arrazoados quando do reexame do arquivamento do inquérito civil pelo Conselho Superior do Ministério Público ou por uma das Câmaras de Coordenação e Revisão. O advogado ainda poderá impetrar *habeas corpus, habeas data e* mandado de segurança, quanto a incidentes ocorridos durante a tramitação do inquérito civil, bem como oferecer representação aos órgãos de Administração Superior do Ministério Público, quando for o caso (Mazzilli, 2008, p. 207, 209).

A natureza inquisitiva da investigação assegura uma maior liberdade de ação e uma melhor possibilidade de segredo temporário das diligências, aumentando a chance de êxito na descoberta do fato apurado e na obtenção dos meios necessários à sua comprovação. Mas isto não impede que, em determinadas hipóteses, o presidente das investigações decida oportunizar o exercício do contraditório pelo investigado, acaso aquele entenda assim conveniente ou necessário para uma melhor apuração dos fatos. Esta bilateralidade é uma discricionariedade do presidente do inquérito civil, pois a investigação não pode ser tumultuada com a atividade do investigado, devendo ser permitida quando existirem dúvidas quanto aos fatos ou acerca da ocorrência de danos. Em alguns casos, ela poderá evitar lides temerárias, adiantando o fornecimento de informações, documentos e outros meios de prova úteis à elucidação dos fatos que seriam apresentados pelo investigado somente em juízo. Nada impede, por exemplo, que após colhida a prova necessária acerca de uma infração a interesses transindividuais seja oportunizada a manifestação do investigado no inquérito civil, dentro do prazo de quinze dias, caso não haja a necessidade de se formular requerimentos cautelares ou urgentes.

Por outro lado, tanto o investigado como seu advogado podem peticionar nos autos do inquérito civil, requerendo a juntada de documentos ou a produção de outras provas, tais como a tomada de depoimentos ou a produção de perícia, as quais poderão ser deferidas ou não discricionariamente pelo presidente do inquérito, de acordo com a conveniência das investigações. O indeferimento da produção destas provas não está sujeito a recurso, nem gera qualquer nulidade, pois em caso de propositura de ação judicial o investigado e seu defensor poderão produzi-las em juízo. Por outro lado, se a não produção das provas por estes requeridas ocasionar o arquivamento dos autos, não lhes resultará qualquer prejuízo.

Os mesmos requerimentos de produção da provas no inquérito civil também poderão ser formulados pelos interessados ou denunciantes e seus procuradores, cuja análise também ficará sujeita ao arbítrio do presidente do inquérito, podendo ser deferidos em caso de conveniência para a investigação. Se a não produção destas provas ensejar o arquivamento da investigação, cabe recurso ao órgão colegiado revisor, o Conselho Superior do Ministério Público, que poderá não acolher a promoção de arquivamento formulada pelo presidente do inquérito e determinar a realização de outras diligências para a melhor apuração dos fatos.

Em regra, deve ser permitido o acesso aos autos do inquérito civil pelo investigado, o denunciante, os interessados e seus eventuais procuradores, nas dependências da Promotoria de Justiça ou da Procuradoria de República onde estiver tramitando, tendo em vista o princípio da publicidade que o orienta, excepcionando-se deste acesso irrestrito apenas os documentos protegidos por sigilo constitucional ou legal, passíveis de consulta apenas pelas pessoas a que se refiram e seus procuradores, bem como pelo membro do Ministério Público que estiver o presidindo e pelos servidores da Instituição, ficando todos estes últimos responsáveis pela manutenção do sigilo e guarda das informações. O acesso ao inquérito civil abrange a possibilidade de extração de fotocópias de documentos, com o acompanhamento de servidor do Ministério Público, a fim de evitar o extravio e a indevida retenção dos autos, com prejuízos para o andamento das investigações. Pelas mesmas razões, não deve ser admitida a retirada do inquérito civil das dependências do Ministério Público por advogado, salvo a hipótese de existência de cópia integral da investigação no local onde esta estiver tramitando.

Esse raciocínio não é afetado pela faculdade que garante aos advogados ter vista dos processos judiciais ou administrativos de qualquer natureza, em cartório ou repartição competente, ou retirá-los pelos prazos legais (art. 7º, inc. XIV, da Lei 8.906/94 – Estatuto da Ordem dos Advogados do Brasil), pois esta presume a existência de norma legal que lhes faculte ter vista dos autos fora do cartório ou repartição, a qual não consta das disposições que regulam o inquérito civil. Ademais, a natureza jurídica de procedimento inquisitório, e não de processo administrativo do inquérito civil, que afasta os princípios do contraditório e da ampla defesa em sua tramitação, também indica não ser exigível a retirada de seus autos em carga fora das dependências do Ministério Público por advogado.

Nesse aspecto, a possibilidade de indevida retenção, de extravio, ou mesmo de destruição dos autos, poderá comprometer seriamente o resultado das investigações, justificando a restrição. Na primeira possibilidade, a devolução dos autos deverá ser buscada na esfera judicial, seja através de mandado de segurança, ou de pedido de busca e apreensão, o que provocará um retardamento no curso das investigações. Nas demais hipóteses, a apuração poderá restar definitivamente comprometida, acaso não seja possível reproduzir as provas já realizadas.

Contudo, a faculdade da bilateralidade no inquérito civil não poderá ser conferida em algumas das fases de coleta de provas, quando ocorrem hipóteses em que o interesse público exigir a imposição de sigilo sobre as investigações. Podem-se citar como exemplos disto, os casos em que "deseje o membro do Ministério Público surpreender situações irregulares que precise constatar, tais como o lançamento irregular de poluentes, o uso de lixos clandestinos, a adulteração de medicamentos" (Mazzilli, 2008, p. 209), ou necessite obter elementos de prova através da busca e apreensão, como dados constantes em computadores dos investigados referentes a eventual "caixa dois" ou ao destino dados às verbas públicas desviadas por agentes públicos, nos casos de prática de ato de improbidade administrativa.

Dessa forma, ressalvadas as hipóteses de sigilo, a natureza inquisitória administrativa do inquérito civil não impede a atuação do investigado, do denunciante, dos interessados e de seus procuradores no inquérito civil, mesmo sem a vigência neste dos princípios do contraditório e da ampla defesa. Entretanto, esta atuação pode ser ampliada ao prudente arbítrio do presidente do inquérito, o qual poderá permitir a bilateralidade de determinados atos, desde que não prejudiquem o desenvolvimento das investigações, o que traz consequências quanto ao valor das provas nestas produzidas.

3.3.3. Valor judicial das provas colhidas pelo Ministério Público no inquérito civil

A inaplicabilidade dos princípios do contraditório e da ampla defesa na instrução do inquérito civil tem direta relação com a validade das provas neste produzidas. Embora a finalidade do inquérito civil seja apurar os elementos de convicção que permitam ao Ministério Público verificar a existência de circunstância que enseje o ajuizamento de ação civil pública, ou outra atuação de sua atribuição, em caso de interposição de ação judicial as provas colhidas no inquérito civil são obrigatoriamente anexadas ao processo judicial. Assim, não se pode desprezá-las após o ajuizamento da ação civil pública, pois elas poderão influenciar o convencimento do magistrado, ao qual é permitido apreciar com ampla liberdade as provas constantes dos autos, salvo as poucas exceções de provas tarifadas, ficando apenas obrigado a indicar as razões de sua decisão, tendo em vista a vigência do sistema da livre apreciação de provas ou da persuasão racional em nosso ordenamento jurídico.

Deve-se destacar que, além de servirem de suporte para o ajuizamento da ação civil pública pelo Ministério Público, os depoimentos, documentos e perícias produzidos no inquérito civil muitas vezes servem como único embasamento para a concessão de medidas cautelares pelo magistrado no início da lide, pois a estes se restringe o exame acerca da existência dos requisitos do *fumus boni iuris* e do *periculum in mora*.

Por outro lado, é certo que as provas produzidas no inquérito civil, sem o crivo do contraditório e da ampla defesa, possuem peso menor que aquelas obtidas na fase judicial, com a observância daqueles princípios. Neste aspecto, Hugo Nigro Mazzilli afirma que os elementos de convicção obtidos no inquérito civil possuem apenas *valor relativo*, servindo para embasar subsidiariamente a decisão do juiz se não contrariarem as demais provas produzidas sob as garantias do contraditório, em razão destas últimas serem hierarquicamente superiores àquelas oriundas do inquérito civil (Mazzilli, 2008, p. 53-54, grifo nosso). Posição semelhante tem sido acolhida em decisões do Superior Tribunal de Justiça, as quais acrescentam que meras impugnações da defesa contra as provas produzidas no inquérito civil, destituídas de contraprovas, não permitem afastá-las, devendo as provas produzidas no inquérito civil serem sopesadas pelo magistrado na prolação da sentença[55] (Brasil, Superior Tribunal de Justiça, 2005; Brasil, Superior Tribunal de Justiça, 2007B).

Contudo, em que pesem os respeitáveis entendimentos em contrário, a questão referente ao valor dos elementos de convicção colhidos no inquérito civil não permite uma solução uniforme, resumida em sua relativização, podendo ser melhor resolvida observando-se a espécie de prova produzida (documental, testemunhal ou pericial), bem como a forma observada para sua obtenção, em cujo último aspecto poderá ter influência a unilateralidade ou bilateralidade dos atos probatórios realizados.

Assim, a prova documental produzida no inquérito civil não pode ter seu valor taxativamente considerado relativo, por não ter observado o contraditório, pois muitas vezes sua repetição em juízo se mostra desnecessária. Exemplo disto verifica-se na apuração de fraudes de licitação, onde as cópias integrais do procedimento licitatório que embasarem o inquérito civil assumem valor equivalente ao que teriam se fossem juntadas aos autos da ação civil pública na fase judicial. O mesmo pode-se afirmar quanto às cópias de contratos administrativos, de empenhos, ordens de pagamento, notas fiscais e recibos de obras suspeitas de superfaturamento ou que tenham sido realizadas com indevida dispensa de licitação, quanto as quais não importa a fase em que tenham sido produzidas para a aferição de seu valor. Diante destas peculiaridades da prova documental, que assume grande importância na esfera da improbidade administrativa, onde frequentemente os documentos constituem as provas mais relevantes acerca da prática dos atos de improbidade, Rogério Pacheco Alves defende que nesta modalidade de prova o exercício do contraditório somente é diferido ou adiado para a fase judicial, com a possibilidade de produção de contraprova pela parte contrária, o que equipara seu valor às provas produzidas em juízo:

---

[55] No Recurso Especial nº 849841/MG, Relatora Ministra Eliana Calmon, foi proferido acórdão com a seguinte ementa: "PROCESSO – AÇÃO CIVIL PÚBLICA – INQUÉRITO CIVIL: VALOR PROBATÓRIO. 1. O inquérito civil público é procedimento facultativo que visa colher elementos probatórios e informações para o ajuizamento de ação civil pública. 2. As provas colhidas no inquérito têm valor probatório relativo, porque colhidas sem a observância do contraditório, mas só devem ser afastadas quando há contraprova de hierarquia superior, ou seja, produzida sob a vigilância do contraditório. 3. A prova colhida inquisitorialmente não se afasta por mera negativa, cabendo ao juiz, no seu livre convencimento, sopesá-las, observando as regras processuais pertinentes à distribuição do ônus da prova. 4. Recurso especial provido" (Brasil, Superior Tribunal de Justiça, 2007B). Na mesma linha foi julgado o Recurso Especial nº 644994/MG, Relator Ministro João Otávio de Noronha, que afirmou não ser necessária a repetição em juízo da produção da prova documental constante em inquérito civil, tendo determinado a sua valoração em nova decisão a ser proferida naquele processo, após ter anulado o acórdão recorrido (Brasil, Superior Tribunal de Justiça, 2005).

> Quanto aos documentos e às perícias, geralmente produzidos no inquérito civil, há uma peculiaridade. Com efeito, por se tratarem, em regra, de *provas irrepetíveis* (o documento sempre; a perícia, eventualmente), cuja (re)produção no processo, por motivos óbvios, se torna impossível, tais elementos poderão e deverão ser levados em conta pelo juiz para a formação de seu convencimento, pouco importando que seu nascimento, como sói acontecer, tenha se dado ao largo do contraditório, no inquérito. Incidirá, quanto a tais provas, o que alguns convencionaram chamar de *contraditório diferido*. Bem vistas as coisas, em verdade não há, aqui, propriamente, uma exceção ao *princípio do contraditório*, o que seria inadmissível diante das imperativas regras constitucionais, mas, apenas, um *adiamento de seu exercício*, podendo as partes debaterem no processo, amplamente, os elementos nascidos na fase pré-processual, inclusive com a possibilidade de produção de contraprova. (Alves; Garcia, 2008, p. 575, grifo do autor)

Por outro lado, deve-se salientar que as provas testemunhais e periciais obtidas durante a fase pré-processual trazem uma força de convencimento maior se produzidas com a participação da parte contrária, acaso o presidente do inquérito civil tenha facultado a bilateralidade de sua produção, diante da ausência de prejuízos para a investigação. Assim, os depoimentos e interrogatórios colhidos na presença de advogados, as perícias realizadas com a oportunização da apresentação de quesitos e da indicação de assistentes técnicos pelos investigados, bem como a existência de manifestação por escrito do investigado nos autos do inquérito civil, são circunstâncias que conferem uma maior credibilidade às investigações e um peso maior às provas delas oriundas.

Entretanto, apesar das vantagens decorrentes da concessão da bilateralidade na produção de parte das provas do inquérito civil, não é possível a irrestrita aplicação do princípio do contraditório em sua tramitação. Isso porque a ampla admissão do contraditório no inquérito civil exigiria a notificação do investigado acerca de todos os atos e diligências praticados na investigação, com a respectiva oportunidade de manifestação, o que inviabilizaria algumas diligências que exigem o sigilo para seu êxito, bem como causaria uma demora injustificada na tramitação do inquérito, o qual muitas vezes ficaria paralisado aguardando a notificação do investigado ou o decurso do prazo para sua manifestação.

Dessa forma, em que pese não se possa admitir a aplicação do princípio do contraditório ao inquérito civil, a concessão da bilateralidade na produção de parte de suas provas possibilitará que o magistrado melhor as avalie na fase judicial, dispensando suas reproduções durante o processo. Assim, a demanda judicial poderá ser restringida ao debate das partes acerca das provas existentes no inquérito civil, inclusive ensejando seu julgamento antecipado, nos moldes do art. 330, inc. I, do Código de Processo Civil, em atendimento aos princípios da eficiência (art. 37, *caput*, da Constituição de 1988) e da economia processual. Por outro lado, tal postura poderá conferir um valor ainda mais relevante ao inquérito civil como instrumento do Ministério Público no exercício da tutela coletiva.

3.3.4. A tutela da probidade administrativa no inquérito civil

Atualmente, é inegável o importante papel exercido pelo Ministério Público na tutela da probidade administrativa, em cuja função assume relevância sua função investigatória exercida através do inquérito civil, a qual muitas vezes configura o início da defesa do patrimônio público, embora a atuação ministerial não seja exclusiva nesta tutela, nem mesmo o inquérito civil seja o único instrumento para o exercício desta. Pode-se afirmar que as investigações do Ministério Público neste campo inserem-se dentro da rede normativa de tutela da probidade estabelecida pela Constituição de 1988 e pela legislação infraconstitucional,[56] "instituindo, ao menos no aspecto teórico, o que na linguagem internacional foi denominado de *good governance*" (Ramos, 2002, p. 27, grifo do autor), isto é, o direito à boa governança ou à administração proba.

A tutela da probidade hoje ultrapassa a esfera nacional, influenciada por diplomas internacionais de direitos humanos e impulsionada por órgãos internacionais de proteção a estes direitos, "que vêem na corrupção e na improbidade em sentido amplo um dos fatores da ausência de implementação dos direitos sociais" (Ramos, 2002, p. 2). Disto surge o conceito "do *good governance* e do direito de todos a uma administração proba, que bem utilize os escassos recursos da sociedade para o bem comum e não para a obtenção de vantagens e privilégios de uma minoria" (Ramos, 2002, p. 2), cuja proteção é essencial para assegurar a dignidade da pessoa humana, a qual no âmbito nacional se constitui em um dos fundamentos constitucionais do Estado Democrático e Social de Direito (art. 1º da

---

[56] A expressão *rede de tutela da probidade* é utilizada por André de Carvalho Ramos, abrangendo, no plano constitucional de nosso Estado Democrático de Direito, a previsão do instituto da improbidade administrativa e suas sanções (art. 37, § 4º), a proteção do patrimônio público na esfera política (arts. 14, § 9º, e 17, incs. II e III), o controle administrativo dos Tribunais de Contas (arts. 70 e seguintes) e das Comissões Parlamentares de Inquérito (art. 58), bem como o controle externo pelo cidadão (art. 5º, inc. LXXIII – ação popular) e pelo Ministério Público (art. 127, *caput*). Na esfera infraconstitucional, a tipificação dos crimes contra a administração pública no Código Penal e na legislação esparsa, os crimes de responsabilidade, a legislação administrativa acerca de contratos e licitações, as leis eleitorais contra o abuso do poder político, as regras da ação popular e a Lei de Improbidade Administrativa (Lei nº 8.429/92) complementam esta rede (Ramos, 2002, p. 27).

Constituição de 1988), sendo também um corolário do dever do Estado brasileiro de defender os direitos humanos, conforme previsto no Pacto de "San José" (Convenção Americana de Direitos Humanos), tratado de direito internacional ao qual o Brasil aderiu. Como para a implementação dos direitos fundamentais sociais e econômicos é reconhecida a necessidade de atuação positiva do Estado, com a satisfação das necessidades básicas de vida digna da população, esta é inviabilizada pelas práticas de improbidade administrativa, que comprometem a utilização eficiente e equânime dos recursos públicos, exigindo a existência de instrumentos no ordenamento jurídico para a garantia da probidade e, por consequência, da própria dignidade da pessoa humana (Ramos, 2002, p. 6-7, 9).

Dentre os instrumentos existentes na rede nacional de tutela da probidade, destaca-se a Lei nº 8.429/92 (Lei de Improbidade Administrativa), que define os atos de improbidade administrativa de forma exemplificativa em seu texto, os quais podem ser praticados de forma comissiva ou omissiva, mediante conduta dolosa ou culposa, dependendo da modalidade, sendo divididos em três grandes grupos: os atos dolosos que caracterizam enriquecimento ilícito no exercício da função pública (art. 9º); os atos dolosos ou culposos que configuram lesão ao erário (art. 10º); e os atos dolosos que ensejam ofensa aos princípios constitucionais aplicáveis à administração pública (art. 11). A Lei ainda define os sujeitos ativos (arts. 2º e 3º) e passivos (art. 1º) dos atos de improbidade administrativa, estabelece as sanções aplicáveis pela prática destes (art. 12), sem prejuízo das penas criminais cabíveis, bem como prevê os meios para a concretização de sua prevenção e repressão, conferindo ao Ministério Público e ao ente público lesado a legitimidade para promover as medidas judiciais cabíveis, inclusive providências cautelares (arts. 7º, 16, 17 e 20, parágrafo único).

O dever de probidade, que orienta os dispositivos contidos na Lei nº 8.429/92, no sentido da *good governance*, tem sido entendido por alguns doutrinadores como oriundo de um subprincípio derivado de outro princípio mais amplo, o da moralidade administrativa.[57] Todavia, José Guilherme Giacomuzzi sustenta que do princípio da moralidade contido no art. 37 da Constituição de 1988 "não decorre, na sua 'parte subjetiva', um princípio jurídico, mas sim um dever de probidade administrativa, o qual determina que a

---

[57] Nesse sentido se posiciona Wallace Paiva Martins Júnior (Martins Júnior, 2009, p. 101, 106-107). José Jairo Gomes também sustenta que o termo "*probidade administrativa* apresenta menor extensão que *moralidade*" (Gomes, 2002, p. 252-253, grifo do autor), embora possuam o mesmo conteúdo axiológico.

atividade do administrador deva ser sempre honesta [...] destituída de má-fé [...]" (Giacomuzzi, 2002, p. 288).

Mesmo reconhecendo-se que o dever de probidade administrativa decorre do princípio da moralidade, pode-se afirmar que aquele dever não deriva tão somente deste princípio, pois também se baseia nos demais princípios da administração pública (legalidade, impessoalidade, publicidade e eficiência) e em diversas regras constitucionais e infraconstitucionais, formando a ampla rede de tutela da probidade já mencionada, da qual a moralidade administrativa é uma de suas componentes:

> Em que pese ser a observância ao princípio da moralidade um elemento de vital importância para a aferição da probidade, não é ele o único. Todos os atos dos agentes públicos devem observar a normatização existente, o que inclui toda a ordem de princípios, e não apenas o princípio da moralidade. Assim, quando muito, será possível dizer que a probidade absorve a moralidade, mas jamais terá sua amplitude delimitada por esta. (Alves; Garcia, 2008, p. 47)

A partir da noção do dever de probidade, chega-se ao conceito de improbidade administrativa, o qual orienta em linhas gerais as três modalidades de atos de improbidade administrativa previstas pelos artigos 9º, 10º e 11, da Lei nº 8.429/92, sintetizadas no rompimento pelo agente público dos compromissos inerentes aos deveres de sua função, revelando inabilitação moral e desvio ético em sua conduta, conforme expõe Wallace Paiva Martins Júnior:

> Improbidade administrativa, em linhas gerais, significa servir-se da função pública para angariar ou distribuir, em proveito pessoal ou para outrem, vantagem ilegal ou imoral, de qualquer natureza, e por qualquer modo, como violação aos princípios e regras presidentes das atividades na Administração Pública, menosprezando os deveres do cargo e a relevância dos bens, direitos, interesses e valores confiados à sua guarda, inclusive por omissão, com ou sem prejuízo patrimonial. A partir desse comportamento, desejado ou fruto de incúria, desprezo, falta de precaução ou cuidado, revelam-se a nulidade do ato por infringência aos princípios e regras, explícitos ou implícitos, de boa administração e o desvio ético do agente público e do beneficiário ou partícipe, demonstrando a inabilitação moral do primeiro para o exercício de função pública. (Martins Júnior, 2009, p. 116-117)

Embora aponte como origem dos deveres de probidade o princípio da moralidade, Fábio Medina Osório define a ideia de improbidade como violação aos deveres de honestidade e eficiência profissional, ambos em sentido amplo. Para o autor, ímprobo é tanto o agente desonesto, como o incompetente, pois este último viola os comandos legais por culpa, causando prejuízo ao erário, demonstrando ineficiência no desempenho de suas funções. Acrescenta, ainda, que a doutrina do desvio de poder contida no direito administrativo assume relevância na fixação do conteúdo da improbidade, que configura ilicitude específica das áreas do direito constitucional e administrativo, sem prejuízo de repercussões em outros ramos do direito (Osório, 1998, p. 62-63).

Dessa forma, tendo em vista que a Lei de Improbidade Administrativa exige o elemento subjetivo para a caracterização dos atos de improbidade, prevendo condutas comissivas ou omissivas culposas nos atos de improbidade que causam prejuízo ao erário (art. 10), nesta modalidade específica de improbidade "deve ser objeto de novas reflexões o entendimento de que 'a lei não pune o administrador incompetente, mas unicamente o desonesto', máxime quando se constata a inclusão do princípio da eficiência no rol constante do art. 37, *caput*, da Constituição" (Alves; Garcia, 2008, p. 49). Incompetência e eficiência são conceitos que se excluem, sendo que a primeira caracteriza a inobservância do dever de boa governança.

Por outro lado, a simples ilegalidade não caracteriza a improbidade, pois há condutas que se desviam da direção dada pela norma sem lesar o patrimônio público, não contendo desonestidade, como pode ocorrer no deslocamento pelo Prefeito de recursos do turismo para a secretaria de saúde (Três, 2002, p. 76). Gize-se, neste ponto, que a existência de dano ao patrimônio público não é pressuposto ou exigência do ato de improbidade, que poderá estar configurado com ou sem dano, conforme estabelece o art. 21, inc. I, da Lei nº 8.429/92. Mas havendo lesão ao patrimônio público causada por conduta ímproba de agente público ou terceiro, é imperioso o integral ressarcimento do dano, nos moldes dos arts. 5º e 12 do mesmo Diploma Legal, o qual, além de sua reparação material, também inclui a moral:

> As pessoas jurídicas de direito público, com maior razão que as de direito privado, devem ser ressarcidas dos danos morais que venham a sofrer. A Administração Pública tem por fim a persecução do *bem comum* e todo o ato praticado por seus agentes deve ter em foco o *interesse público*.
> Assim, temos que o ato de improbidade administrativa pode ferir também um interesse moral do ente público, traduzido na sua honra objetiva, na confiança e respeito que as pessoas devem devotar-lhe, não havendo motivo plausível para a recusa de ressarcimento. (Gomes, 2002, p. 265, grifo do autor)

As indevidas dispensas de licitações ou de concurso público representam exemplos de dano à moralidade administrativa, em razão da contratação de obra sem a busca dos melhores preços e da melhor qualidade de materiais ou concorrentes, ou da contratação de pessoal sem a seleção necessária, mediante a inobservância princípio da impessoalidade e do dever de probidade, deixando-se de selecionar os melhores candidatos. Nestes casos, embora os contratados de boa-fé devam receber pela obra realizada ou pelos serviços prestados, o administrador ímprobo deve arcar com as despesas correspondentes, como forma de reparação da moralidade administrativa, pois aquelas não são autorizadas por lei, tendo em vista que não é permitida a contratação indevida dos favorecidos daquele (Mazzilli, 2001, p. 169-170).

Diante da independência dos conceitos de dano ao erário e improbidade, poderá não haver improbidade mesmo se constatada a existência de dano ao patrimônio público, se estiver ausente o elemento subjetivo da conduta, ou se presente este não estiver caracterizado o nexo causal entre a conduta e o dano produzido, ou ainda se estiver alcançado pela prescrição o ato de improbidade, nos moldes do art. 23 da Lei. Entretanto, nestes casos de dano ao patrimônio público, a inexistência de improbidade não afasta a necessidade de intervenção judicial, para recompor a lesão material ou moral sofrida pelo bem público, seja através de ação civil pública de ressarcimento de danos, ou mesmo por ação anulatória de ato administrativo.

Outro aspecto a ser destacado refere-se à grande inovação trazida pela Lei nº 8.429/92 na rede de tutela da probidade, relativa à responsabilização dos agentes públicos ou terceiros beneficiados, com a previsão de imposição de severas sanções a estes, decorrentes da conduta ímproba. Esta inovadora responsabilização contida na Lei de Improbidade Administrativa ultrapassou a tutela patrimonial de ressarcimento do dano ao erário e de combate ao enriquecimento ilícito no exercício da função pública anteriormente existente,[58] bem como a mera anulação ou declaração de nulidade dos atos lesivos ao patrimônio público,[59] acrescentando as reprimendas de pagamento de multa civil, de proibição de contratar com o Poder Público e de receber benefícios ou incentivos fiscais ou creditícios, de perda da função pública e de suspensão dos direitos políticos, com a finalidade de reparação moral da Administração Pública e da sociedade, valorizando os valores éticos e imateriais desta, em atenção aos interesses sociais envolvidos nas transgressões aos deveres de probidade.

---

[58] A legislação de repressão à improbidade administrativa anterior à Lei nº 8.429/92 previa "a anulação do ato e o ressarcimento do dano (Lei Federal n. 4.717/65) e o seqüestro e perdimento de bens ou valores derivados de enriquecimento ilícito no exercício de função pública (Leis Federais n. 3.164/57 e 3.502/58) [...]". (Martins Júnior, 2009, p. 117-118)

[59] A anulação ou a declaração de nulidade dos atos lesivos ao patrimônio público constitui o objeto específico da Lei nº 4.717, de 29 de junho de 1965 (Lei da Ação Popular), a qual, contudo, não estabelece sanções aos responsáveis por estes.

Além disso, conforme sustenta Celso Antônio Três, a responsabilização contida na Lei de Improbidade Administrativa tem direta relação com os fundamentos de nossa República, pois é de sua essência a responsabilização do administrador por seus desvios, cuja origem consta na Declaração dos Direitos do Homem e do Cidadão de 1789, a qual já previa o direito da sociedade pedir a prestação de contas aos agentes públicos acerca de sua administração. Assim, apontando o papel do Ministério Público nesta área, o autor afirma que "quando desincumbe-se do dever-poder [...] de promover a responsabilização dos gestores públicos, o *Ministerium Publicum* zela por um dos sustentáculos da República" (Três, 2002, p. 73), do que se conclui que a legitimidade que lhe foi outorgada constitucionalmente para a defesa da probidade administrativa e do patrimônio público não se constitui em uma faculdade, mas sim em um dever, do qual decorre o princípio da obrigatoriedade, cuja extensão será analisada na seção seguinte.

Por outro lado, para cumprir seu dever de responsabilização dos agentes públicos, incluídos os agentes políticos,[60] acaso verifi-

---

[60] Embora existam divergências jurisprudenciais quanto à aplicação da Lei de Improbidade Administrativa aos agentes políticos, inclusive no Supremo Tribunal Federal, a mais recente orientação de nossa Corte Suprema, constante do acórdão proferido no julgamento do Agravo Regimental no Agravo de Instrumento nº 506323/PR, Relator Ministro Celso de Mello, admite a possibilidade de responsabilização destes na esfera da improbidade: "RECURSO EXTRAORDINÁRIO – ALEGADA IMPOSSIBILIDADE DE APLICAÇÃO DA LEI Nº 8.429/1992, POR MAGISTRADO DE PRIMEIRA INSTÂNCIA, A AGENTES POLÍTICOS QUE DISPÕEM DE PRERROGATIVA DE FORO EM MATÉRIA PENAL [...] AÇÃO CIVIL POR IMPROBIDADE ADMINISTRATIVA – COMPETÊNCIA DE MAGISTRADO DE PRIMEIRO GRAU, QUER SE CUIDE DE OCUPANTE DE CARGO PÚBLICO, QUER SE TRATE DE TITULAR DE MANDATO ELETIVO AINDA NO EXERCÍCIO DAS RESPECTIVAS FUNÇÕES – RECURSO DE AGRAVO IMPROVIDO. [...] Esta Suprema Corte tem advertido que, tratando-se de ação civil por improbidade administrativa (Lei nº 8.429/92), mostra-se irrelevante, para efeito de definição da competência originária dos Tribunais, que se cuide de ocupante de cargo público ou de titular de mandato eletivo ainda no exercício das respectivas funções, pois a ação civil em questão deverá ser ajuizada perante magistrado de primeiro grau. Precedentes" (Brasil, Supremo Tribunal Federal, 2009A). No mesmo sentido, o Supremo Tribunal Federal decidiu a Questão de Ordem na Petição nº 3923/SP, Relator Ministro Joaquim Barbosa: "AÇÃO CIVIL PÚBLICA. IMPROBIDADE ADMINISTRATVA. LEI 8.429/1992. NATUREZA JURÍDICA. CRIME DE RESPONSABILIDADE. PREFEITO POSTERIORMENTE ELEITO DEPUTADO FEDERAL. IMPOSSIBILIDADE. PRERROGATIVA DE FORO. INEXISTÊNCIA. PROCESSO EM FASE DE EXECUÇÃO. INCOMPETÊNCIA DO SUPREMO TRIBUNAL FEDERAL. REMESSA DOS AUTOS AO JUÍZO DE ORIGEM. Deputado Federal, condenado em ação de improbidade administrativa, em razão de atos praticados à época em que era prefeito municipal, pleiteia que a execução da respectiva sentença condenatória tramite perante o Supremo Tribunal Federal, sob a alegação de que: (a) os agentes políticos que respondem pelos crimes de responsabilidade tipificados no Decreto-Lei 201/1967 não se submetem à Lei de Improbidade (Lei 8.429/1992), sob pena de ocorrência de bis in idem; (b) a ação de improbidade administrativa tem natureza penal e (c) encontrava-se pendente de julgamento, nesta Corte, a Reclamação 2138, relator Ministro Nelson Jobim. O pedido foi indeferido sob os seguintes

cados os pressupostos fáticos e legais que configuram os atos de improbidade administrativa, ou mesmo quando seja somente necessária a busca do ressarcimento ao erário ou da anulação de ato a este lesivo, o Ministério Público possui extensos poderes investigatórios, que se constituem nos meios para o cumprimento de suas finalidades institucionais.

No âmbito federal, os poderes investigatórios do Ministério estão previstos na Constituição de 1988 (art. 129, incs. VI e VIII), na Lei Complementar nº 75/93 (art. 8º), na Lei nº 8.625/93 (art. 26), na Lei nº 7.347/85 (art. 8º) e na nº Lei nº 8.429/92 (arts. 16 e 22), os quais são reforçados por outros dispositivos constantes nas diversas Leis Orgânicas Estaduais do Ministério Público.[61] Embora o

---

fundamentos: 1) A lei 8.429/1992 regulamenta o art. 37, parágrafo 4º da Constituição, que traduz uma concretização do princípio da moralidade administrativa inscrito no *caput* do mesmo dispositivo constitucional. As condutas descritas na lei de improbidade administrativa, quando imputadas a autoridades detentoras de prerrogativa de foro, não se convertem em crimes de responsabilidade. 2) Crime de responsabilidade ou *impeachment*, desde os seus primórdios, que coincidem com o início de consolidação das atuais instituições políticas britânicas na passagem dos séculos XVII e XVIII, passando pela sua implantação e consolidação na América, na Constituição dos EUA de 1787, é instituto que traduz à perfeição os mecanismos de fiscalização postos à disposição do Legislativo para controlar os membros dos dois outros Poderes. Não se concebe a hipótese de impeachment exercido em detrimento de membro do Poder Legislativo. Trata-se de contraditio in terminis. Aliás, a Constituição de 1988 é clara nesse sentido, ao prever um juízo censório próprio e específico para os membros do Parlamento, que é o previsto em seu artigo 55. Noutras palavras, não há falar em crime de responsabilidade de parlamentar. 3) Estando o processo em fase de execução de sentença condenatória, o Supremo Tribunal Federal não tem competência para o prosseguimento da execução. O Tribunal, por unanimidade, determinou a remessa dos autos ao juízo de origem" (Brasil, Supremo Tribunal Federal, 2007B). Em sentido contrário, encontra-se decisão proferida pelo mesmo Tribunal, na Reclamação nº 2138/DF, Relator para o acórdão Ministro Gilmar Mendes, em julgamento concluído na mesma data da anterior decisão citada, mas que contou com vários votos vencedores de Ministros já aposentados (Brasil, Supremo Tribunal Federal, 2007C).

[61] No Estado de Santa Catarina, os poderes investigatórios do Ministério Público estão assim previstos na Lei Complementar Estadual nº 197, de 13.7.2000 (Lei Orgânica Estadual do Ministério Público Catarinense): "Art. 83. No exercício de suas funções, o Ministério Público poderá: I – instaurar inquéritos civis e outras medidas e procedimentos administrativos pertinentes e, para instruí-los: a) expedir notificações para colher depoimento ou esclarecimentos e, em caso de não comparecimento injustificado, requisitar condução coercitiva, inclusive pela polícia civil ou militar, ressalvadas as prerrogativas previstas em lei; b) requisitar informações, exames, perícias e documentos de autoridades federais, estaduais e municipais, bem como dos órgãos e entidades da administração direta, indireta ou fundacional, de qualquer dos poderes da União, dos Estados, do Distrito Federal e dos Municípios; c) promover inspeções e diligências investigatórias junto às autoridades, órgãos e entidades a que se refere a alínea anterior; II – tomar as medidas previstas nas alíneas do inciso anterior, quando se tratar de procedimentos administrativos preparatórios do inquérito civil; III – requisitar informações e documentos a entidades privadas, para instruir procedimento ou processo em que oficie; IV – requisitar à autoridade competente a instauração de sindicância ou procedimento administrativo cabível, acompanhá-los e produzir provas; V – requisitar diligências investigatórias e a instauração de inquérito policial e de inquérito policial militar, observando o disposto no art. 129, inciso VIII, da Constituição Federal, podendo acompanhá-los;

Ministério Público possa requisitar a instauração de inquérito policial ou de procedimento administrativo para a apuração dos ilícitos atentatórios à probidade administrativa, também podendo optar pela apuração própria através de procedimento administrativo, seu principal instrumento de investigação é o inquérito civil, para cuja instrução lhe são assegurados extensos poderes. Dentre estes, podem-se citar a notificação da testemunha para prestar depoimento, bem como a possibilidade de se determinar a sua condução coercitiva, no caso de não comparecimento injustificado; a requisição de documentos, informações, certidões, exames e perícias de autoridades, entidades ou órgãos da Administração Direta ou Indireta; a requisição temporária de serviços e de servidores da Administração Pública e dos meios necessários para a realização de atividade específica; a requisição de informações e documentos a entidades privadas; a realização de inspeção e de diligências investigatórias junto a autoridades, órgãos ou entidades da Administração Direta ou Indireta; o acesso livre a qualquer local público ou privado, desde que respeitadas as normas constitucionais que garantem a inviolabilidade de domicílio; a expedição de notificações e intimações necessárias aos procedimentos e inquéritos civis que instaurar; o acesso a qualquer banco de dados de caráter público ou relativo a

---

VI – praticar atos administrativos executórios, de caráter preparatório; VII – dar publicidade dos procedimentos administrativos não disciplinares que instaurar e medidas que adotar; [...] IX – ter acesso incondicional a qualquer banco de dados de caráter público ou relativo a serviço de relevância pública; X – requerer ao órgão judicial competente: a) a quebra de sigilo bancário e das comunicações telefônicas, para fins de investigação criminal ou instrução processual penal, instrução de procedimento administrativo preparatório de inquérito civil ou de ação civil, bem como manifestar-se sobre representação a ele dirigida para os mesmos fins; [...] § 1º Nenhuma autoridade poderá opor ao Ministério Público, sob qualquer pretexto, a exceção de sigilo, preservado o caráter sigiloso da informação, do registro, do dado ou documento que lhe seja fornecido. § 2º O membro do Ministério Público será responsável pelo uso indevido das informações e documentos que requisitar, inclusive nas hipóteses legais de sigilo. § 3º Serão cumpridas gratuitamente as requisições feitas pelo Ministério Público às autoridades, órgãos ou entidades da administração direta, indireta ou fundacional, de qualquer dos Poderes da União, dos Estados, do Distrito Federal e dos Municípios. § 4º A falta ao trabalho, em virtude de atendimento à notificação ou requisição, na forma do inciso I deste artigo, não autoriza desconto de vencimento ou salário, considerando-se de efetivo exercício, para todos os efeitos, mediante comprovação escrita de membro do Ministério Público. § 5º A falta injustificada e o retardamento indevido do cumprimento das requisições do Ministério Público implicarão na responsabilidade de quem lhe der causa. § 6º As requisições do Ministério Público serão feitas fixando-se prazo razoável de até dez dias úteis para atendimento, prorrogável mediante solicitação justificada. § 7º As notificações e requisições previstas neste artigo, quando tiverem por destinatários o Governador do Estado, os membros da Assembleia Legislativa, os Desembargadores ou os Conselheiros do Tribunal de Contas, serão encaminhadas e levadas a efeito pelo Procurador-Geral de Justiça, dentro do prazo de dez dias úteis, contado do recebimento da solicitação, cabendo às autoridades mencionadas fixar data, hora e local em que puderem ser ouvidas, se for o caso.

serviço de relevância pública; a requisição à autoridade competente de instauração de sindicância ou procedimento administrativo cabível; e a requisição de auxílio da força policial. Também poderá requisitar dados sigilosos relativos à movimentação bancária ou a declarações fornecidas pelos investigados ao fisco, embora quanto a estes existam divergências quanto à possibilidade de requisição direta, ou se há necessidade de autorização judicial, matéria que será objeto de aprofundamento na seção seguinte do presente trabalho.

Dessa forma, a tutela da probidade ultrapassa o âmbito da improbidade administrativa, pois se constitui de uma ampla rede protetiva constitucional e infraconstitucional, dentro da qual a Lei nº 8.429/92 assume importante papel, em função da severa responsabilização prevista em seus dispositivos. O Ministério Público é um dos legitimados para esta tutela, a qual alcança tanto os atos que causam prejuízo patrimonial ao Estado, como também os atos onde este prejuízo está ausente, em especial aqueles atentatórios aos princípios aplicáveis à Administração Pública, como os da legalidade, impessoalidade, moralidade, publicidade e eficiência, ensejando a reparação moral da própria Administração e da sociedade. Nesta esfera, a improbidade significa a inobservância ao dever de probidade, decorrente de condutas que venham a causar danos materiais ou morais aos bens ou interesses públicos, ofendendo os princípios da boa governança, por desonestidade do agente público no trato do patrimônio público, ou por ineficiência ou incompetência em sua gestão.

Nesse contexto, estando verificada hipótese de atuação do Ministério Público, surge um poder-dever da Instituição de responsabilização dos agentes públicos e de defesa da probidade e do patrimônio público, o qual pode ser exercido através do inquérito civil, para cuja instrução são previstos extensos poderes investigatórios. Na rede de tutela à probidade, este poder-dever investigatório do Ministério Público assume importante função para a efetivação dos direitos sociais, para cuja implementação é reconhecida a necessidade de intervenção estatal, no sentido de zelar pelo direito de todos a uma administração proba, que bem utilize os escassos recursos da sociedade para o bem comum. Neste sentido, a atuação do Ministério Público pode ser tanto preventiva, quanto reparatória ou repressiva aos atos atentatórios à probidade e à boa governança, abrangendo a busca de dados, informações, depoimentos, documentos e perícias acerca da autoria e dos eventuais danos causados ao patrimônio público, a fim de obter os elementos de convicção necessários para a promoção das medidas cabíveis no desempenho da tutela que lhe foi outorgada.

4. Limites à Investigação Cível do Ministério Público na Tutela da Probidade Administrativa

O Ministério Público dispõe atualmente de uma ampla legitimidade para a promoção da tutela da probidade administrativa, advinda de previsão constitucional e de inúmeras leis infraconstitucionais. A Constituição de 1988 conferiu ao Ministério Público autonomia e independência para o exercício de suas funções, ao retirá-lo da esfera dos Poderes Executivo e Judiciário, como havia constado em várias constituições brasileiras anteriores, definindo-o como instituição permanente, essencial à função jurisdicional do Estado, incumbida de defesa da ordem jurídica, do regime democrático e dos interesses sociais e individuais indisponíveis. Para tanto, outorgou a seus membros as garantias da vitaliciedade, da inamovibilidade e irredutibilidade de vencimentos. A Constituição ainda previu o acesso à Instituição mediante concurso público de provas e títulos, garantindo a igualdade de oportunidades para o ingresso na carreira ministerial, bem como a seleção dos candidatos mais preparados para o exercício do cargo.

Esta evolução institucional trazida pela Constituição de 1988 foi consequência do modelo de Estado Social e Democrático de Direito por ela adotado, no qual, além dos tradicionais direitos fundamentais de primeira dimensão, também chamados de direitos negativos ou de proteção contra o Estado (os direitos às liberdades), foram reconhecidas novas dimensões de direitos fundamentais, os direitos econômicos e sociais (segunda dimensão) e os direitos de solidariedade (terceira dimensão). A atual Carta Magna ainda estabeleceu expressamente a aplicabilidade imediata dos direitos fundamentais, bem como o caráter exemplificativo destes, não excludente de outros direitos fundamentais previstos em seu texto, embora fora do título específico, decorrentes do regime e dos princípios adotados pela própria Constituição, ou oriundos dos tratados internacionais em que a República Federativa do Brasil seja parte. Assim, as novas dimensões de direitos fundamentais passaram a exigir uma nova postura do Estado para sua implementação, isto é, a mudança de sua conduta de abstenção ligada aos direitos liberais burgueses tradicionais, para uma postura positiva ou interventiva, dirigida à concretização dos direitos de segunda e terceira dimensões trazidos no texto constitucional.

Para a implementação dos direitos fundamentais sociais, econômicos e de solidariedade, os constituintes de 1988 não se contentaram em apenas declarar a eficácia imediata dos direitos fundamentais, aguardando a atuação do Poder Executivo no sentido de sua concretização; eles preferiram reconhecer constitucionalmente os instrumentos do inquérito civil e da ação civil pública já previstos pela legislação ordinária, outorgando ao Ministério Público legitimidade constitucional para sua utilização, na proteção do patrimônio público e social, do meio ambiente e de outros interesses difusos e coletivos. Esta postura revelou o sentimento dos constituintes de que a teoria do processo civil tradicional, de índole individualista, não se revelava mais suficiente para a solução dos novos litígios surgidos na transição do modelo de Estado Liberal para o Social, que passou a exigir a coletivização dos litígios para a implementação dos direitos difusos e coletivos *lato sensu*. Assim, os instrumentos do inquérito civil e da ação civil pública vieram a receber *status* constitucional, o qual também foi estendido à legitimidade do Ministério Público para suas promoções, em virtude de sua condição de órgão independente e autônomo, dotado das prerrogativas e garantias necessárias para o desempenho de seus novos misteres constitucionais e democráticos.

No que se refere às investigações cíveis do Ministério Público, além de reconhecer sua legitimidade para promover o inquérito civil, a fim de apurar a prática de atos ilícitos lesivos ao patrimônio público e a outros interesses difusos e coletivos, a Constituição de 1988 conferiu ao Ministério Público importantes poderes para sua instrução, tais como a possibilidade de expedição de notificações, de requisição de documentos e informações, os quais foram ampliados pela Lei Complementar nº 75/93 (Estatuto do Ministério Público da União) e pela Lei nº 8.625/93 (Lei Orgânica Nacional do Ministério Público), com base em expressa previsão constitucional. Outras leis infraconstitucionais também trouxeram dispositivos acerca da legitimidade investigatória do Ministério Público, com a outorga de relevantes poderes para tanto, em especial a Lei nº 7.347/85 (Lei de Ação Civil Pública) e a Lei nº 8.078/90 (Código de Defesa do Consumidor) e, no campo específico da tutela da probidade administrativa, a Lei nº 8.429/92 (Lei de Improbidade Administrativa).

Esse arcabouço constitucional e legal permitiu que o Ministério Público viesse a exercer atividades investigatórias inovadoras na esfera cível, dentre as quais se destaca a tutela da probidade administrativa. Nesta área, visa garantir o direito à boa governança ou à administração proba, que utilize com eficiência os escassos recursos da sociedade para o bem comum, ao invés de desviá-los para a obtenção de vantagens e privilégios pessoais dos governantes e de seus familiares ou protegidos, em detrimento da implementação dos direitos fundamentais sociais (educação, saúde, moradia, segurança, previdência social, dentre outros) e, por consequência, da garantia da dignidade da pessoa humana. Assim, a presença de hipótese de atuação relativa à prevenção ou repressão aos atos de improbidade administrativa previstos pelos arts. 9º, 10º e 11, da Lei nº 8.429/92, à busca de ressarcimento ao erário ou à anulação de ato lesivo aos princípios da Administração Pública, gera um poder-dever de atuação do Ministério Público na tutela da probidade administrativa, que muitas vezes começa a ser cumprido com a instauração de inquérito civil ou de outra espécie de procedimento investigatório adequado.

Assim, principalmente a partir de meados da década de 1990, é inegável que o Ministério Público veio a desempenhar uma importante função investigatória na tutela da probidade administrativa, principalmente na área de prevenção e repressão aos denominados atos de improbidade administrativa previstos pela Lei nº 8.429/92. Esta função gerou milhares de investigações presididas e conduzidas por Promotores de Justiça e Procuradores da República, no país, a qual contribuiu para o fortalecimento do direito da sociedade à boa governança e ou à probidade administrativa, com a apuração de responsabilidades de inúmeros administradores públicos e políticos. Muitas delas resultaram na promoção das respectivas ações judiciais repressivas e de defesa do patrimônio público, na esfera da improbidade administrativa, de mero ressarcimento ao erário ou de anulação dos atos lesivos aos princípios da Administração Pública.

Por outro lado, a atuação investigatória do Ministério Público na tutela da probidade administrativa tem gerado muitas críticas e resistências, advindas de políticos e de administradores públicos alvos das investigações, que reclamam de eventuais abusos e excessos nestas cometidos, com repercussão na imprensa e na própria sociedade. Em alguns casos, a exposição dos investigados no noticiário nacional tem dado margem ao que alguns críticos têm denominado "espetacularização" das investigações ministeriais, ao aludirem a supostas agressões à vida privada, à intimidade, à honra e à imagem dos investigados, todas manifestações do direito fundamental à privacidade constitucionalmente tutelado. Também não se pode deixar de mencionar as insurgências existentes contra determinadas diligências investigatórias realizadas pelo Ministério Público, que muitos entendem ofensivas aos direitos fundamentais dos investigados já mencionados. Nestes últimos casos, o acesso a matérias sigilosas pelo Ministério Público, seja diretamente ou através de autorização judicial e, em especial, a posterior utilização e divulgação dos dados de movimentações bancárias dos investigados, estão no centro da polêmica.

Dessa forma, a discussão acerca de eventuais excessos nas investigações do Ministério Público, na tutela da probidade administrativa, envolve um possível, mas não necessário, conflito de direitos; de um lado os direitos fundamentais difusos protegidos pelo Ministério Público em suas investigações, em decorrência do direito de toda a sociedade à boa governança ou à probidade administrativa, que visa resguardar o patrimônio público e a garantia da aplicação dos escassos recursos públicos na concretização dos direitos fundamentais sociais; de outro lado, situam-se a vida privada, a intimidade, a honra e a imagem dos investigados, cujas manifestações têm sido englobadas pela doutrina sob a denominação de direito fundamental à privacidade. Esta suposta tensão ganha repercussão na imprensa, que cada vez mais tem demonstrado interesse na divulgação de fatos relativos a eventuais desvios na gestão pública realizados por políticos e administradores, expondo ao amplo debate público a conduta destes, o que adquire importância na medida em que se busca o aperfeiçoamento da prática democrática em nosso país.

Por esses motivos, entende-se pertinente e necessária a identificação de limites nas investigações cíveis do Ministério Público de tutela da probidade, pois, se estas têm por objetivo defender direitos fundamentais da sociedade, não podem, por outro lado, ofender direitos também fundamentais dos investigados. Embora não seja possível esgotar o tema no presente trabalho, propõe-se seguir o exame de alguns aspectos que se entendem relevantes.

O primeiro desses aspectos refere-se aos requisitos mínimos necessários à instauração do inquérito civil ou de outra espécie de investigação ministerial pertinente, o qual possui íntima relação tanto com o princípio da obrigatoriedade, decorrente da titularidade da sociedade dos direitos tutelados pelo Ministério Público, quanto com o direito à privacidade dos investigados. O segundo ponto proposto, seguindo uma sequência lógica do primeiro, diz respeito à publicidade ou ao sigilo das investigações ministeriais na tutela da probidade, se satisfazem os requisitos mínimos para sua instauração. Apesar de que a publicidade ou o sigilo da investigação eventualmente possam não interferir em seu curso, esta questão traz reflexos diretos às pessoas dos investigados e à sociedade. Os cidadãos têm interesse no conhecimento dos fatos relacionados à gestão dos órgãos públicos por seus representantes, cuja divulgação também desperta o interesse da imprensa, podendo ter efeitos na esfera da privacidade dos investigados. Neste aspecto, embora a maior parte da doutrina reconheça a aplicabilidade do princípio constitucional da publicidade às investigações ministeriais, muitos doutrinadores admitem duas hipóteses de sigilo. Estas são baseadas na analogia com normas processuais penais: no caso do sigilo se revelar necessário para o bom andamento das investigações, isto é, para o atendimento do interesse público; ou quando o sigilo for exigido pelo interesse na preservação da privacidade dos investigados, ou seja, no interesse privado destes.

Afora a adequação, ou não, do embasamento legal destas duas hipóteses de sigilo à tutela coletiva, parece também pertinente examiná-las no que se refere especificamente às investigações de atos ímprobos, onde a discussão sobre eventuais condutas ilícitas de políticos e administradores públicos traz consigo um interesse público relevante, tendo em vista a continuidade e aperfeiçoamento do processo democrático, a prevenção de futuros abusos de autoridade, o fortalecimento da ideia de responsabilidade oriunda do princípio republicano, além do respeito às liberdades de comunicação, de imprensa e de expressão. Deve-se salientar, no entanto, que as hipóteses de sigilo referidas não esgotam o assunto, pois a doutrina ainda se refere à necessidade de sigilo das investigações quanto a questões relativas à segurança nacional. No entanto, esta última hipótese propositalmente não será tratada no presente trabalho, para não retirá-lo de seu foco principal, referente às investigações de tutela da probidade administrativa e seus possíveis conflitos com direitos fundamentais individuais dos investigados.

Por fim, ainda se pretende examinar uma terceira questão quanto aos limites das investigações do Ministério Público, referente a uma das diligências instrutórias que mais levanta polêmica, sendo, por algumas vezes, inclusive objeto de abusos: a quebra do sigilo da movimentação bancária dos investigados. Neste ponto, a identificação das hipóteses de quebra de sigilo bancário cabíveis, dos dados e movimentações bancárias não cobertos pelo sigilo, o exame da possibilidade de requisição direta destas informações pelo Ministério Público, das regras referentes à manutenção e utilização destas, constituem aspectos onde os direitos fundamentais objeto de proteção através das investigações do Ministério Público podem gerar uma tensão com o direito fundamental à privacidade dos investigados.

Estando assim devidamente identificados os três pontos que orientarão a quarta seção do presente trabalho, bem seus objetivos, considerando que a investigação cível de tutela da probidade administrativa já foi descrita e examinada na seção anterior, far-se-á também necessário descrever a origem e o embasamento constitucional do direito fundamental à privacidade, abrangendo a vida privada, a intimidade, a honra e a imagem dos investigados, a fim de se identificar o atual sentido que lhe é conferido pela doutrina. Estas premissas relativas ao direito fundamental à privacidade, em especial quanto aos ocupantes de cargos ou funções públicas, poderão traçar quais são os limites nas investigações ministeriais de tutela da probidade administrativa, no que se refere aos pontos propostos: os requisitos mínimos para a instauração ou início das investigações cíveis do Ministério Público na tutela da probidade administrativa, sob a ótica do princípio da obrigatoriedade; a publicidade e as hipóteses de sigilo destas investigações; a abrangência do sigilo bancário e a possibilidade, ou não, de requisição direta da movimentação bancária dos investigados pelo Ministério Público, durante a instrução do inquérito civil, além das regras referentes à manutenção, utilização e divulgação destes dados obtidos nas investigações.

4.1. O direito fundamental à privacidade

A Constituição de 1988 estabelece que são invioláveis a intimidade, a vida privada, a honra e a imagem das pessoas (art. 5º, inc. X),[62] conferindo a estes relevantes valores humanos a condição de

---

[62] O art. 5º, inc. X, da Constituição de 1988, assim estabelece: "Art. 5º Todos são iguais perante a lei, sem distinção de qualquer natureza, garantindo-se aos brasileiros e aos estrangeiros residentes no País a inviolabilidade do direito à vida, à liberdade, à igualdade, à segurança e à propriedade, nos seguintes termos: [...] X – são invioláveis a intimidade, a vida privada, a honra e a imagem das pessoas, assegurado o direito à indenização pelo dano material ou moral decorrente de sua violação; [...]."

direitos fundamentais individuais. Em virtude desses direitos não constarem no *caput* do mesmo artigo, José Afonso da Silva os considera como conexos ao direito à vida, isto é, como manifestações deste. Segundo o mesmo autor, embora a doutrina reputasse a vida privada, a honra e a imagem das pessoas como manifestações do direito da intimidade, a Constituição veio a distingui-los, trazendo uma terminologia imprecisa. Por isto, sustenta ser preferível utilizar "a expressão direito à privacidade, num sentido genérico e amplo, de modo a abarcar todas essas manifestações da esfera íntima, privada e da personalidade, que o texto constitucional em exame consagrou" (Silva, 2007, p. 205-206), cujo vocábulo possui origem anglo-saxônica (*right of privacy*). Assim, de acordo com esta ótica, o direito fundamental à privacidade, englobando a intimidade, a vida privada, a honra e a imagem das pessoas, é uma manifestação do direito fundamental à vida.

Segundo Pérez Luño, "a honra, a intimidade e a própria imagem têm sido consideradas pela teoria jurídica tradicional como manifestações dos direitos da personalidade, e no sistema atual dos direitos fundamentais como expressões do valor da dignidade humana"[63] (Pérez Luño, 2005, p. 323, tradução nossa). Neste aspecto, a dignidade tem sido entendida como valor básico fundamentador dos direitos humanos que visam a satisfazer as necessidades das pessoas na esfera moral, representando o princípio legitimador dos direitos da personalidade, tanto como garantia negativa, de que a pessoa não seja objeto de ofensas ou humilhações, como quanto garantia positiva do pleno desenvolvimento da personalidade de cada indivíduo (Pérez Luño, 2005, p. 324-325).

A origem histórica do direito à privacidade está ligada ao surgimento da burguesia, a qual passou a aspirar à possibilidade de isolamento, que no período medieval era privilégio apenas das altas esferas da nobreza, ou daqueles que por eleição, ou necessidade, renunciavam à vida comunitária (monges, pastores, bandidos...). Esta possibilidade de reserva da vida privada foi potencializada pelas novas condições de vida advindas no período moderno, onde aparece uma nítida divisão entre o ambiente de trabalho e a residência particular, decorrente do desenvolvimento dos centros urbanos. Para tanto, a ideologia burguesa considerou que a melhor forma para defender os direitos da personalidade (a honra, o nome, a ima-

---

[63] El honor, la intimidad y la propria imagen han sido considerados por la teoría jurídica tradicional como manifestaciones de los derechos de la personalidad, y en el sistema actual de los derechos fundamentales como expresiones del valor de la dignidad humana. (Pérez Luño, 2005, p. 323)

gem, o segredo de correspondência...) seria considerá-los como objetos da propriedade privada, a fim de que fossem estendidos a eles os instrumentos de tutela do direito de propriedade. Assim, a ideia moderna de intimidade surgiu com nítidos traços individualistas, de caráter exclusivo e excludente, características estas semelhantes ao direito de propriedade (Pérez Luño, 2005, p. 327-328). De outro lado, a continuidade entre as noções de privacidade e propriedade extrapola o plano jurídico-formal, revelando-se também no plano fático, onde a propriedade é condição para acessar a intimidade, restringindo seu desfrute a grupos seletos:

> [...] A continuidade entre *privacy* e *property* não é puramente jurídico-formal, senão a propriedade é condição para acessar a intimidade; neste sentido se pode aludir, com razão, a que "poverty and privacy are simply contradictoires". É que, com efeito, resulta evidente que a idéia burguesa de intimidade está pensada para seu desfrute por grupos seletos, sem que, em consequência, exista uma inquietude para fazê-la chegar aos extratos mais humildes da população. As condições materiais de vida em que se desenvolve a revolução industrial excluem os obreiros da intimidade [...][64] (Pérez Luño, 2005, p. 328, tradução nossa, grifo do autor).

De acordo com essas coordenadas, o direito à intimidade surge como direito à solidão, à reserva e ao isolamento. Embora seu nascimento tenha coincidido com a afirmação revolucionária dos direitos do homem, "não supôs, na sociedade burguesa, a realização de uma exigência natural de todos os homens, mas sim a consagração do privilégio de uma classe"[65] (Pérez Luño, 2005, p. 328, tradução nossa).

Cerca de um século após, "o *right to be alone* (o direito de ser deixado em paz) foi postulado, como precedência histórica, em 1890, nos Estados Unidos (Warren/Brandeis, *The Right to Privacy*),[66]

---

[64] [...] La continuidad entre *privacy* y *property* no es puramente jurídico-formal, sino que la propriedad es la condición para acceder a la intimidad; en este sentido se ha podido aludir, con razón, a que " poverty and property are simply contradictoires". Y es que, en efecto, resulta evidente que la idea burguesa de la intimidad está pensada para su disfrute por grupos selectos sin que, en consecuencia, exista una inquietud para hacerla llegar a los estratos más humildes de la población. Las condiciones materiales de vida en que se desarrolla la revolución industrial excluyen a los obreros de la intimidad [...]. (Pérez Luño, 2005, p. 328, grifo do autor)

[65] [...] no supuso en la sociedad burguesa la realización de una exigencia natural de todos los hombres, sino la consagración del privilegio de una clase. (Pérez Luño, 2005, p. 328)

[66] Convém ressaltar que os motivos para a construção da tese jurídica acerca do conceito de *privacy* não foram desinteressados. Na época, Warren, um dos autores do trabalho pioneiro, era casado com a filha do senador Bayard, de uma família prestigiada de Boston, sendo que levava uma vida dispendiosa e desordenada, a qual despertava o assédio da imprensa. Buscava, então, deixar a alta burguesia a salvo das críticas e indiscrições da imprensa, que então começava a desempenhar um papel importante nos Estados Unidos (Pérez Luño, 2005, p. 329-330).

como reflexo de um bem jurídico mais estabelecido e incontroverso (a propriedade no direito anglo-saxão, função que coube à honra no direito germânico)" (Weingartner Neto, 2002, p. 69). Naquela obra, Samuel D. Warren e Louis D. Brandeis trouxeram as bases jurídicas para a noção de *privacy*, consistentes no direito de estar só e de ser deixado em paz (*to be let alone*), as quais constituíram uma garantia do indivíduo à proteção de sua pessoa e à segurança relativamente a quaisquer invasões do sagrado recinto de sua vida privada e doméstica. Posteriormente, Brandeis foi nomeado juiz da Suprema Corte dos Estados Unidos e, em 1928, proferiu famoso voto dissidente no caso *Olmstead v. United States*, reconhecendo o direito constitucional à intimidade, consistente na proteção do indivíduo contra qualquer intromissão indevida do governo em sua esfera privada, o qual classificou como o mais amplo e mais estimado direito dos homens civilizados (Pérez Luño, 2005, p. 329, 355). Embora a aplicação da nova doutrina somente tenha ocorrido nas cortes baixas de Nova Iorque, em 1939, a opinião pública americana já havia se posicionado ao lado dos vencidos, o que significou a inabalável adoção do conceito de privacidade (Weingartner Neto, 2002, p. 69), com papel ambivalente: de um lado conservador, com a finalidade de impedir os poderes públicos de obterem informações pessoais e econômicas com o propósito de aumentar a arrecadação fiscal; de outro lado, progressista, tendo a função de "reagir contra a acumulação de dados destinados ao controle de comportamentos ideológicos com fins discriminatórios"[67] (Pérez Luño, 2005, p. 330, tradução nossa).

Com a evolução tecnológica que culminou na presente era da informática, os meios para a devassa da privacidade alheia foram incrementados (teleobjetivas, microgravadores etc.), assim como as possibilidades de divulgação da esfera de privacidade alheia (rádio, televisão, *internet* etc.). A formação de sofisticados bancos de dados pessoais no âmbito privado, que chegam a ser comercializados entre grandes empresas, para o estabelecimento do perfil dos consumidores e divulgação de seus produtos, também trouxe novas modalidades de agressões ao direito à privacidade. Além disso, o surgimento de poderosos conglomerados de comunicação privados contribuiu para limitação da esfera da intimidade, trazendo um contrassenso no tratamento da questão referente à privacidade, pois tornou necessária a sua proteção pela ação do poder público,

---

[67] [...] reaccionar contra la acumulación de datos destinados al control de comportamientos ideológicos con fines discriminatorios. (Pérez Luño, 2005, p. 330).

contra o qual originariamente surgiram os direitos fundamentais de primeira dimensão.

Esta realidade de potencial exposição da privacidade veio a agregar-lhe uma nova característica, deixando assim de ser apenas o direito de estar só ou de ser deixado em paz, para assumir também uma dimensão nas relações sociais, referente ao conhecimento e controle dos indivíduos sobre as informações que lhes dizem respeito. Esta recente dimensão social do direito à privacidade, acrescentou-lhe novas conexões com o conceito de dignidade da pessoa humana, vindo a identificá-lo com as noções de liberdade e de democracia, ambas relativas às possibilidades de participação na sociedade contemporânea, conforme sintetiza Pérez Luño:

> [...] Em nossa época resulta insuficiente conceber a intimidade como um direito garantista (*status* negativo) de defesa contra qualquer invasão indevida da esfera privada, sem contemplá-la, ao mesmo tempo, como um direito ativo de controle (*status* positivo) sobre o fluxo de informações que afetam a cada sujeito. [...] Em nossos dias, junto a sua conexão tradicional, já comentada, com o valor da *dignidade*; se identifica a intimidade com a própria noção da *liberdade*, enquanto define as possibilidades reais de autonomia e participação na sociedade contemporânea; e inclusive, quando é concebida pelos indivíduos e grupos como faculdade de controle das informações que lhes concernem, aparece como uma condição para a convivência política democrática, que se confunde com a defesa da *igualdade* de direitos.[68] (Pérez Luño, 2005, p. 336, tradução nossa, grifo do autor)

Embora a Constituição tenha reconhecido diferentes manifestações do direito à privacidade, a distinção entre estas traz dificuldades. Exemplo disso é que o direito à intimidade normalmente é considerado sinônimo do direito à privacidade, em que pese a Constituição tenha separado a intimidade de outras manifestações da privacidade (Silva, 2007, p. 206). No entanto, pode-se conceituar o direito à intimidade como o direito individual de estar só, de resguardar uma esfera secreta de sua vida particular, excluindo-a do conhecimento dos demais. Abrange a proteção da uma esfera de segredo de foro moral e íntima do indivíduo, incluindo-se nela inviolabilidade de domicílio, o sigilo da correspondência e o segredo

---

[68] [...] En nuestra época resulta insuficiente concebir la intimidad como un derecho garantista (*status* negativo) de defensa frente a cualquier invasión indebida de la esfera privada, sin contemplarla, al proprio tiempo, como un derecho activo de control (*status* positivo) sobre el flujo de informaciones que afectan a cada sujeto. [...] Em nuestros días, junto a su conexión tradicional, ya comentada, con el valor de la *dignidad*; se identifica la intimidad con la propria noción de la *libertad*, en cuanto define las posibilidades reales de autonomía y de participación en la sociedad contemporánea; e incluso, cuando se la concibe como facultad de control de las informaciones que les conciernen por parte de los individuos y los grupos, aparece como una condición para la convivencia política democrática, que se confunde con la defensa de la *igualdad* de derechos. (Pérez Luño, 2005, p. 336, grifo do autor)

profissional, cujas manifestações não esgotam a esfera da intimidade, que atualmente também inclui "um direito de participação e de controle nas informações que dizem respeito a cada pessoa"[69] (Pérez Luño, 2005, p. 339, tradução nossa).

A mesma dificuldade de conceituação surge no que se refere ao direito à vida privada, que em muito se aproxima da noção de intimidade. Contudo, em razão da distinção dos dois conceitos realizada pela Constituição de 1988, passou-se a entender a vida privada como o direito a viver sua própria vida, compreendo tanto o aspecto interior desta, como o exterior. Assim, a tutela constitucional alcança as pessoas no que se refere ao segredo da vida privada e à liberdade da vida privada:

> [...] O segredo da vida privada é condição de expansão da personalidade. Para tanto, é indispensável que a pessoa tenha ampla liberdade de realizar sua vida privada, sem perturbação de terceiros. São duas variedades principais de atentados ao *segredo da vida privada*, nota Kayser: a *divulgação*, ou seja, o fato de levar ao conhecimento do público, ou a pelo menos de um número indeterminado de pessoas, os eventos relevantes da vida pessoal e familiar; a *investigação*, isto é, a pesquisa de acontecimentos referentes à vida pessoal e familiar; envolve-se aí também a proteção contra a *conservação* de documento relativo à pessoa, quando tenha sido obtido por meios ilícitos. O autor ressalta o fato hoje notório de que o segredo da vida privada é cada vez mais ameaçado por investigações e divulgações ilegítimas por aparelhos registradores de imagens, sons e dados, infinitamente sensíveis aos olhos e ouvidos. (Silva, 2007, p. 208-209, grifo do autor)

Os direitos à honra e à imagem das pessoas, também declarados invioláveis na Constituição (art. 5º, inc. X), inserem-se no âmbito dos direitos à personalidade, porém mantém ligações com o direito à privacidade em decorrência do direito ao segredo quanto aos fatos atentatórios à dignidade da pessoa humana. A honra é definida por José Afonso da Silva como "o conjunto de qualidades que caracterizam a dignidade da pessoa, o respeito dos concidadãos, o bom nome, a reputação" (Silva, 2007, p. 209). Weingartner Neto, por sua vez, refere um conceito normativo-pessoal da honra, no qual esta é definida como bem jurídico complexo, que inclui tanto o valor interior de cada indivíduo, referente a sua dignidade, quanto a própria reputação ou consideração exterior (Weingartner Neto, 2002, p. 60). Já a inviolabilidade da imagem das pessoas se refere à proteção do aspecto físico, que também reflete a personalidade moral do indivíduo e sua necessidade de isolamento, bem como a liberdade deste para decidir acerca de sua participação na sociedade.

---

[69] [...] un derecho de participación y de control en las informaciones que conciernen a cada persona. (Pérez Luño, 2005, p. 339)

Entretanto, esses conceitos não afastam o caráter unitário da intimidade, da vida privada, da honra e da imagem das pessoas, que possuem tanto uma dimensão individual íntima, representada pela faculdade de isolamento, como também compreendem o direito social de participação e de controle das informações que se referem a cada pessoa. Assim, a inviolabilidade da intimidade, da vida privada, da honra e da imagem das pessoas, garantidas por nosso texto constitucional, podem ser consideradas como uma pluralidade de manifestações ou modalidades do direito à privacidade, seguindo "a tendência, hoje dominante, na jurisprudência e na doutrina estrangeiras que, como se viu ao tratar da *privacy*, propende a englobar em um direito único e omnicompreensivo os distintos instrumentos de tutela jurídica da vida privada"[70] (Pérez Luño, 2005, p. 337, tradução nossa, grifo do autor).

Por fim, é de se destacar que a positivação constitucional brasileira acerca das diversas manifestações do direito à privacidade não foi objeto de disciplina taxativa ou fechada, mas consistiu na elaboração de fórmulas genéricas, tal como ocorreu na Constituição da Espanha, razão pela qual estas Constituições não admitem a interpretação rígida, impeditiva de novas possibilidades de intervenções do direito à privacidade, inimagináveis à época de sua promulgação. Diante disto, revela-se um importante papel da magistratura na contínua tarefa de atualização dos preceitos relativos ao direito à privacidade, através de uma interpretação evolutiva da Constituição e da legislação que o desenvolve, aplicável tanto nas relações entre o Estado e os indivíduos, como nas relações entre os particulares (Pérez Luño, 2005, p. 332-333, 340-341), tendo em vista a eficácia imediata e *erga omnes* dos direitos fundamentais. Neste sentido, a incidência dos usos sociais na delimitação do conteúdo do direito à privacidade auxilia na definição de seus imprecisos limites, de acordo com o contexto histórico em que se encontra inserido. Assim, no caso de pessoas que exercem cargos públicos se revela reduzida a esfera de privacidade, conforme será abordado mais adiante, na subseção relativa à divulgação das investigações cíveis do Ministério Público, especificamente no que se refere ao exame da hipótese de sigilo destas para a preservação da privacidade dos investigados.

---

[70] [...] la tendencia, hoy dominante, en la jurisprudencia y la doctrina extranjeras que, como se ha visto al tratar de *privacy*, propende a englobar en un derecho único y omnicomprensivo los distintos instrumentos de tutela jurídica de la vida privada. (Pérez Luño, 2005, p. 337, grifo do autor)

4.2. As investigações cíveis sob a ótica do princípio da obrigatoriedade

O Ministério Público possui liberdade na presidência do inquérito civil, seja para determinar quais atos instrutórios devam ser realizados para o esclarecimento dos fatos apurados, ou o momento de sua produção, seja para indeferir pedidos de produção de provas formulados pelos interessados que julgar impertinentes, ou para estabelecer se a investigação correrá sob caráter sigiloso ou não. A Instituição também possui liberdade para a escolha dos meios processuais adequados para o exercício de suas atribuições. Todavia, isto não implica a faculdade do Ministério Público decidir se vai ou não agir, pois esta liberdade é regrada pela lei. Estando verificada hipótese de sua atuação, não pode o Ministério Público deixar de tomar as providências que estejam a seu alcance, seja instaurando o inquérito civil ou outro procedimento administrativo cabível, seja ingressando com a ação civil pública, ou celebrando termo de ajustamento de conduta, em decorrência do dever constitucional de agir na tutela coletiva que lhe foi outorgado (art. 129, incs. III e VI, da Constituição de 1988).

Desse dever imposto ao Ministério Público decorre o princípio da obrigatoriedade, o qual foi adotado no campo de sua atuação na ação civil pública e no inquérito civil, segundo o qual "se o Ministério Público não tem discricionariedade para agir ou deixar de agir quando *identifica* a hipótese de atuação, ao contrário, tem liberdade para apreciar *se ocorre hipótese* em que sua ação se torna obrigatória" (Mazzilli, 2008, p. 238, grifo do autor), isto é, possui independência para examinar os elementos de convicção que vier a obter, para então concluir acerca da existência, ou não, de hipótese que exija sua atuação. Por isso, pode-se afirmar que do dever de agir do Ministério Público nas hipóteses onde seja verificada a violação a interesses transindividuais, que antecede o próprio direito de agir, decorrem a obrigatoriedade e a indisponibilidade de sua atuação.

Os fundamentos do dever de atuação do Ministério Público no campo da tutela coletiva decorrem da própria natureza dos interesses metaindividuais protegidos, cuja titularidade não lhe pertence, embora lhe tenha sido outorgada legitimidade para defendê-los pela Constituição de 1988 e pela legislação infraconstitucional. Assim, o fato de não ser o titular dos interesses cuja defesa lhe foi confiada, impede o Ministério Público de se abster de promover a sua proteção, ou mesmo de transacionar acerca deles, na acepção civilista tradicional deste último termo, que indica transação mediante concessões recíprocas. Contudo, conforme sustenta Paulo de Tarso Brandão, nada obsta que o Ministério Público venha a transacionar na fase investigatória, ou mesmo em sede de ação civil pública, desde que aí o termo "transação" seja compreendido sob a ótica própria da tutela coletiva, que significa "ajustamento de condutas", o qual é previsto pelo art. 5º, § 6º, da Lei nº 7.347/85 (Brandão, 1996, p. 134-135), sendo admitido nos casos em que em obtenha quase tudo o que seria ou é buscado na lide, ajustando-se apenas o prazo para a recomposição do dano, os valores patrimoniais relativos ao eventual ressarcimento ou uma forma alternativa para o atendimento dos interesses transindividuais protegidos.

No campo da improbidade administrativa, em que pese a vedação expressa acerca da possibilidade de "transação, acordo ou conciliação" prevista pelo § 1º do art. 17 da Lei nº 8.429/92, que reforça a indisponibilidade dos interesses envolvidas nas ações que regula, o termo "transação" lá empregado pode ser interpretado em sua acepção tradicional civilista, não impedindo, em tese, a possibilidade de celebração de "ajustamento de condutas". Todavia, esta possibilidade de transação típica da tutela coletiva tem seu âmbito bastante reduzido no campo da improbidade, pois não resulta possível a aceitação consensual pelos investigados, com a posterior aplicação das sanções da perda da função pública, da suspensão dos direitos políticos ou da proibição de contratar com o Poder Público, previstas nos incisos do art. 12 da Lei, sem a intervenção judicial. Assim, de pouco adianta o ajustamento de condutas quanto ao ressarcimento do dano e à devolução dos valores indevidamente recebidos, ou mesmo quanto à aplicação da sanção patrimonial de pagamento de multa civil, pois o agente público ou o terceiro beneficiado responsáveis continuarão sujeitos a sofrer uma ação judicial para a aplicação das demais sanções referidas, podendo apenas o ajustamento ser considerado como circunstância atenuante na fixação judicial das reprimendas do aludido art. 12, o que não constitui vantagem interessante o suficiente para sua celebração.

Apesar do princípio da obrigatoriedade não estar expressamente previsto na legislação no que se refere ao dever de instauração do inquérito civil, Rogério Pacheco Alves sustenta que sua adoção referente às investigações do Ministério Público decorre não somente em razão da indisponibilidade dos interesses envolvidos na ação civil pública, mas em razão do rígido sistema de arquivamento do inquérito civil concebido pelo art. 9º da Lei nº 7.437/85[71] e do *status* constitucional alcançado por tais instrumentos. Assim, estando identificada uma das hipóteses constitucionais ou legais de sua atuação, o Ministério Público não se poderá furtar ao dever de buscar a tutela judicial ou extrajudicial de tais interesses, dentro da qual a instauração do inquérito civil se insere em momento anterior. Daí decorre a relevância do princípio da obrigatoriedade na esfera da tutela coletiva, pois contribui para a eliminação de pretensões insatisfeitas e represadas, razão pela qual este mesmo autor afirma que este princípio "representa um dos mais importantes instrumentos de *acesso à justiça* no campo dos interesses metaindividuais" (Alves; Garcia, 2008, p. 533, grifo do autor).

Todavia, o princípio da obrigatoriedade não impõe ao Ministério Público a propositura de ações civis públicas quanto a qualquer notícia de ofensa a direitos transindividuais que lhe for dirigida, nem mesmo a instauração de inquérito civil para investigar toda irregularidade que lhe for noticiada, permitindo o arquivamento em caso de não ficar verificada hipótese de atuação no término das apurações, ou mesmo o indeferimento da representação, se esta não contiver o mínimo de elementos que permita o início das investigações, estando ambas hipóteses sujeitas ao reexame por órgão colegiado do Ministério Público, nos termos do art. 9º da Lei nº 7.437/85, no primeiro caso por imposição legal e no segundo mediante provocação do interessado.[72]

---

[71] O controle de arquivamento das investigações do Ministério Público é assim previsto na Lei nº 7.347/85: "Art. 9º Se o órgão do Ministério Público, esgotadas todas as diligências, se convencer da inexistência de fundamento para a propositura da ação civil, promoverá o arquivamento dos autos do inquérito civil ou das peças informativas, fazendo-o fundamentadamente. § 1º Os autos do inquérito civil ou das peças de informação arquivadas serão remetidos, sob pena de se incorrer em falta grave, no prazo de 3 (três) dias, ao Conselho Superior do Ministério Público. § 2º Até que, em sessão do Conselho Superior do Ministério Público, seja homologada ou rejeitada a promoção de arquivamento, poderão as associações legitimadas apresentar razões escritas ou documentos, que serão juntados aos autos do inquérito ou anexados às peças de informação. § 3º A promoção de arquivamento será submetida a exame e deliberação do Conselho Superior do Ministério Público, conforme dispuser o seu Regimento. § 4º Deixando o Conselho Superior de homologar a promoção de arquivamento, designará, desde logo, outro órgão do Ministério Público para o ajuizamento da ação.".

[72] Esta possibilidade de recurso do interessado contra o indeferimento da representação reforça o sistema de controle de arquivamento das investigações do Ministério Público, pois seu resultado equivale ao do arquivamento, estando prevista no Estado de Santa Catarina pelo art. 85 da Lei Complementar nº 197, de 13 de julho de 2000 (Lei Orgânica do Ministério Público do Estado de Santa Catarina), que assim dispõe: "Art. 85. A representação para instauração de inquérito civil, que independe de formalidades especiais, será dirigida ao órgão do Ministério Público competente e deverá conter, sempre que possível:I – nome, qualificação e endereço do representante e do autor do fato; II – descrição do fato objeto das investigações; III – indicação dos meios de prova. § 1º Do indeferimento da representação

Como já foi mencionado, a aplicação do princípio da obrigatoriedade no inquérito civil se refere ao exame acerca da existência ou não de hipótese de atuação ministerial para o início das investigações. Primeiramente, este exame compreende a verificação da correlação entre os fatos ilícitos narrados e os interesses ou direitos cuja proteção se encontra dentre as atribuições do Ministério Público, pois de nada adianta o Ministério Público iniciar uma investigação sobre fatos que, ao final, não possa tomar qualquer providência na defesa dos interesses lesados. Estando presente a legitimidade do Ministério Público para atuar, a seguir impõe-se o exame da existência de justa causa para a instauração de inquérito civil, a qual corresponde à presença dos requisitos mínimos que possibilitem o início das investigações, pois não há sentido em se abrir um inquérito civil para se apurar o que posteriormente será investigado.

No que se refere a esses requisitos necessários para o início das investigações, não há a exigência de um substrato probatório mínimo, admitindo-se inclusive que o inquérito civil se inicie com base em notícia idônea de jornal ou revista, desde que contenha a descrição concreta e coerente de fato ilícito determinado, com a indicação de um início de prova acerca deste, que enseje a atuação ministerial. Por idênticas razões, também é aceitável a instauração de inquérito civil com base em denúncia anônima, desde que esta contenha informações concretas e razoáveis acerca de hipótese de atuação do Ministério Público. Neste último caso, contudo, deve-se analisar a notícia com redobrada cautela, pois o anonimato pode esconder eventual conduta eivada de má-fé, impedindo a responsabilização em caso de denunciação caluniosa. Mas esta possibilidade não desqualifica, de plano, a denúncia anônima, pois muitas vezes esta é o único meio de que dispõe um servidor subordinado hierarquicamente para informar ao Ministério Público uma ilegalidade cometida por seu superior, que pode ser um integrante do alto escalão da administração pública, como ocorre em vários casos de improbidade administrativa.

---

de que trata este artigo caberá recurso ao Conselho Superior do Ministério Público no prazo de dez dias, contado da data em que o representante tomar ciência da decisão. § 2º Antes de encaminhar os autos ao Conselho Superior do Ministério Público, o membro do Ministério Público poderá, no prazo de cinco dias, reconsiderar a decisão recorrida." No entanto, a utilidade deste recurso não é reconhecida por Hugo Nigro Mazzilli, o qual afirma que norma semelhante contida na Lei Orgânica do Ministério Público paulista é inócua, sustentando que todo o indeferimento de representação, por equivaler a um arquivamento de peças de informações, deve ser submetido à apreciação do Conselho Superior do Ministério Público, retirando a razão de ser do recurso referido (Mazzilli, 2008, p. 231-233).

Nesse último aspecto, exige-se que o fato a ser investigado seja determinado e suspeito de ilicitude, podendo este também estar descrito em representação formulada por interessado, em cópias de processos judiciais, extrajudiciais ou documentos encaminhados ao Ministério Público, ou que tenha chegado ao conhecimento deste diretamente, isto é, de ofício. Assim, não preenchem este requisito, por exemplo, eventuais notícias relativas à existência de fraudes na comissão de licitações de um Município, ou de desvio de verbas na Secretaria de Saúde de um Estado, se consistirem fatos narrados genericamente, despidos de concretude, os quais impossibilitam a determinação do eventual fato ilícito a ser apurado. De outro lado, mostra-se possível a investigação de fatos relativos à burla da regra do concurso público na contratação de médicos e dentistas pela Secretaria de Saúde de um Município, mesmo que esta implique uma investigação da forma de admissão de todos os servidores ocupantes destes cargos, ou também o pagamento indevido de honorários advocatícios em favor de escritório de advocacia contratado por um Município, mediante indevida hipótese de inexigibilidade de licitação, pois estes exemplos contém hipóteses determinadas de atos ilícitos que permitem a atuação do Ministério Público na defesa de interesses transindividuais.

Tais requisitos servem como limites à atuação investigatória ministerial, em respeito ao direito fundamental da privacidade dos investigados, impedindo a realização de devassas relativas à atuação de agentes públicos ou terceiros sem qualquer fundamento concreto, em especial na esfera da improbidade administrativa, onde muitas vezes os adversários políticos realizam denúncias uns contra os outros sem qualquer suporte jurídico, com o único intuito de provocar alarme na mídia e prejudicar o concorrente político. Assim, no exame da existência de hipótese de atuação investigatória, os limites referidos dão suporte à legalidade na atuação do Ministério Público, pois "este deverá ter consciência de que o simples fato de baixar uma portaria de instauração de inquérito civil trará importantes reflexos na órbita do investigado" (Ferraresi, 2009, p. 84), razão pela qual "não se pode fundar em meras conjecturas ou pressentimentos pessoais do membro do Ministério Público" (Ferraresi, 2009, p. 85), não se podendo considerar válida a afirmação de "quem não deve não teme", pois sua aceitação implicaria a supressão do direito constitucional à privacidade, ao se admitir investigações sem um mínimo suporte fático acerca de eventual ilegalidade.

Em suma, na esfera da tutela da probidade administrativa, a verificação acerca da hipótese de atuação investigatória do Ministério Público está sujeita a limites, relativos ao direito fundamental da privacidade dos investigados. Dessa forma, a instauração do inquérito civil nesta área dependerá da presença de hipótese de atuação relativa à prevenção ou repressão aos atos de improbidade administrativa previstos pelos arts. 9°, 10° e 11, da Lei n° 8.429/92, à busca de ressarcimento ao erário, ou à anulação de ato lesivo aos princípios da Administração Pública, a qual deverá estar baseada na existência de indícios mínimos relativos à prática dos atos ilícitos a serem investigados, consistentes na notícia de fato determinado, descrito de forma coerente e com a indicação de um início probatório, acerca da lesão ou ameaça de lesão a interesses ou direitos difusos juridicamente protegidos.

4.3. Publicidade e hipóteses de sigilo das investigações ministeriais

Estando presentes os requisitos mínimos para a instauração da investigação ministerial de tutela da probidade administrativa, a questão acerca da publicidade ou do sigilo destas assume relevância, embora eventualmente possa não interferir no andamento da investigação. Isto porque a definição acerca da publicidade ou do sigilo da investigação traz reflexos diretos às pessoas dos investigados e à sociedade, pois os cidadãos têm interesse no conhecimento dos fatos relacionados à gestão dos órgãos públicos por seus representantes, cuja divulgação também desperta o interesse da imprensa, podendo ter efeitos na esfera da privacidade dos investigados. Neste aspecto, embora a maior parte da doutrina reconheça a aplicabilidade do princípio constitucional da publicidade às investigações ministeriais, muitos doutrinadores admitem duas hipóteses de sigilo, ambas baseadas na analogia com normas processuais penais: o caso do sigilo se revelar necessário para o bom andamento das investigações, isto é, para o atendimento do interesse público; ou quando o exigir o interesse de preservação da privacidade dos investigados, ou seja, o interesse privado destes. Neste ponto, a identificação dos reflexos do princípio da publicidade nas investigações do Ministério Público permitirá, em um segundo momento, o exame da adequação das hipóteses de sigilo referidas à tutela coletiva, no que se refere especificamente à esfera da probidade administrativa, além da delimitação das possíveis restrições à liberdade de comunicação dos fatos investigados.

4.3.1. O princípio da publicidade e seus reflexos

A compreensão do significado do princípio da publicidade, assim como de seus reflexos no âmbito do direito constitucional brasileiro e, em especial, nas investigações ministeriais de tutela da probidade administrativa, exige o exame da concepção atualmente conferida aos princípios na esfera jurídica. Segundo Jorge Miranda, o Direito não é uma simples soma de regras avulsas, mas um conjunto significativo, que implica coerência e consistência. Para o autor, o Direito se projeta em sistema e "é unidade de sentido, é valor incorporado em norma. E esse ordenamento, esse conjunto, essa unidade, esse valor projecta-se ou traduz-se em princípios, logicamente anteriores aos preceitos" (Miranda, 2009, p. 297).

A relação dos princípios com os valores, sob a ótica da integração destes àqueles, é assim exposta por Karl Larenz: "Os 'princípios jurídicos' não são senão pautas gerais de valoração ou preferências valorativas em relação à idéia de Direito, que todavia não chegam a condensar-se em regras jurídicas imediatamente aplicáveis, mas que permitem apresentar 'fundamentos justificativos' delas" (Larenz, 1997, p. 316).

Deve-se destacar a função ordenadora dos princípios, que se distancia da visão positivista, para admiti-los como integrantes do ordenamento jurídico, inseridos na conceituação de normas:

> Os princípios não se colocam, pois, além ou acima do Direito (ou do próprio Direito positivo); também eles – numa visão ampla, superadora de concepções positivistas, literalistas e absolutizantes das fontes legais – fazem parte do complexo ordenamental. Não se contrapõem às normas, contrapõem-se tão somente às regras; as normas jurídicas é que se dividem em normas-princípios e em normas-regras. (Miranda, 2009, p. 298)

Assim, de meros complementos de normas, para a solução de problemas advindos de lacunas na legislação (concepção positivista), os princípios passaram a ser considerados como expressão da própria norma, subdividida em regras e princípios. Os princípios consistem em uma espécie das normas, que se distingue das regras por possuírem um grau de generalização maior que aquelas. Este grau maior de generalidade dos princípios veicula diretivas comportamentais – que correspondem aos valores que os constituem – as quais devem ser aplicadas em conjunto com as regras, na busca dos valores que integram os princípios e, na ausência de regras específicas, os próprios princípios também servem de orientação para a solução do caso concreto.

De acordo com a concepção jurídica da constituição, que impõe seja ela aplicada como Lei Superior, tanto os princípios como as regras constitucionais são obrigatórios e vinculantes, o que afastou a relevância da distinção entre normas preceptivas e programáticas, pois hoje é reconhecido a estas últimas um valor jurídico idêntico ao das primeiras (Farias, 2008, p. 40).

A distinção entre princípios e regras, enquanto modalidades de normas, é estabelecida por Ronald Dworkin em função da direção que apontam para as soluções de determinadas obrigações jurídicas. Assim, "as regras são aplicáveis à maneira do tudo-ou-nada. Dados os fatos que a regra estipula, então ou a regra é válida, e neste caso a resposta que ela fornece deve ser aceita, ou não é válida, e neste caso em que nada contribui para a decisão" (Dworkin, 2007, p. 39). Os princípios permitem uma aproximação entre o Direito e as exigências de justiça ou equidade, não comportando uma consequência jurídica que decorra automaticamente do implemento de uma condição, pois eles indicam apenas uma razão que inclina para uma ou outra direção na decisão da controvérsia. Disto decorre que os princípios possuem uma dimensão de peso ou importância, que influenciará na solução de eventuais conflitos entre si, identificando qual dentre eles irá preponderar. Já as normas não apresentam esta dimensão de peso, o que faz com que a colisão entre estas seja resolvida na esfera da validade, de acordo com os critérios hierárquico (a lei superior derroga a inferior), da especialidade (a lei especial derroga a geral) e o cronológico (a lei posterior derroga a anterior) ou, ainda, mediante outra técnica, a qual considera válida a regra que seja apoiada pelos princípios mais importantes (Dworkin, 2007, p. 40, 42-43).

Robert Alexy descreve os princípios como mandamentos de otimização, isto é, normas que prescrevem algo para ser efetivado na maior medida possível, dentro das possibilidades fáticas e jurídicas existentes. Para o autor, a distinção entre princípios e regras fica evidenciada nos casos de solução de conflitos de princípios e de conflitos de normas, pois a maneira de resolvê-los é diversa: enquanto o conflito de regras, acaso seja impossível a introdução de uma cláusula de exceção, soluciona-se na dimensão de validade; a colisão de princípios tem lugar na dimensão de peso. Desta forma, quando dois princípios entram em colisão, e um deles tem precedência sobre o outro, isto não quer dizer que o princípio preterido deva ser declarado inválido, mas sim que em determinadas circunstâncias um princípio tem mais peso que o outro e que em outras condições poderá ocorrer o inverso. Assim, na hipótese de colisão de princípios, a efetivação levará em consideração os princípios opostos, sendo que a escolha dos que prevalecerão no caso concreto será realizada através da ponderação dos interesses em jogo (Alexy, 2007, p. 67-71).

Enfatizando que a constituição constitui um sistema aberto de princípios, do qual podem surgir tensões entre estes, Canotilho afirma que o fato de a constituição representar o resultado de um compromisso entre diversos atores sociais, com ideias, aspirações e interesses diferenciados ou contraditórios, não pode afastar o pluralismo e o antagonismo das ideias subjacentes ao pacto fundador, do que resulta a impossibilidade do reconhecimento de princípios absolutos. Esta característica dos princípios impõe, para a solução de seus conflitos, uma lógica diversa das regras:

> A pretensão de validade absoluta de certos princípios com sacrifício de outros originaria a criação de princípios reciprocamente incompatíveis, com a conseqüente destruição da tendencial unidade axiológica-normativa da lei fundamental. Daí o reconhecimento de momentos de *tensão* ou *antagonismo* entre os vários princípios e a necessidade, atrás exposta, de aceitar que os princípios não obedecem, em caso de conflito, a uma "lógica do tudo ou nada", antes podem ser objecto de ponderação e concordância prática, consoante o seu "peso" e as circunstâncias do caso. (Canotilho, 2003, p. 1182, grifo do autor)

Assentadas estas premissas acerca dos princípios, é de se destacar que, em nosso país, a publicidade sempre foi invocada como princípio do direito administrativo, mas com a Constituição de 1988 foi elevada à condição de princípio constitucional (art. 37, *caput*). Segundo José Afonso da Silva, o fundamento deste princípio reside na ideia de que "o Poder Público, por ser público, deve agir com a maior transparência possível, a fim de que os administrados tenham, a toda hora, conhecimento do que os administradores estão fazendo" (Silva, 2007, p. 669). Assim, o princípio da publicidade abrange toda a atuação estatal, na qual a divulgação oficial de seus atos constitui apenas um de seus aspectos, conforme esclarece Hely Lopes Meirelles:

> A publicidade, como princípio da administração pública (CF, art. 37, *caput*), abrange toda a atuação estatal, não só o aspecto de divulgação oficial de seus atos como, também, de propiciação de conhecimento da conduta interna de seus agentes. Essa publicidade atinge, assim, os atos concluídos e em formação, os processos em andamento, os pareceres dos órgãos técnicos e jurídicos, os despachos intermediários e finais, as atas de julgamentos das licitações e os contratos com quaisquer interessados, bem como os comprovantes de despesas e as prestações de contas submetidas aos órgãos competentes. Tudo isto é papel ou documento público que pode ser examinado na repartição por qualquer interessado e dele

pode obter certidão ou fotocópia autenticada para os fins constitucionais." (Meirelles, 2009, p. 97)

A publicidade é requisito de eficácia e moralidade do ato administrativo regular, porém não convalida atos irregulares, pois não se constitui em requisito de forma do ato administrativo. O objetivo do princípio da publicidade, além de assegurar efeitos externos aos atos e contratos administrativos, é permitir o conhecimento e controle destes pelos interessados e pelo povo em geral, através dos meios constitucionais, tais como o mandado de segurança (art. 5º, inc. LXIX), o direito de petição (art. 5º, inc. XXXIV, "a"), a ação popular (art. 5º, inc. LXXIII), o *habeas data* (art. 5º, inc. LXXII), e a ação de improbidade administrativa (art. 37, § 4º), além do exercício dos direitos constitucionais de obter certidões acerca dos atos da Administração Pública, para a defesa de direitos e esclarecimento de situações de caráter pessoal – art. 5º, inc. XXXIV, "b" (Meirelles, 2009, p. 96) e de receber dos órgãos públicos informações de seu interesse particular, ou de interesse coletivo ou geral (art. 5º, inc. XXXIII). O princípio da publicidade também está previsto em outros dispositivos constitucionais, tais como as exigências de concurso público para o ingresso no serviço público (art. 37, inc. II), de julgamentos públicos pelo Poder Judiciário (art. 93, inc. IX), de motivação destas decisões (art. 93, inc. X) e de realização de licitação pública para a contratação de obras, serviços, compras e alienações pela Administração Pública (art. 37, inc. XXI).

Celso Antônio Bandeira de Mello sustenta que o dever administrativo de manutenção de transparência, consagrado pelo princípio da publicidade, se relaciona com o modelo de Estado Democrático de Direito brasileiro, no qual o poder reside no povo (art. 1º, parágrafo único, da Constituição de 1988), não admitindo, por isto, o "ocultamento aos administrados de assuntos que a todos interessam e muito menos em relação aos sujeitos individualmente afetados por alguma medida" (Bandeira de Mello, 2009, p. 114).

Canotilho complementa essa visão, aduzindo que além do princípio da publicidade representar a concretização do princípio do Estado de Direito, aquele também densifica o princípio democrático, pois "a publicidade é o contrário da política do segredo (princípio democrático); a publicidade é uma exigência da segurança dos cidadãos (princípio do Estado de direito)" (Canotilho, 2003, p. 1183).

Dessa forma, assim como as regras e os demais princípios explícitos ou implícitos no ordenamento jurídico, o princípio constitucional da publicidade (art. 37, *caput*, da Constituição de 1988) é visto atualmente como norma, na qual se integram valores relativos à ideia de Direito, consistentes na ideia de transparência e no dever de probidade dos integrantes da Administração Pública. Também fundados no princípio da publicidade se desenvolvem o princípio democrático e o princípio do Estado de Direito. Assim como os demais princípios, o princípio da publicidade consiste em um mandamento de otimização, que prescreve algo para ser realizado na maior medida possível, indicando apenas uma direção a ser seguida, isto é, a publicidade da atuação estatal, dentro da qual se inserem as investigações cíveis do Ministério Público na tutela da probidade. Por outro lado, o princípio da publicidade traz fundamentos justificativos para as regras de acesso e publicidade aplicáveis a estas investigações.

Por fim, embora sejam reconhecidos o caráter normativo e a eficácia imediata ao princípio da publicidade, a possibilidade de conflito deste com outros princípios constitucionais é inerente ao caráter compromissário de nossa Carta Maior, em cujo sistema aberto não são admitidos princípios absolutos, tendo em vista os interesses diferenciados, antagônicos ou contraditórios que aquela protege. Assim, a necessidade de manutenção da unidade valorativa-normativa constitucional converge para uma forma de solução dos conflitos entre princípios baseada na dimensão de peso destes, que pode variar de acordo com o caso concreto. Ao contrário das regras, cujos conflitos são resolvidos segundo os critérios de validade, isto é, se a norma é válida, a solução por ela prevista se aplica ao caso, e se ela não é válida, a solução por ela trazida não possui serventia; os princípios obedecem a critérios de concordância prática e de ponderação quanto aos interesses em jogo e, em caso de prevalência de um princípio sobre outro, isto não significa o reconhecimento da invalidade do princípio preterido, o qual inclusive poderá preponderar em uma situação oposta.

Essas diretrizes se aplicam aos eventuais conflitos do princípio da publicidade com outros princípios constitucionais, os quais exprimem hipóteses de sigilo das investigações ministeriais de tutela da probidade administrativa, conforme será aprofundado ao longo do presente trabalho. Neste aspecto, nossa atual Constituição admite o sigilo de informações disponíveis nos órgãos públicos quando estas forem imprescindíveis à segurança da sociedade e do Estado (art. 5°, inc. XXXIII), bem como restrições legais à publicidade de atos processuais, quando exigidas pela defesa da intimidade ou do interesse social (art. 5°, inc. LX). As eventuais colisões desta última hipótese de sigilo constitucional com o princípio da publicidade serão examinadas nas duas subseções seguintes, assim divididas por questões metodológicas, em função dos dois fundamentos distintos de restrições à publicidade trazidos pelo dispositivo aludido, os quais possuem relações diretas com as investigações ministeriais antes referidas.

4.3.2. A inadequação do sigilo para a preservação da privacidade dos investigados

A concepção hoje prevalente do direito à privacidade consiste em um direito único que engloba diversas manifestações – a intimidade, a vida privada, a honra e a imagem das pessoas –, bem como os distintos instrumentos de tutela jurídica destas. Tais manifestações do direito à privacidade tanto possuem uma dimensão individual íntima, representada pela faculdade de isolamento, como também compreendem o direito social de participação e de controle das informações que se referem a cada pessoa. Neste tema, a positivação constitucional brasileira não foi objeto de disciplina taxativa ou fechada, mas consistiu na elaboração de fórmulas gerais, possibilitando a atualização do conceito e do âmbito de incidência do direito à privacidade, de acordo com a evolução do contexto histórico, social, político e econômico em que se insere.

Essa disciplina aberta possibilita uma interpretação evolutiva da Constituição e da legislação que desenvolve o direito à privacidade, na qual a identificação dos usos sociais assume relevância na delimitação de seu conteúdo, auxiliando a definir os seus imprecisos limites, de acordo com a influência trazida em seus contornos pela projeção social dos indivíduos. Assim, no caso de pessoas que exercem funções ou cargos públicos, revela-se reduzida a esfera de privacidade, que cede espaço a outros princípios e direitos fundamentais, o que traz consequências diretas no que se refere à divulgação das investigações cíveis do Ministério Público, na esfera da tutela da probidade administrativa, em especial quanto ao exame da hipótese de sigilo destas para a preservação da privacidade dos agentes públicos investigados.

A necessidade de ampla publicidade dos atos de governo, antes mesmo da promulgação da Constituição de 1988, já era defendida por Geraldo Ataliba com base no princípio republicano, do qual decorre o regime de responsabilidade dos agentes públicos por seus atos. Segundo este autor, o conhecimento das coisas do governo pelo povo é que viabiliza a responsabilidade dos gestores públicos, a qual representa a nota distintiva da república relativamente às demais formas de governo, especialmente à monarquia, onde o chefe de Estado é irresponsável (*the king can do no wrong*) e investido vitaliciamente. Neste contexto, a responsabilidade é a contrapartida dos poderes em que os mandatários são investidos pela representação da soberania popular, decorrente de sua situação de administradores, isto é, de gestores de coisa alheia (Ataliba, 2007, p. 65-66, 69).

No regime de responsabilidades existente (política, civil, penal e administrativa), Geraldo Ataliba sustenta que a responsabilidade política decorre da infidelidade aos compromissos assumidos, de abusos ou desvios de poder, cometidos no exercício do mandato pelos administradores, a qual, segundo uma ótica otimista da democracia republicana, se resolve pelo sistema eleitoral, envolvendo um processo pedagógico de aperfeiçoamento do homem e dos grupos sociais (Ataliba, 2007, p. 68). Para o sucesso deste sistema, aduz serem indispensáveis a ampla liberdade de imprensa, de debate e de circulação de informações sobre os negócios públicos e os atos de governo:

> É evidente que tais instituições políticas só podem produzir seus benéficos efeitos num clima de irrestrita liberdade de imprensa, amplo debate e livre circulação de informações, onde os negócios públicos e o modo de curar a coisa pública sejam abertos, franqueados à análise, curiosidade, investigação e observação de todos, sem restrições.
>
> [...]
>
> É pela livre circulação de notícias, pelo acesso às fontes, pela publicidade irrestrita dos atos de governo, pela liberdade de imprensa, pela liberdade de discussão, reunião e associação, que se assegura a fiscalização sobre os governantes, e, conseqüentemente, viabiliza-se sua responsabilização.
>
> [...]
>
> Parece efetivamente inútil pensar-se em república representativa onde o povo não tenha possibilidade de saber das coisas de governo. E a imprensa é o instrumento de tal conhecimento. Por isso, a liberdade de imprensa é pedra angular do regime. (Ataliba, 2007, p. 68-69)

A exposição e contenção dos abusos de autoridade é apontada por Kent Greenawalt como uma das razões que justificam a liberdade de expressão, com base na ideia de que esta representa um controle daqueles abusos, especialmente dos decorrentes da autoridade do governo. Mesmo admitindo a possibilidade de veiculação de alegações imprecisas ou incorretas, o autor afirma que "a imprensa crítica afeta a forma pela qual os agentes públicos e os cidadãos consideram o exercício do poder governamental, habilmente sustentando que a função do governo é uma responsabilidade, não uma oportunidade para vantagens pessoais"[73] (Greenwalt, 1989, p. 26, tradução nossa). O autor também refere a democracia liberal como fundamento para a liberdade de expressão, quanto à divulgação dos atos que caracterizem má administração dos governantes, afirmando que, como o voto dos cidadãos é essencial nesta forma de governo, assume grande importância a circunstância destes estarem informados acerca da má gestão dos administradores públicos. Este último fundamento está de acordo com uma ideia amplamente aceita de que cidadãos bem informados produzirão um melhor governo e melhores decisões políticas (Greenwalt, 1989, p. 28).

Nesse aspecto, João dos Passos Martins Neto sustenta que uma das razões para a proteção da liberdade de expressão é que esta representa a própria essência da democracia, pois cumpre funções cruciais nesta espécie de sistema político, dentre as quais encontram-se as seguintes: "permitir que os eleitores façam escolhas informadas nas eleições a partir da ampla discussão entre candidatos; [...] que as autoridades públicas sejam submetidas a críticas que podem levar à sua substituição; que o abuso de poder e os atos de corrupção sejam denunciados ou prevenidos pelo receio de sua revelação [...]" (Martins Neto, 2008, p. 49).

O conflito entre a privacidade dos políticos e as liberdades de expressão, comunicação e divulgação de suas condutas também é objeto da análise de Eric Barendt, o qual aponta dois fatores principais para se verificar quais dos direitos prevalece em uma discussão: o primeiro, relativo ao *status* do titular do direito à privacidade; e o segundo, consistente na questão crucial, de determinar se a notícia, opinião ou fotografia a ser divulgada é de interesse público. Neste aspecto, afirma que o interesse público não pode ser confundido com mexericos sobre a vida privada dos agentes públicos, as quais se distinguem de forma cabal de publicações em que o público deve ter interesse, como no caso de matérias políticas. Assim, embora reconheça que a valoração do peso dado à privacidade e à liberdade de expressão ou de imprensa, varia significativamente de uma sociedade ou cultura para outra e se altera no curso do tempo, o autor afirma que uma diretriz a ser utilizada em decisões judiciais quanto ao tema é a presunção a favor da liberdade de expressão, a qual somente poderá ceder se a revelação não tiver qualquer relação com

---

[73] [...] a critical press affects how officials and citizens regard the exercise of governmental power, subtly supporting the notion that government service is a responsability, not an opportunity for personal advantage. (Greenwalt, 1989, p. 26)

o exercício da função pública pela pessoa envolvida e infringir o direito à privacidade desta (Barendt, 2007, p. 241-246).

Dessa forma, pode-se concluir que os ocupantes de cargos públicos, sejam eletivos ou não, têm sua esfera de privacidade reduzida, em especial quanto a uma de suas manifestações, a intimidade, a qual oferece "uma maior proteção aos cidadãos comuns do que aos homens públicos ou pessoas célebres, porquanto estes voluntariamente se expõem ao público, tendo que abdicar em parte de sua intimidade como preço da fama ou prestígio grangeados" (Farias, 2008, p. 129). Todavia, isto não implica a supressão da intimidade das pessoas públicas, a qual subsiste quanto a divulgações que digam respeito sua esfera particular. Exemplificando, podem-se distinguir duas situações objeto de diverso tratamento protetivo: a divulgação de filmagem de conduta relativa ao recebimento de suposta propina, no interior de um gabinete fechado do órgão público, decorrente de possíveis negócios públicos escusos, realizados por um administrador ou servidor público, não é protegida pela esfera constitucional da intimidade, pois a forma pela qual é gerida a Administração Pública é um assunto de interesse público;[74] por outro lado, a divulgação sobre a existência de relação extraconjugal, mantida no âmbito da vida privada do mesmo administrador ou servidor público, embora possa satisfazer a curiosidade ou a vontade de indiscrição alheia, não justifica a invasão da esfera de intimidade, por não estar presente nesta situação o requisito do interesse público relevante autorizador da limitação do direito à privacidade.[75]

---

[74] Como exemplo disto, podem-se referir as filmagens divulgadas no final do mês de novembro de 2009, referentes ao pagamento de supostas propinas em favor do Governador do Distrito Federal, José Roberto Arruda, de um de seus assessores e de Deputados Distritais, cujas imagens podem ser assistidas inserindo-se as palavras de procura "vídeos José Roberto Arruda Brasília" no seguinte site: <http:www.youtube.com>. Acesso em: 03 dezembro 2009.

[75] Dois precedentes dos Tribunais de Apelação de Milão e de Roma, citados por Paulo José da Costa Júnior, referentes às tentativas de publicação seriada dos amores secretos de Benito Mussolini e Claretta Petacci (sob o título de *Il grande amore*) e de exibição de dois filmes (*Caruso, leggenda di una voće e Il grande Caruso*), retratam bem que a limitação da esfera da privacidade das pessoas públicas não implica a sua supressão: "No tocante ao filme, depois de o pretor ter sustentado 'ser do interesse público que seja difundido o conhecimento das particularidades das pessoas célebres, bem como dos episódios alusivos à sua vida, mesmo íntima', no que foi secundado por outras razões pelo Tribunal de Roma, a decisão foi reformada pelo Tribunal de Apelação da capital italiana, que entendeu: 'A reprodução de imagem de pessoa célebre sem o seu consentimento é ilícita não somente quando ofenda a honra, a reputação e o decoro da pessoa, mas também quando se destine unicamente a satisfazer curiosidade alheia'. Quanto à publicação seriada que se propunha revelar os episódios secretos dos amores do ex-ditador, decidiu o Tribunal de Milão que 'nem mesmo a pesquisa e a crítica histórica consentem o sacrifício do direito pessoal à intimidade, ainda que se trate de pessoas pertencentes à vida pública do país, devendo-se respeitar o segredo de sua vida

A redução da esfera da privacidade das pessoas públicas, na prática, também é reconhecida por autores que não admitem diferenças entre a intimidade das pessoas públicas e dos cidadãos comuns, na teoria, como é o caso de Edson Ferreira da Silva, o qual afirma que pelo interesse que despertam as pessoas famosas,[76] "o sacrifício do direito ocorrerá com maior frequência. Em outras palavras, o desvelamento de aspectos particulares das suas vidas em prol de um interesse superior do público poderia não se justificar em se tratando de pessoas desconhecidas" (Silva, 1998, p. 70-71).

Por outro lado, embora a Constituição brasileira admita a possibilidade de restrição do princípio da publicidade dos atos processuais, mediante previsão legal, para a defesa da intimidade (art. 5º, inc. LX), não trouxe ela qualquer norma específica referente às investigações acerca da probidade administrativa. Mesmo no campo processual, a Constituição não estabeleceu os casos de sigilo dos atos respectivos, para a preservação da privacidade dos envolvidos. Tampouco a Lei de Ação Civil Pública, o Código de Defesa do Consumidor, ou a Lei de Improbidade Administrativa estabeleceram hipóteses de sigilo de atos processuais ou de investigações cíveis de tutela coletiva da probidade. E apesar da existência de dispositivo no Código de Processo Civil prevendo casos de sigilo dos atos processuais, nenhum deles se refere à proteção do direito à privacidade das pessoas investigadas ou demandadas por ofensa à probidade administrativa. A proteção da intimidade somente é prevista na lei processual civil nos casos que dizem respeito a casamento, filiação, separação dos cônjuges, conversão desta em divórcio, alimentos e guarda de menores, em razão da ausência de interesse público relevante na divulgação destas questões.[77]

Considerando a ausência de disposição expressa referente à restrição da publicidade da investigação de tutela da probidade ad-

---

íntima'. O Tribunal de Apelação de Milão, ao confirmar o decisório, sustentou que 'a pessoa dispõe de um direito à intimidade, não sendo lícita portanto a publicação desprovida do consentimento da pessoa e, após sua morte, de seus parentes próximos. A tutela de tal direito será limitada pelo interesse público somente quanto subsista um liame incindível entre as aventuras da pessoa e os acontecimentos públicos, ou então por necessidade da justiça e de ordem pública'." (COSTA JÚNIOR, 2004, p. 81-82)

[76] A expressão pessoas famosas é aqui empregada em sentido amplo, conforme a utiliza Edson Ferreira da Silva (1998, p. 70-71), isto é, abrangendo tanto as celebridades (desportistas, artistas etc.), quanto as pessoas públicas ou políticos.

[77] As restrições ao princípio da publicidade dos atos processuais são assim estabelecidas pelo art. 155 do Código de Processo Civil: "Art. 155. Os atos processuais são públicos. Correm, todavia, em segredo de justiça os processos: I – em que o exigir o interesse público; II – que dizem respeito a casamento, filiação, separação dos cônjuges, conversão desta em divórcio, alimentos e guarda de menores."

ministrativa nas esferas constitucional, cível e processual civil, com a finalidade específica de proteção do direito à privacidade dos investigados, Hugo Nigro Mazzilli defende a utilização da analogia com normas processuais penais para fundamentar as hipóteses de sigilo do inquérito civil baseadas nesta proteção, nos casos em que da realização de uma audiência ou de outro ato instrutório resultar escândalo, inconveniente grave ou perturbação da ordem[78] (Mazzilli, 2008, p. 191-192).

Posição diversa é trazida por José Emmanuel Burle Filho, o qual sustenta que o caráter sigiloso das investigações ministeriais deve ser a regra geral, evitando-se a prematura divulgação do fato objeto das investigações e das diligências empreendidas, até que se conclua pela procedência da notícia da irregularidade, com base na garantia do efetivo respeito à dignidade, à intimidade e à vida privada do indivíduo, nos moldes do art. 5º, inc. X, da Constituição de 1988 (Burle Filho, 1995, p. 324-325).

No entanto, no que se refere à proteção da privacidade dos agentes públicos investigados pelo Ministério Público por eventuais ofensas à probidade administrativa, nem a exceção, tampouco a regra geral de sigilo, revelam-se adequadas para a restrição do princípio constitucional da publicidade. Ressalvam-se as matérias cujo sigilo decorra da Constituição ou de lei, cujos dados devem ser assim preservados, com fundamento na proteção da intimidade dos investigados, sem prejuízo da publicidade dos demais documentos e informações constantes das investigações. O objeto das investigações cíveis realizadas pelo Ministério Público na tutela da probidade justifica esta posição. A atuação dos agentes públicos, sejam estes servidores ou ocupantes de cargos políticos, equipara-se à gestão de patrimônio alheio, que no caso é público, sendo que por isto todos os atos praticados nesta esfera devem ser de conhecimento dos titulares deste patrimônio, isto é, de toda a sociedade. Esta característica pública da atuação dos administradores e servidores públicos afasta o reconhecimento do direito à privacidade destes,

---

[78] São estes os dispositivos que tratam de hipóteses de sigilo de investigações e atos processuais no Código de Processo Penal: "Art. 20. A autoridade assegurará no inquérito o sigilo necessário à elucidação do fato ou exigido pelo interesse da sociedade. [...] Art. 792. As audiências, sessões e os atos processuais serão, em regra, públicos e se realizarão nas sedes dos juízos e tribunais, com assistência dos escrivães, do secretário, do oficial de justiça que servir de porteiro, em dia e hora certos, ou previamente designados. § 1º Se da publicidade da audiência, da sessão ou do ato processual, puder resultar escândalo, inconveniente grave ou perigo de perturbação da ordem, o juiz, ou o tribunal, câmara, ou turma, poderá, de ofício ou a requerimento da parte ou do Ministério Público, determinar que o ato seja realizado a portas fechadas, limitando o número de pessoas que possam estar presentes. [...]"

especialmente no que se refere ao exercício das funções inerentes aos cargos públicos por eles ocupados.

Por essas razões, pode-se entender que o ponto de equilíbrio entre a publicidade das investigações de atos lesivos à probidade administrativa, de um lado, e a privacidade dos investigados, de outro, tanto uma como outra com assento constitucional, não reside no estabelecimento das hipóteses de sigilo das investigações para a proteção da dignidade e intimidade dos investigados. Mesmo nestes casos, estar-se-ia retrocedendo a épocas sombrias de investigações secretas, típicas de regimes ditatoriais de passado recente em nosso país, incompatíveis com nosso atual modelo de Estado Social e Democrático de Direito. Dessa maneira, afora a necessidade de respeito às matérias sigilosas assim previstas pela Constituição ou pelas leis infraconstitucionais, o ponto de equilíbrio referido pode ser encontrado ao não se fazer publicidade das investigações com alarde ou estardalhaço.

Para tanto, na eventual divulgação de investigações de atos atentatórios à probidade administrativa, praticados por agentes ou servidores públicos, deve-se evitar "sensacionalismos perigosos, bem como ter a cautela sempre necessária de informar que se trata de *investigação*, e não de autores de infrações, pois a presunção de inocência não pode ser vista apenas sob o ângulo penal" (Mazzilli, 2008, p. 192, grifo do autor), conciliando-se, assim, o interesse público da publicidade e o interesse do cidadão à privacidade. De igual forma, não se mostra recomendável, sob pena de configuração de abuso do direito à divulgação decorrente do princípio da publicidade, que se noticie o resultado de cada diligência instrutória realizada no curso do inquérito civil, sendo adequado, em regra geral, divulgar-se o início das investigações e, após, aguardar-se o término destas, para que sejam externadas suas conclusões. Na mesma linha, na divulgação das conclusões do inquérito civil, deve-se ressaltar que estas se referem aos elementos de convicção obtidos em sua tramitação, que não equivalem a uma condenação, pois permanecem sujeitos a discussão, tanto na esfera judicial, quanto no âmbito administrativo: na esfera judicial, com a observância dos princípios do contraditório e da ampla defesa, acaso se promova a respectiva ação, com base no reconhecimento da prática de ato ilícito atentatório à probidade administrativa; no âmbito administrativo, em razão da possibilidade de revisão do eventual arquivamento do inquérito civil pelo Conselho Superior do Ministério Público, inclusive por provocação dos interessados.

Seguindo esta direção, o Conselho Nacional do Ministério Público (CNMP), ao regular e disciplinar, no âmbito institucional, as normas legais relativas à instauração e tramitação do inquérito civil, em sua Resolução n° 23, de 17 de setembro de 2007, reconheceu a aplicabilidade do princípio da publicidade a este (art. 7°), com exceção dos casos em que haja sigilo legal ou em que a publicidade possa trazer prejuízos às investigações – hipóteses que serão examinadas nas subseções seguintes, não prevendo qualquer outro caso de sigilo específico para a preservação da privacidade dos investigados. A mesma Resolução, em seu art. 8°, ainda admitiu a possibilidade do representante do Ministério Público prestar informações acerca das providências adotadas para a apuração dos fatos em tese ilícitos, inclusive aos meios de comunicação social, abstendo-se, contudo, de externar ou antecipar juízos de valor a respeito de apurações ainda não concluídas[79] (Brasil, CNMP, 2007). Estas regras foram repetidas no âmbito do Ministério Público do Estado de Santa Catarina, através dos arts. 9° e 10 do Ato n° 81/2008/PGJ, de 27 de março de 2008, expedido pelo Exmo. Procurador-Geral de Justiça (Santa Catarina, Procuradoria-Geral de Justiça do Ministério Público do Estado de Santa Catarina, 2008).

Pelo exposto, pode-se concluir pela inexistência de hipótese de sigilo das investigações ministeriais de tutela da probidade admi-

---

[79] Estas são as redações do arts. 7° e 8° da Resolução n° 23/2007 do CNMP: "Art. 7° Aplica-se ao inquérito civil o princípio da publicidade dos atos, com exceção dos casos em que haja sigilo legal ou em que a publicidade possa acarretar prejuízo às investigações, casos em que a decretação do sigilo legal deverá ser motivada. § 1° Nos requerimentos que objetivam a obtenção de certidões ou extração de cópia de documentos constantes nos autos sobre o inquérito civil, os interessados deverão fazer constar esclarecimentos relativos aos fins e razões do pedido, nos termos da Lei n° 9.051/95. § 2° A publicidade consistirá: I – na divulgação oficial, com o exclusivo fim de conhecimento público mediante publicação de extratos na imprensa oficial; II – na divulgação em meios cibernéticos ou eletrônicos, dela devendo constar as portarias de instauração e extratos dos atos de conclusão; III – na expedição de certidão e na extração de cópias sobre os fatos investigados, mediante requerimento fundamentado e por deferimento do presidente do inquérito civil; IV – na prestação de informações ao público em geral, a critério do presidente do inquérito civil; V – na concessão de vistas dos autos, mediante requerimento fundamentado do interessado ou de seu procurador legalmente constituído e por deferimento total ou parcial do presidente do inquérito civil. § 3° As despesas decorrentes da extração de cópias correrão por conta de quem as requereu. § 4° A restrição à publicidade deverá ser decretada em decisão motivada, para fins do interesse público, e poderá ser, conforme o caso, limitada a determinadas pessoas, provas, informações, dados, períodos ou fases, cessando quando extinta a causa ou motivou. § 5° Os documentos resguardados por sigilo legal deverão ser autuados em apenso. Art. 8° Em cumprimento ao princípio da publicidade das investigações, o membro do Ministério Público poderá prestar informações, inclusive aos meios de comunicação social, a respeito das providências adotadas para apuração de fatos em tese ilícitos, abstendo-se, contudo de externar ou antecipar juízos de valor a respeito de apurações ainda não concluídas." (Brasil, CNMP, 2007, Resolução n° 23)

nistrativa, com fundamento na proteção do direito à privacidade dos investigados, embora isto não impeça o seu reconhecimento em apurações que não se enquadrem neste âmbito de atuação. Os agentes públicos possuem uma esfera de privacidade reduzida, pois os atos praticados no exercício de cargo ou função pública sujeitam-se ao escrutínio público, tendo em vista envolverem a gestão de bens públicos, o que os retira do âmbito de proteção do direito à privacidade no que se refere à apuração de suspeitas acerca da prática de atos ilícitos no exercício destas atividades, ressalvadas as hipóteses constitucionais e legais referentes a matérias sigilosas. Além destas últimas hipóteses, as quais não estabelecem o sigilo das investigações, mas apenas de parte dos dados ou documentos a ela referentes, não se pode, com base na proteção da privacidade dos investigados, admitir-se outras restrições à publicidade das investigações de tutela da probidade administrativa. Os fundamentos para esta conclusão são encontrados no próprio princípio constitucional da publicidade, na responsabilidade pelo exercício de cargo ou função pública, na prevenção e nas restrições aos abusos de autoridade, na preservação do sistema democrático, bem como nas liberdades de expressão, de comunicação e de imprensa.

4.3.3. O interesse público como fundamento de exceção à publicidade das investigações

As hipóteses de restrições ao princípio da publicidade não se fundam somente na proteção da intimidade dos investigados, a qual inclusive se revela inadequada no campo das investigações de tutela da probidade administrativa, conforme exposto na subseção anterior. A Constituição de 1988 também admite possibilidades de restrições ao princípio da publicidade com base no interesse público, quando estabelece que o direito de receber dos órgãos públicos informações de seu interesse particular, ou de interesse coletivo ou geral, pode ser ressalvado nos casos onde o sigilo seja imprescindível à segurança da sociedade e do Estado (art. 5º, inc. XXXIII), ou quando o interesse social o exigir, no que se refere aos atos processuais (art. 5º, inc. LX). Contudo, não trouxe ela qualquer norma específica referente às investigações acerca da probidade administrativa. Tampouco a Lei de Ação Civil Pública, o Código de Defesa do Consumidor, ou a Lei de Improbidade Administrativa estabeleceram hipóteses de sigilo das investigações cíveis de tutela da probidade baseadas no interesse público. Pode-se afirmar que a Constituição de 1988 recepcionou o dispositivo previsto pelo art. 155, inc. I, do Código de Processo Civil,[80] o qual prevê a hipótese de sigilo dos atos processuais quando o exigir o interesse público.

Diante da ausência de disposição expressa referente à restrição da publicidade da investigação de tutela da probidade administrativa nas esferas constitucional, cível e processual civil, com base no atendimento do interesse público, Hugo Nigro Mazzilli defende a utilização da analogia com o art. 20 do Código de Processo Penal, para fundamentar o sigilo do inquérito civil, quando este for necessário à elucidação do fato ou exigido pelo interesse da sociedade (Mazzilli, 2008, p. 191). Estas duas hipóteses de sigilo têm por fundamento outros princípios constitucionais, dentre estes o princípio da eficiência (art. 37, *caput*), aplicável às investigações ministeriais no que diz respeito à efetividade das diligências, em especial daquelas em que a publicidade poderá comprometer a comprovação de alguns atos ilícitos (Exemplos: filmagem do agente público recebendo propina; ou busca e apreensão de cópia de arquivo existente em computador de repartição pública, comprobatório da prática de ato de improbidade administrativa por servidor público). Também se pode invocar o princípio da supremacia do interesse público para sustentar o sigilo do inquérito civil, com base no interesse da sociedade, pois este princípio está implícito no texto constitucional, embora não tenha sido por ele mencionado expressamente. Por outro lado, a publicidade do inquérito civil caracteriza a proteção do direito de informação da sociedade, quanto aos atos atentatórios à probidade, bem como do direito de informação dos próprios investigados, no que se refere aos dados que envolvam suas pessoas.

Esse conflito de princípios pode ser resolvido sem que se recorra ao juízo de ponderação dos princípios colidentes, que poderia indicar o princípio prevalente no caso, seja o princípio da publicidade, ou os princípios da eficiência e da supremacia do interesse público, com base em uma fundamentação relativa aos critérios de adequação, razoabilidade e proporcionalidade.

No caso, mostra-se adequada a aplicação do princípio de interpretação constitucional da concordância prática ou da harmonização, que na colisão de direitos fundamentais ou entre direitos fundamentais e bens jurídicos constitucionalmente protegidos, "impede, como solução, o sacrifício de uns em relação aos outros, e impõe o estabelecimento de limites e condicionamentos recíprocos de

---

[80] Sobre o tema, assim dispõe o art. 155 do Código de Processo Civil: "Art. 155. Os atos processuais são públicos. Correm, todavia, em segredo de justiça os processos: I – em que o exigir o interesse público; [...]."

forma a conseguir uma harmonização ou concordância prática entre estes bens" (Canotilho, 2003, p. 1.225), precedendo, no âmbito da interpretação constitucional, a metódica da ponderação de bens:

> [...] Está o princípio da *concordância prática*: bens jurídicos protegidos jurídico-constitucionalmente devem, na resolução do problema, ser coordenados um ao outro de tal modo que cada um deles ganhe realidade. Onde nascem colisões não deve, em "ponderação de bens" precipitada ou até "ponderações de valor" abstrata, um ser realizado à custa do outro. Antes, o princípio da unidade da Constituição põe a tarefa de uma otimização: a *ambos* os bens devem ser traçados limites, para que ambos possam chegar a eficácia ótima. Os traçamentos dos limites devem, por conseguinte, no respectivo caso concreto ser proporcionais; eles não devem ir mais além do que é necessário para produzir a concordância de ambos os bens jurídicos (Hesse, 1998, p. 66-67, grifo do autor).

Dessa forma, com base na concordância prática, pode-se afirmar que o sigilo do inquérito civil fundado no interesse público, via de regra, não necessita abranger a totalidade da investigação, mas tão somente as diligências a serem realizadas pelo Ministério Público (oitiva de testemunhas, requisição de documentos e perícias etc.), o que não elimina a publicidade desta, mas apenas a reduz. Seguindo-se esta direção, não se pode exigir que a Instituição seja obrigada a notificar os investigados e os eventuais interessados acerca das diligências instrutórias a serem efetuadas, antecipando-as ao conhecimento destes. Assim, o sigilo das investigações levadas a efeito no inquérito civil poderá ser levantado logo após a realização e documentação destas, se não vier a prejudicar a realização das diligências seguintes na investigação, situação em que se harmonizam, com restrições recíprocas, os princípios da publicidade, de um lado, e os da eficiência e da supremacia do interesse público, de outro.

Quanto a este assunto, o Supremo Tribunal Federal fixou entendimento semelhante, no sentido de admitir o sigilo na condução das investigações, mas não das diligências já realizadas e documentadas nos autos do procedimento investigatório, tendo em vista o direito de acesso do advogado aos autos da investigação[81] (art. 7º, inc. XIV, da Lei 8.906/94 – Estatuto da Ordem dos Advogados do Brasil – OAB) e o direito de defesa dos investigados. Todavia, diferentemente da posição antes exposta, a Corte Suprema brasileira não admite qualquer restrição ao direito de acesso aos autos da investigação pelo investigado e por seu procurador, com base no di-

---

[81] Neste aspecto, deve-se ressalvar que o direito de acesso do advogado aos autos do inquérito civil não se estende às matérias sigilosas (dados de movimentações bancárias, informações fiscais etc.) que não digam respeito a seu constituinte, constantes da investigação.

reito constitucional de defesa, afastando totalmente a possibilidade de sigilo absoluto da investigação (Brasil, Supremo Tribunal Federal, 2006, 2008),[82] orientação esta que tem sido seguida em algumas decisões do Tribunal de Justiça de Santa Catarina (Brasil, Tribunal de Justiça de Santa Catarina, 2008, 2009). Recentemente, o direito de amplo acesso do defensor aos elementos de provas já documentados em procedimento investigatório, no interesse do representado, foi reforçado pelo Supremo Tribunal Federal com a edição da Súmula Vinculante nº 14 (Brasil, Supremo Tribunal Federal, 2009B).[83] Contudo, é de se salientar que esta Súmula não possui efeito vinculante quanto ao inquérito civil, que é instrumento de investigação exclusivo do Ministério Público, pois seu enunciado restringe-se às investigações da polícia judiciária.

---

[82] A 2ª Turma do Supremo Tribunal Federal reconheceu a possibilidade de sigilo nas investigações em curso e por fazer, para a garantia da eficácia destas, mas não dos atos instrutórios já documentados no procedimento investigatório, no julgamento do Habeas Corpus nº 88.190-4/RJ, cujo Relator foi o Ministro Cezar Peluso, cujo acórdão tem a seguinte ementa: "ADVOGADO. Investigação sigilosa do Ministério Público Federal. Sigilo inoponível ao patrono do suspeito ou investigado. Intervenção nos autos. Elementos documentados. Acesso amplo. Assistência técnica ao cliente ou constituinte. Prerrogativa profissional garantida. Resguardo da eficácia das investigações em curso ou por fazer. Desnecessidade de constarem dos autos do procedimento investigatório. HC concedido. Inteligência do art. 5º, LXIII, da CF, art. 20 do CPP, art. 7º, XIV, da Lei nº 8.906/94, art. 16 do CPPM, e art. 26 da Lei nº 6.368/76. Precedentes. É direito do advogado, suscetível de ser garantido por habeas corpus, o de, em tutela ou no interesse do cliente envolvido nas investigações, ter acesso amplo aos elementos que, já documentados em procedimento investigatório realizado por órgão com competência de polícia judiciária ou por órgão do Ministério Público, digam respeito ao constituinte" (Brasil. Supremo Tribunal Federal, 2006, Grifo do autor). Extrai-se, ainda, a seguinte fundamentação do voto do Relator no acórdão referido: "[...] Há, é verdade, diligências que devem ser sigilosas, sob risco de comprometimento do seu bom sucesso. Mas, se o sigilo é aí necessário à apuração e à atividade instrutória, a formalização documental de seu resultado já não pode ser subtraída ao indiciado nem ao defensor, porque, é óbvio, cessou a causa mesma do sigilo. Noutras palavras, guarda-se sigilo somente quanto aos atos de investigação, assim na deliberação, como na sua prática (art. 20 do CPP). Os atos de instrução, enquanto documentação dos elementos retóricos colhidos na investigação, esses devem estar acessíveis ao indiciado e ao defensor, à luz da Constituição da República, que garante à classe dos acusados, na qual não deixam de situar-se o indiciado e o investigado mesmo, o direito de defesa. O sigilo aqui, atingindo a defesa, frustra-lhe, por conseguinte, o exercício.[...]" (Brasil, Supremo Tribunal Federal, 2006). A mesma posição foi adotada pela 1ª Turma do Supremo Tribunal Federal, no julgamento do Habeas Corpus nº 91.684-8/PR, Relator Ministro Marco Aurélio, o qual tem a seguinte ementa: "ADMINISTRAÇÃO – PUBLICIDADE. Norteia a Administração Pública a publicidade quanto a atos e processos. INQUÉRITO – DEFESA – ACESSO. Uma vez juntadas aos autos do inquérito peças resultantes de diligência, descabe obstaculizar o acesso da defesa, pouco importando estarem os dados sob sigilo" (Brasil, Supremo Tribunal Federal, 2008).

[83] A Súmula Vinculante nº 14 do Supremo Tribunal Federal, publicada em 9.2.2009, assim dispõe: "É direito do defensor, no interesse do representado, ter acesso amplo aos elementos de prova que, já documentados em procedimento investigatório realizado por órgão com competência de polícia judiciária, digam respeito ao exercício do direito de defesa" (Brasil, Supremo Tribunal Federal, 2009B).

Em que pesem os respeitáveis argumentos do Supremo Tribunal Federal quanto ao tema, ousa-se discordar parcialmente deles, pois se entende que a natureza inquisitorial do inquérito civil afasta a aplicação do princípio da ampla defesa. Conforme já exposto nas subseções n°ˢ 3.3.1 e 3.3.2 do presente trabalho, a finalidade do inquérito civil é fornecer os elementos de convicção para o Ministério Público decidir se propõe a ação civil pública ou se realiza outra providência que esteja dentre suas atribuições, não se destinando a criar, modificar, restringir ou extinguir direitos. Assim, a inexistência de imputação, pretensão ou exercício de ação no inquérito civil dispensa a exigência do exercício de defesa nele. Se for movida uma ação civil pública com base nos elementos de convicção obtidos no inquérito civil, o direito de defesa deverá ser exercitado pelo demandado durante a ação judicial, afastando qualquer prejuízo que possa advir da inexigência deste durante as investigações. Por essas razões, pode ser admitido, excepcionalmente e fundamentadamente, o sigilo do inquérito civil, abrangendo inclusive as diligências já realizadas e documentadas nos autos investigatórios, com base na necessidade de elucidação do fato ou na exigência do interesse da sociedade.

Nessa linha, Rogério Pacheco Alves sustenta que as hipóteses de sigilo das investigações para assegurar a elucidação do fato, ou o interesse da sociedade, também devem abranger as diligências já realizadas, argumentando que o livre acesso dos elementos investigatórios subverte o papel do inquérito civil, comprometendo sua eficácia, ao permitir a frustração de seus objetivos por investigados insensíveis a regras morais. Assim, a fim de evitar o retrocesso a épocas de investigações sigilosas típicas de regimes ditatoriais, não sujeitas ao controle da sociedade, o autor admite a publicidade do inquérito civil apenas quanto a sua instauração, existência e objeto, com base nas restrições a este princípio constantes nos arts. 5°, incs. XXXIII e LX, e 93, inc. IX, ambos da Constituição de 1988. Todavia, diante da regra contida no Estatuto da OAB, a qual permite o livre acesso dos advogados aos inquéritos em andamento, afirma que o sigilo absoluto das investigações realizadas no inquérito civil somente poderá ser determinado, excepcionalmente e por prazo certo, pelo Poder Judiciário[84] (Alves; Garcia, 2008, p. 543-546).

---

[84] Rogério Pacheco Alves sustenta ser este o ponto de equilíbrio entre os interesses em conflito no caso de sigilo das investigações ministeriais, com fulcro no interesse público: "Esse, a nosso ver, o ponto de equilíbrio entre aqueles que sustentam ora o livre acesso a todos os elementos por parte do advogado, ora a sua total impossibilidade, parece-nos que diante da expressa regra contida na Lei n° 8.906/94 (EOAB), somente o Poder Judiciário, guardião maior das li-

Todavia, entende-se mais adequado que o sigilo da investigação, com base na necessidade de elucidação dos fatos e de proteção da sociedade e do Estado, admitido por precedentes do Superior Tribunal de Justiça (Brasil, Superior Tribunal de Justiça, 2002, 2003) e do Tribunal de Justiça de Santa Catarina (Brasil, Tribunal de Justiça de Santa Catarina, 2004A), abrangendo inclusive as diligências já realizadas e documentadas, seja determinado pelo próprio Presidente da investigação,[85] em casos excepcionais e por prazo determinado, mediante fundamentação escrita nos autos, que não afasta a possibilidade de revisão do sigilo pelo Poder Judiciário, mediante provocação dos interessados, pois "em qualquer hipótese, a decisão do órgão do Ministério Público que imponha o sigilo ao inquérito civil estará sujeita a controle jurisdicional" (Mazzilli, 2008, p. 194). Ocorre que, se for também exigível a determinação, e não somente

---

berdades, *excepcionalmente*, mensurando, de um lado, os interesses do investigado e da defesa técnica e, de outro, o da própria sociedade no cabal esclarecimento dos fatos, aplicando, enfim, o *princípio da razoabilidade* (relação de equilíbrio entre os motivos, os meios e os fins), poderá determinar, *por prazo certo*, o sigilo absoluto das investigações realizadas no inquérito civil, garantindo, assim, a sua eficácia." (Alves; Garcia, 2008, p. 544-545, grifo do autor)

[85] Embora não se refira a sigilo de inquérito civil determinado por representante do Ministério Público, pode ser utilizada na tramitação deste, por analogia, a seguinte decisão, proferida pela 5ª Turma do Superior Tribunal de Justiça, no julgamento do Recurso Ordinário em Mandado de Segurança nº 14.397/PR, Relator Ministro José Arnaldo da Fonseca, reconheceu a possibilidade de se determinar o sigilo absoluto de inquérito policial, com base na proteção à sociedade, ao Estado e ao sucesso das investigações, oponível inclusive contra os advogados constituídos pelos investigados, conforme consta da ementa do acórdão proferido: "RECURSO EM MANDADO DE SEGURANÇA. PROCESSUAL PENAL. INQUÉRITO POLICIAL – PROCEDIMENTO ADMINISTRATIVO DE NATUREZA INVESTIGATÓRIA. VISTA DOS AUTOS POR ADVOGADO CONSTITUÍDO. NEGATIVA. SIGILO. ART. 20 DO CP. REGRA PREVALECENTE. CONSIDERAÇÃO ACERCA DO CASO EM CONCRETO. PROTEÇÃO À SOCIEDADE, AO ESTADO E AO SUCESSO DAS INVESTIGAÇÕES. A despeito da nova ordem constitucional que assegura os direitos democráticos, como o acesso às informações e meios que assegurem a defesa do cidadão, a regra disposta no art. 20 do CPP não foi revogada. O inquérito policial é procedimento administrativo de natureza investigatória e, considerando-se a especificidade do caso, no qual devem ser resguardadas a proteção à sociedade, ao Estado e principalmente ao sucesso de investigação de tamanho porte, aos impetrantes, na qualidade de advogados constituídos pelo interessado, foi negada vista do respectivo procedimento, sem que com isso haja qualquer violação a direito líquido e certo.Recurso desprovido." (Brasil, Superior Tribunal de Justiça, 2002). No mesmo processo referido, a decisão recorrida reconheceu a existência de um conflito de direitos constitucionais (direito à informação X segurança da sociedade e do Estado), tendo reconhecido, com base em um juízo de ponderação, a prevalência daquele que mais atende o interesse público, no caso representado pelo sigilo das investigações. Esta sustentou, ainda, a inaplicabilidade dos direitos do contraditório e da ampla defesa nos procedimentos de investigação (Brasil, Superior Tribunal de Justiça, 2002). No mesmo sentido, o Tribunal de Justiça de Santa Catarina proferiu decisão no Recurso em Mandado de Segurança nº 2003.018395-7, Relator Juiz Jânio de Souza Machado, em cujo acórdão constou a seguinte ementa: "Mandado de segurança. Reexame necessário. Inquérito policial. Sigilo. Advogado. *O advogado tem direito de acesso às peças do inquérito policial que apura conduta criminosa, ressalvadas as hipóteses de sigilo por interesse público, devidamente justificadas.*" (Brasil, Tribunal de Justiça de Santa Catarina, 2004A, grifo do autor)

possível a revisão do sigilo pelo Poder Judiciário, o próprio sigilo ficaria comprometido, tendo em vista a necessidade de exposição do conteúdo e das diligências da investigação no pedido judicial de sigilo do inquérito civil a ser formulado. Ademais, o inquérito civil é um instrumento de investigação exclusivo do Ministério Público, não podendo a decisão de imposição de sigilo na sua tramitação ser conferida a órgão estranho à Instituição, mesmo que seja o Poder Judiciário, o qual, como já dito, poderá exercer um controle posterior dos atos praticados no inquérito civil, inclusive revisando o sigilo eventualmente determinado.

Por essas razões, o sigilo do inquérito civil poderá ser determinado pelo representante do Ministério Público que o presidir, com base nos critérios de razoabilidade e necessidade, seja para a conveniência da investigação ou para a proteção do interesse da sociedade, a fim de garantir a eficácia de suas diligências instrutórias, abrangendo tão somente a condução das diligências em curso e a fazer, mas não as diligências já realizadas, acaso a divulgação do teor destas últimas não prejudique a efetivação das seguintes. Esta conclusão decorre da aplicação do princípio de interpretação constitucional da concordância prática, que harmoniza, com restrições parciais e recíprocas, os princípios da publicidade, de um lado, e os princípios da eficiência e da supremacia do interesse público, de outro. Ressalvam-se deste raciocínio somente as matérias cujo sigilo decorra de imposição legal (sigilo bancário, fiscal etc.), o qual deverá ser preservado independentemente da publicidade ou do sigilo da investigação.

Somente em situações excepcionais e temporárias, devidamente justificadas, poderá o Presidente do inquérito civil determinar o sigilo da investigação, abrangendo as diligências já realizadas e documentadas e impedindo o acesso aos respectivos autos pelos advogados e investigados. Para tanto, será necessário realizar um juízo de ponderação, orientado pelos critérios de adequação, razoabilidade e proporcionalidade, que conclua pela prevalência do direito à segurança da sociedade, em detrimento do direito de informação, cuja decisão poderá ser sujeita a controle posterior pelo Poder Judiciário. Nestes casos, a publicidade do inquérito civil abrangerá apenas a sua instauração, existência e objeto, com base nas restrições a este princípio constantes nos arts. 5º, incs. XXXIII e LX, da Constituição de 1988.

Por fim, salvo a necessidade de se aguardar o exame de alguma medida liminar pelo Poder Judiciário (indisponibilidade de bens, busca e apreensão etc.), que eventualmente poderá ser prejudicada com sua divulgação antes que seja proferida a decisão, desaparecem os motivos destas hipóteses de sigilo com a conclusão do inquérito civil. Desta maneira, a conclusão da investigação exige irrestrita publicidade, em especial na esfera da probidade administrativa, para que os cidadãos e interessados tenham conhecimento da gestão pública realizada pelos agentes e servidores públicos, bem como para que os investigados eventualmente possam preparar suas defesas. No entanto, esta divulgação deverá ser realizada com cautelas: no caso de interposição de ação judicial, impõe-se o esclarecimento de que esta não equivale a uma condenação, pois os demandados terão direito ao exercício da ampla defesa e do contraditório em sua tramitação, o que não ocorre no inquérito civil; na hipótese de arquivamento, é relevante que se informe acerca da possibilidade de revisão deste pelo Conselho Superior do Ministério Público, inclusive mediante provocação dos interessados.

4.4. O acesso e a utilização de informações sigilosas nas investigações cíveis

A questão do tratamento jurídico das matérias resguardadas pelo sigilo constitucional ou legal independe da publicidade do inquérito civil instaurado para a apuração de ato atentatório à probidade administrativa, embora possa interferir em sua instrução. Mesmo que a tramitação da investigação ministerial ocorra sob a égide do princípio constitucional da publicidade, o acesso, a utilização e a divulgação de alguns dados estão sujeitos a restrições no curso daquela. Estas restrições são determinadas por normas constitucionais ou infraconstitucionais, que impõem sigilo a determinadas matérias, limitando seu acesso a determinadas pessoas ou autoridades, condicionado à presença de hipóteses específicas e à preservação do sigilo das informações. Tais restrições podem impedir o acesso do representante do Ministério Público a determinados dados, informações ou documentos protegidos pelo sigilo. Nos casos em que o Ministério Público tenha acesso a matérias sigilosas, a sua utilização é condicionada somente para os fins investigatórios previstos, o que impede a divulgação destes dados, sob pena de responsabilização.

Deve-se destacar que "o sigilo compreende a *obrigação* de mantê-lo (dever do detentor da informação) e o *direito* de vê-lo respeitado (direito do seu beneficiário)" (Mazzilli, 2008, p. 190, grifo do autor), porém em algumas situações o acesso à informação é autorizado em favor de determinadas pessoas ou autoridades, com base no interesse público, como ocorre na quebra dos sigilos médico, fiscal e bancário. Nestas hipóteses, onde o Ministério Público obtenha o acesso às matérias protegidas pelo sigilo constitucional ou legal, persiste a obrigação de preservação do sigilo, a qual se estende aos servidores da Instituição que eventualmente prestem auxílio nas investigações, não sendo oponível apenas aos investigados a quem as matérias sigilosas digam diretamente respeito, bem como a seus procuradores.

As matérias sigilosas estão expressamente previstas no inciso XII do art. 5º da Constituição de 1988, que declara inviolável o sigilo da correspondência, das comunicações telegráficas, de dados e das comunicações telefônicas, salvo por ordem judicial na última hipótese, para fins de investigação criminal ou instrução processual penal, na forma da Lei nº 9.296/96, que a regulamentou. Diante disso, é garantida constitucionalmente a proteção das liberdades de comunicação nas investigações cíveis de tutela da probidade administrativa. Nestas espécies de investigações ministeriais nem mesmo é permitido o uso da interceptação telefônica, diante da expressa previsão constitucional, que a admite apenas no âmbito criminal, mediante autorização judicial, na hipótese de existência de indícios razoáveis da autoria ou da participação em infração penal punida com reclusão, cuja prova não possa ser produzida por outros meios (art. 2º, incs. I, II e III da Lei referida). Entretanto, "hipótese diversa diz respeito aos meros dados cadastrais dos usuários de linhas telefônicas (nome e endereço do assinante, local de instalação e 'propriedade da linha' etc.), hipótese em que está o Ministério Público legitimado à obtenção de tais informações *independentemente de qualquer intervenção jurisdicional* [...]" (Alves; Garcia, 2008, p. 564, grifo do autor), pois estes dados não se encontram no âmbito de proteção constitucional das liberdades de comunicação.

Posteriormente à apuração na área penal, nada impede que o Juízo Criminal competente venha a levantar o sigilo constitucional e encaminhar à esfera cível as informações obtidas mediante a interceptação telefônica já finda, para seu exame quanto a eventual ato lesivo à probidade administrativa. Estas poderão ser então utilizadas pelo Ministério Público como prova emprestada ou peças de informações, tendo em vista que o sigilo não pode servir para acobertar a prática de atos ilícitos praticados em esferas diversas da penal, como ocorre nas áreas cível e administrativa abrangidas pela tutela da probidade.

Outras matérias são protegidas pelo sigilo na legislação infraconstitucional, dentre as quais se destaca o sigilo bancário, atualmente previsto pela Lei Complementar nº 105, de 10 de janeiro de 2001, o qual será examinado mais adiante separadamente. Também se pode referir o sigilo fiscal, previsto pelo art. 198 do Código Tributário Nacional, que tem o *status* de Lei Complementar, além de outras hipóteses de sigilo profissional, como por exemplo preveem os arts. 7º, inc. XIX, e 34, inc. VII, ambos da Lei nº 8.906/94 (Estatuto da Advocacia e a Ordem dos Advogados do Brasil), no que se refere aos advogados.

O acesso às informações e documentos protegido pelo sigilo legal não foi garantido ao Ministério Público pela Lei nº 7.347/85 (Lei de Ação Civil Pública), tendo esta determinado, em seu art. 8º, § 2º, que a ação fosse proposta desacompanhada daqueles documentos, para que após o juiz decidisse sobre a eventual requisição destes. Todavia, esta sistemática foi superada com a edição da Lei Orgânica Nacional do Ministério Público (Lei nº 8.625/93) e da Lei Orgânica do Ministério Público da União (Lei Complementar nº 75/93), as quais passaram a assegurar o acesso imediato do Ministério Público a quaisquer informações sigilosas, sob pena de responsabilidade pelo uso indevido. A Lei nº 8.625/93 dispôs, em seu art. 26, § 2º, acerca da responsabilidade pelo uso indevido das informações e documentos que o membro do Ministério Público requisitar, inclusive nas hipóteses legais de sigilo.[86] Assim, "admitindo a responsabilidade do membro do Ministério Público *inclusive nas hipóteses legais de sigilo*, está a lei, implicitamente, contemplando a possibilidade legal de requisição mesmo nessas hipóteses" (Carvalho Filho, 2001, p. 262, grifo do autor).

Já a Lei Complementar nº 75/93 foi ainda mais clara, em seu art. 8º, § 2º, ao estabelecer que nenhuma autoridade poderá opor a exceção de sigilo ao Ministério Público, sob qualquer que seja o pretexto, sem prejuízo da subsistência do caráter sigiloso da infor-

---

[86] Sobre o assunto, assim dispõe o art. 26 da Lei nº 8.625, de 12 de fevereiro de 1993: "Art. 26. No exercício de suas funções, o Ministério Público poderá: I – instaurar inquéritos civis e outras medidas e procedimentos administrativos pertinentes e, para instruí-los: [...] b) requisitar informações, exames periciais e documentos de autoridades federais, estaduais e municipais, bem como dos órgãos e entidades da administração direta, indireta ou fundacional, de qualquer dos Poderes da União, dos Estados, do Distrito Federal e dos Municípios; [...] II – requisitar informações e documentos a entidades privadas, para instruir procedimentos ou processo em que oficie; [...] § 1º As notificações e requisições previstas neste artigo, quando tiverem como destinatários o Governador do Estado, os membros do Poder Legislativo e os desembargadores, serão encaminhadas pelo Procurador-Geral de Justiça.§ 2º *O membro do Ministério Público será responsável pelo uso indevido das informações e documentos que requisitar, inclusive nas hipóteses legais de sigilo.* [...]" (grifo nosso)

mação ou documento.[87] De se ressaltar, ainda, que este dispositivo da Lei Complementar n° 75/93 é aplicável à Lei n° 8.625/93, por força do art. 80 desta última.[88]

Sobre o assunto, deve-se ainda acrescentar que a Constituição de 1988 conferiu ao Ministério Público o poder de requisitar informações e documentos para instruir os procedimentos administrativos por ele instaurados (art. 129, inc. VI), sem estabelecer qualquer restrição para seu exercício, tendo admitido a sua regulamentação por lei complementar própria, o que foi realizado pela Lei Complementar n° 75/93, nos moldes já mencionados. Dessa forma, com exceção de matéria onde a Constituição exija que a quebra de sigilo seja autorizada por ordem judicial, o Ministério Público não está sujeito à reserva do sigilo legal, sendo-lhe conferido o acesso a quaisquer informações e documentos de órgãos públicos ou privados, para a instrução de suas investigações cíveis de tutela da probidade, com base no art. 8°, § 2°, da Lei Complementar n° 75/93, e nos arts. 26, § 2°, e 80, ambos da Lei n° 8.625/93:

> Todo o quadro normativo acima invocado sustenta a única conclusão correta na hipótese: quando a requisição do documento ou da informação se origina do Ministério Público, não pode o destinatário opor o direito de recusa em face do sigilo. Deve, ao revés, dar atendimento à requisição, podendo, quando muito, lembrar a situação especial de que se reveste a informação ou o documento. Em conseqüên-

---

[87] A Lei Complementar n° 75, de 20 de maio de 1993, regula o assunto, em seu art. 8°, da seguinte forma: "Art. 8° Para o exercício de suas atribuições, o Ministério Público da União poderá, nos procedimentos de sua competência: [...] II – requisitar informações, exames, perícias e documentos de autoridades da Administração Pública direta ou indireta; [...] IV – requisitar informações e documentos a entidades privadas; [...] VIII – ter acesso incondicional a qualquer banco de dados de caráter público ou relativo a serviço de relevância pública; [...] § 1° O membro do Ministério Público será civil e criminalmente responsável pelo uso indevido das informações e documentos que requisitar; a ação penal, na hipótese, poderá ser proposta também pelo ofendido, subsidiariamente, na forma da lei processual penal. § 2° *Nenhuma autoridade poderá opor ao Ministério Público, sob qualquer pretexto, a exceção de sigilo, sem prejuízo da subsistência do caráter sigiloso da informação, do registro, do dado ou do documento que lhe seja fornecido.* § 3° A falta injustificada e o retardamento indevido do cumprimento das requisições do Ministério Público implicarão a responsabilidade de quem lhe der causa. § 4° As correspondências, notificações, requisições e intimações do Ministério Público quando tiverem como destinatário o Presidente da República, o Vice-Presidente da República, membro do Congresso Nacional, Ministro do Supremo Tribunal Federal, Ministro de Estado, Ministro de Tribunal Superior, Ministro do Tribunal de Contas da União ou chefe de missão diplomática de caráter permanente serão encaminhadas e levadas a efeito pelo Procurador-Geral da República ou outro órgão do Ministério Público a quem essa atribuição seja delegada, cabendo às autoridades mencionadas fixar data, hora e local em que puderem ser ouvidas, se for o caso. § 5° As requisições do Ministério Público serão feitas fixando-se prazo razoável de até dez dias úteis para atendimento, prorrogável mediante solicitação justificada." (grifo nosso)

[88] A Lei n° 8.625, de 12 de fevereiro de 1993, em seu artigo 80, assim determina: "*Art. 80. Aplicam-se aos Ministérios Públicos dos Estados, subsidiariamente, as normas da Lei Orgânica do Ministério Público da União.*" (grifo nosso)

cia, a restrição contida no parágrafo que estamos comentando [§ 2º do art. 8º da Lei nº 7.347/85] só tem aplicação aos demais interessados na obtenção desses dados (art. 8º, *caput* e art. 5º); no que concerne, entretanto, à requisição feita pelo Ministério Público é a restrição inaplicável.[89] (Carvalho Filho, 2001, p. 263)

Todavia, uma única exceção a essa orientação merece destaque. Esta se refere ao dever de resguardo do sigilo profissional do advogado, o qual não poderá ser quebrado para o atendimento de requisições do Ministério Público, acaso estas se refiram a documentos ou informações que possam comprometer seu cliente, tendo em vista a função de defesa técnica desempenhada pelo advogado, a qual é assegurada pelo atual texto constitucional e ficaria comprometida com a divulgação da informação ou documento que pudesse trazer prejuízos a seu constituinte (Decomain, 1996, p. 218).

Quanto à apuração dos atos de improbidade administrativa, a possibilidade de requisição de informações do Ministério Público alcança inclusive aquelas referentes à evolução patrimonial do agente público, em virtude da regra contida no art. 13 da Lei nº 8.429/92,[90] que condiciona a posse e o exercício deste à apresentação de sua declaração de bens, bem como de seus filhos, cônjuge, companheira e outras pessoas que vivam sob sua dependência econômica, as quais devem ser atualizadas anualmente, até a data em que o agente público deixar o exercício do mandato, cargo, emprego ou função. Esta regra se justifica pelo fundamento de que "[...] aqueles que ingressam no serviço público recebem vencimentos do Poder Público, devem atuar com exclusividade e isenção, manejam e gerenciam o patrimônio público em nome alheio e, mais do que

---

[89] O mesmo posicionamento é adotado por Hugo Nigro Mazzilli, o qual refere a existência de "hipóteses de *justa causa* para a revelação do segredo pelo seu depositário" (Mazzilli, 2008, p. 197), bem como por Rogério Pacheco Alves (ALVES; GARCIA, 2008, p. 548-552) e Pedro Roberto Decomain (DECOMAIN, 1996, p. 209-218).

[90] A Lei nº 8.429, de 2 de junho de 1992, assim regula a matéria: "Art. 13. A posse e o exercício de agente público ficam condicionados à apresentação de declaração dos bens e valores que compõem o seu patrimônio privado, a fim de ser arquivada no serviço de pessoal competente. § 1º A declaração compreenderá imóveis, móveis, semoventes, dinheiro, títulos, ações, e qualquer outra espécie de bens e valores patrimoniais, localizado no País ou no exterior, e, quando for o caso, abrangerá os bens e valores patrimoniais do cônjuge ou companheiro, dos filhos e de outras pessoas que vivam sob a dependência econômica do declarante, excluídos apenas os objetos e utensílios de uso doméstico. § 2º A declaração de bens será anualmente atualizada e na data em que o agente público deixar o exercício do mandato, cargo, emprego ou função. § 3º Será punido com a pena de demissão, a bem do serviço público, sem prejuízo de outras sanções cabíveis, o agente público que se recusar a prestar declaração dos bens, dentro do prazo determinado, ou que a prestar falsa. § 4º O declarante, a seu critério, poderá entregar cópia da declaração anual de bens apresentada à Delegacia da Receita Federal na conformidade da legislação do Imposto sobre a Renda e proventos de qualquer natureza, com as necessárias atualizações, para suprir a exigência contida no caput e no § 2º deste artigo.".

isso, devem ser totalmente transparentes, em todos os aspectos, no exercício de suas funções, porque neles a sociedade deposita a sincera confiança de honestidade" (Martins Júnior, 2009, p.162). Assim, o dispositivo referido cumpre importante função institucional, pois consiste em mecanismo que permite o controle da legitimidade do enriquecimento dos agentes públicos, prevenindo a prática dos atos de improbidade administrativa consistentes em enriquecimento ilícito do agente público, em razão do exercício do cargo, função, mandato, emprego ou atividade, previstos pelo art. 9º da mesma Lei, em especial nos casos de evolução patrimonial desproporcional em relação à renda (art. 9º, inc. VII, da Lei nº 8.429/92). A norma do art. 13 da Lei nº 8.429/92 é também de muita utilidade para instruir eventual pedido cautelar de indisponibilidade de bens, a fim de assegurar a futura perda dos bens adquiridos ilicitamente ou o ressarcimento do dano ao erário na fase de execução da sentença (arts. 7º e 18 da Lei citada).

Por outro lado, o acesso às informações, dados ou documentos sigilosos pelo Ministério Público, no exercício de suas funções, inclusive em virtude do atendimento a suas requisições, impõe-lhe a responsabilidade pelo resguardo do sigilo a estes atribuído, podendo-se afirmar que desta maneira "estará transferido ao representante da Instituição [...] o dever de resguardar o respectivo sigilo. Está proibido de dar divulgação aos informes e documentos sigilosos que detenha em seu poder" (Decomain, 1996, p. 219). O descumprimento deste dever de manutenção do segredo poderá caracterizar a figura delitiva prevista pelo art. 325 do Código Penal, além do ato de improbidade administrativa descrito pelo art. 11, inc. III, da Lei nº 8.429/92. No que se refere à ilegal quebra do dever de preservação do sigilo bancário, o art. 10 da Lei Complementar nº 105, de 10 de janeiro de 2001, traz previsão delitiva específica.

A busca da compatibilidade entre a publicidade do inquérito civil e a preservação do sigilo inerente a alguns documentos e informações obtidos durante sua instrução motivou disposição expressa do Conselho Nacional do Ministério Público (CNMP), contida em sua Resolução nº 23, de 17 de setembro de 2007, que disciplina a instauração e tramitação do inquérito civil no âmbito da Instituição. Assim, o § 5º do art. 7º da Resolução aludida determinou a autuação em apartado dos documentos resguardados por sigilo legal (Brasil, CNMP, 2007), permitindo a consulta pelos interessados aos autos principais do inquérito civil, em atenção ao princípio da publicidade, sem prejuízo do resguardo das matérias cobertas pelo sigilo legal.

Nesse tema, ainda está pouco explorada pela doutrina a questão referente à manutenção, ou não, do sigilo legal imposto a determinadas matérias, após o ajuizamento de eventual ação civil pública pelo Ministério Público. Em muitos casos, em especial naqueles que envolvem o enriquecimento ilícito dos investigados, em virtude do exercício de função ou cargo público, ou onde seja buscado o ressarcimento ao erário, decorrente de atos lesivos praticados por ocupantes de cargos políticos ou servidores públicos, em benefício de terceiros, as informações referentes ao sigilo bancário e fiscal destes passam a integrar a petição inicial, pois a evolução patrimonial dos requeridos e o caminho percorrido pelos recursos públicos desviados assumem grande importância na solução destas demandas. Nestas hipóteses, não é possível conciliar a publicidade da ação com o sigilo legal destas informações, devendo-se admitir a quebra do sigilo legal quanto às questões diretamente envolvidas no debate processual, pois são inadmissíveis restrições à publicidade do processo de tutela da probidade administrativa, mesmo que com base na proteção da privacidade dos investigados.[91] Os fundamentos para esta conclusão são encontrados no próprio princípio constitucional da publicidade, na responsabilidade pelo exercício de cargo ou função pública, na prevenção e nas restrições aos abusos de autoridade, na preservação do sistema democrático, bem como nas liberdades de expressão, de comunicação e de imprensa, conforme já mencionado na subseção nº 4.3.2 do presente trabalho. Ressalvam-se deste raciocínio as informações cobertas por sigilo legal não utilizadas na demanda judicial, que permanecerão assim protegidas, autuadas em apenso à demanda judicial, nos moldes previstos pelo art. 7º, § 5º, da Resolução nº 23, de 17 de setembro de 2007, do Conselho Nacional do Ministério Público.

Dessa forma, pode-se afirmar que o Ministério Público não está sujeito à reserva do sigilo legal no exercício de seu poder constitucional de realizar requisições, sendo-lhe conferido o acesso a quaisquer informações e documentos de órgãos públicos ou privados, para a instrução de suas investigações cíveis de tutela da probidade, com base no art. 129, inc. VI, da Constituição da República, no art. 8º, § 2º, da Lei Complementar nº 75/93, e nos arts. 26, § 2º, e 80, ambos da Lei nº 8.625/93. Excepcionam-se desta regra geral as matérias onde a própria Constituição Federal exija a concessão de

---

[91] No que se refere ao tema, Luiz Fernando Bellinetti sustenta que o dever do Ministério Público preservar o segredo quanto à quebra de sigilo bancário cessa "[...] quando propuser ações penais ou civis públicas contra o titular da informação, pois nesse caso necessariamente deverá ela ganhar o âmbito público." (Bellinetti, 1996, p. 159)

ordem judicial para a quebra do sigilo, bem como aquelas relativas ao sigilo profissional do advogado, previstas pelos arts. 7º, inc. XIX, e 34, inc. VII, ambos da Lei nº 8.906/94 (Estatuto da Advocacia e da Ordem dos Advogados do Brasil). Nestas últimas, a quebra do sigilo é implicitamente vedada pela Constituição de 1988, em razão da função de defesa técnica desempenhada pelo advogado, a qual o impede de fornecer documentos e informações que prejudiquem seu cliente. Todavia, após o ajuizamento de ação civil pública pelo Ministério Público, as informações e documentos protegidos por sigilo que venham a integrar o processo de tutela da probidade administrativa perdem este caráter, devendo ser submetidos à publicidade, com base no próprio princípio constitucional da publicidade, na responsabilidade pelo exercício de cargo ou função pública, na prevenção e nas restrições aos abusos de autoridade, na preservação do sistema democrático, bem como nas liberdades de expressão, de comunicação e de imprensa. Apesar destes argumentos, a questão relativa à requisição direta pelo Ministério Público dos dados de movimentações bancárias dos investigados ainda encontra fortes resistências na jurisprudência, que tem exigido a prévia autorização judicial para o acesso a estes dados pela Instituição, matéria esta que, por sua peculiaridade própria, será examinada na subseção seguinte.

4.4.1. O acesso direto do Ministério Público aos dados das movimentações bancárias

Apesar das normas previstas no art. 129, inc. VI, da Constituição da República, no art. 8º, § 2º, da Lei Complementar nº 75/93, e nos arts. 26, § 2º, e 80, ambos da Lei nº 8.625/93, autorizarem o Ministério Público a realizar a requisição direta de dados, informações e documentos protegidos por sigilo legal, o que é aceito por vários doutrinadores mencionados na subseção anterior,[92] a jurisprudência atualmente dominante não admite a possibilidade do Ministério Público ter acesso direto aos dados referentes às movimentações bancárias dos investigados, ressalvadas aquelas oriundas de verbas públicas. Tendo em vista a relevância destas informações bancárias para as investigações ministeriais de tutela da probidade, será a seguir realizado um breve exame dos fundamentos de alguns acórdãos que exigem a prévia autorização judicial para o acesso a elas

---

[92] Esta posição é adotada por José dos Santos Carvalho Filho (Carvalho Filho, 2001, p. 263), Hugo Nigro Mazzilli (Mazzilli, 2008, p. 197), Rogério Pacheco Alves (Alves; Garcia, 2008, p. 548-552) e Pedro Roberto Decomain (Decomain, 1996, p. 209-218).

pelo Ministério Público, bem como de hipótese específica onde o Supremo Tribunal Federal reconhece ser dispensável referida autorização.

Antes do exame desses acórdãos, faz-se necessário mencionar o conceito e o fundamento jurídico do sigilo bancário. Segundo Luiz Fernando Bellinetti, o sigilo bancário pode ser definido como "o dever jurídico que têm as instituições de crédito e as organizações auxiliares e seus empregados de não revelar, salvo justa causa, as informações que venham a obter em virtude da atividade bancária a que se dedicam" (Bellinetti, 1996, p. 144), o que não se refere somente aos clientes destas, abrangendo todas as pessoas com que elas estabelecem relações comerciais. Deste conceito pode-se concluir que o dever jurídico inerente ao sigilo bancário dirige-se à pessoa jurídica – empresas bancárias, sendo somente imposto de forma reflexa às pessoas naturais que nela laboram (Bellinetti, 1996, p. 145).

A proteção jurídica ao sigilo bancário não consta do texto constitucional, estando prevista na Lei Complementar n° 105, de 10 de janeiro de 2001, que dispõe sobre o sigilo das operações de instituições financeiras, estabelecendo, em seu art. 1°, que estas conservarão sigilo em suas operações ativas e passivas e serviços prestados. Em que pese a Lei Complementar n° 105/2001 não tenha previsto hipótese de quebra de sigilo bancário diretamente pelo Ministério Público, o texto desta não derrogou parcialmente o art. 8° da Lei Complementar Federal n° 75/93, nem o art. 26 da Lei n° 8.625/93, "pois, tratando-se de lei geral nova, ela não revoga a lei especial antiga senão quando regula a matéria contida na lei específica" (Martins Júnior, 2009, p. 499).

O embasamento jurídico do sigilo bancário consta expressamente na legislação infraconstitucional, porém muitos acórdãos de Tribunais Superiores sustentam que ele possui fundamento constitucional. Em várias destas decisões, o sigilo bancário é enquadrado no âmbito do direito à privacidade, previsto no art. 5°, inc. X, da Constituição de 1988, que declara invioláveis a intimidade, a vida privada, a honra e a imagem das pessoas, assegurando o direito à indenização moral e material em caso de sua violação. Com base na proteção da intimidade e da vida privada das pessoas, esta orientação jurisprudencial hoje dominante determina que somente autorização expressa da Constituição, que entende estar ausente em seu art. 129, inc. VIII, poderia legitimar o Ministério Público a promover diretamente, sem autorização judicial, a quebra do sigilo bancário de qualquer pessoa (Brasil, Supremo Tribunal Federal,

1999A; Brasil, Superior Tribunal de Justiça, 2009C, 2009D, 2008A, 2006B).[93] Contudo, de forma contraditória, a mesma jurisprudência dominante admite exceções ao sigilo bancário previstas na norma infraconstitucional que o regula (Brasil, Supremo Tribunal Federal, 1999B).[94]

O enquadramento do sigilo bancário no âmbito da esfera da intimidade dos indivíduos não implica o acolhimento do princípio da reserva de jurisdição, afastando-se o argumento de que somente mediante ordem da autoridade judicial competente possa ser permitido o acesso aos dados a ele correspondentes. A legislação complementar que regula o sigilo bancário (Lei Complementar nº 105/2001) legitima outros titulares para o acesso direto às operações bancárias, sem a necessidade de autorização judicial: as Comissões Parlamentares de Inquérito (CPIs) do Poder Legislativo Federal, para a instrução de suas investigações, desde que as solicitações sejam aprovadas pelo Plenário da Câmara dos Deputados, do Senado Federal ou das respectivas CPIs (art. 4º, § § 1º e 2º); as autoridades e os agentes fiscais tributários da União, dos Estados, do Distrito Federal

---

[93] Como paradigma desta corrente jurisprudencial, pode ser apontada a decisão proferida pelo Supremo Tribunal Federal, no Recurso Extraordinário nº 215.301/CE, Relator Ministro Carlos Velloso, em cujo acórdão constou a seguinte ementa: "CONSTITUCIONAL. MINISTÉRIO PÚBLICO. SIGILO BANCÁRIO: QUEBRA. C. F., art. 129, inc. VIII. I. A norma inscrita no inc. VIII, do art. 129, da C. F., não autoriza ao Ministério Público, sem a interferência da autoridade judiciária, quebrar sigilo bancário de alguém. Se se tem presente que o sigilo bancário é espécie de direito à privacidade, que a C. F. consagra, art. 5º, inc. X, somente autorização expressa da Constituição legitimaria o Ministério Público a promover, diretamente e sem a intervenção da autoridade judiciária, a quebra do sigilo bancário de qualquer pessoa. II. R. E. não conhecido" (Brasil, Supremo Tribunal Federal, 1999A). A mesma orientação é seguida por várias decisões do Superior Tribunal de Justiça, citando-se como exemplos as proferidas no Recurso Especial nº 1060976/DF, Relator Ministro Luiz Fux (Brasil, Superior Tribunal de Justiça, 2009C), no Recurso Ordinário em *Habeas Corpus* nº 25789/SP, Relator Ministro Napoleão Nunes Maia Filho (Brasil, Superior Tribunal de Justiça, 2009D), no Recurso Ordinário em Mandado de Segurança nº 25375/PA, Relator Ministro Felix Fischer (Brasil, Superior Tribunal de Justiça, 2008A), no Recurso Especial nº 633.250/AM, Relator para o acórdão Ministro Arnaldo Esteves Lima (Brasil, Superior Tribunal de Justiça, 2006B), que referem a existência de fundamento constitucional do sigilo bancário e a necessidade de autorização judicial para sua quebra pelo Ministério Público.

[94] Essa decisão proferida pelo Supremo Tribunal Federal, nos autos do Recurso Extraordinário nº 219.780/PE, Relator Ministro Carlos Velloso, é um exemplo do entendimento referido, conforme consta de sua ementa: "CONSTITUCIONAL. SIGILO BANCÁRIO: QUEBRA. ADMINISTRADORA DE CARTÕES DE CRÉDITO. CF, art. 5º, X. I. – Se é certo que o sigilo bancário, que é espécie de direito à privacidade, que a Constituição protege art. 5º, X não é um direito absoluto, que deve ceder diante do interesse público, do interesse social e do interesse da Justiça, certo é, também, que ele há de ceder na forma e com observância de procedimento estabelecido em lei e com respeito ao princípio da razoabilidade. No caso, a questão foi posta, pela recorrente, sob o ponto de vista puramente constitucional, certo, entretanto, que *a disposição constitucional é garantidora do direito, estando as exceções na norma infraconstitucional*. II. – R.E. não conhecido." (Brasil, Supremo Tribunal Federal, 1999B, grifo nosso).

e dos Municípios, desde que exista procedimento administrativo instaurado ou procedimento fiscal em curso e que o exame dos dados da movimentação bancária seja considerado indispensável pela autoridade administrativa competente (art. 6º); a Advocacia-Geral da União, no que se refere às informações e documentos necessários à defesa da União nas ações em que seja parte (art. 3º, § 3º); além do Banco Central do Brasil, no desempenho de suas funções de fiscalização ou para a instrução de inquérito em instituição financeira submetida a regime especial (art. 2º, § 1º, incs. I e II) e da Comissão de Valores Mobiliários, quando se tratar da fiscalização de operações e serviços no mercados de valores mobiliários (art. 2º, § 3º). Além disto, o art. 9º da Lei Complementar nº 105/2001 estabelece o dever do Banco Central do Brasil e da Comissão de Valores Mobiliários informarem ao Ministério Público sobre a ocorrência de crime de ação pública, ou de indícios da prática de crimes, verificados no exercício de suas atribuições, com a remessa dos documentos necessários à apuração ou à comprovação dos fatos, sem a necessidade de prévia autorização judicial para tanto. Estas hipóteses de acesso direto às informações bancárias, sem a necessidade de obtenção de prévia ordem judicial, são amplamente aceitas pelo Superior Tribunal de Justiça.[95]

Dessa forma, nada impede que outras exceções ao sigilo bancário sejam estabelecidas pela legislação complementar federal, conforme foi previsto no art. 8º, § 2º, da Lei Complementar nº 75/93, extensível ao Ministério Público dos Estados por força do art. 80 da Lei nº 8.625/93, o qual conferiu a possibilidade de requisição direta pelo Ministério Público de quaisquer dados ou documentos protegidos por sigilo legal. De se mencionar, que esta hipótese de requisição direta de dados e documentos relativos à movimentação bancária dos investigados decorre das funções institucionais constitucionalmente conferidas ao Ministério Público, dentre as quais se insere o poder de requisitar informações e documentos para instruir os procedimentos administrativos de sua competência, na forma da lei complementar respectiva (art. 129, inc. VI, da Constituição de

---

[95] O Superior Tribunal de Justiça vem admitindo exceções ao sigilo bancário, permitindo o acesso direto às informações a ele respectivas, sem a intervenção do Poder Judiciário, pelas Comissões Parlamentares de Inquérito – Recurso Especial nº 1060976/DF, Relator Ministro Luiz Fux (Brasil, Superior Tribunal de Justiça. 2009C); e reconhecendo o dever do Banco Central do Brasil comunicar ao Ministério Público e à Receita Federal sobre eventual indício da prática de ilícito penal no âmbito de sua fiscalização, inclusive com o envio de informações acerca de movimentações financeiras suspeitas de irregularidades, sem a necessidade de ordem judicial – *Habeas Corpus* nº 117733/PR, Relator Ministro Arnaldo Esteves Lima (Brasil, Superior Tribunal de Justiça, 2009E).

1988). Por isto, o dispositivo constitucional aludido teve por objetivo outorgar ao Ministério Público os meios necessários para o exercício de suas funções de defesa da ordem jurídica, do regime democrático e dos interesses sociais e individuais indisponíveis (art. 127, *caput*, da Constituição), pois "não fez o mandamento qualquer restrição para o exercício desta função. Admitiu até mesmo que a função fosse regulamentada pela lei complementar própria" (Carvalho Filho, 2001, p. 261), o que foi devidamente realizado pela Lei Complementar n° 75/93 já mencionada.

Por outro lado, é de se destacar que o direito à privacidade e o sigilo bancário não se confundem. O sigilo bancário é garantia legal e não constitucional, ao contrário da intimidade, cuja proteção consta do texto constitucional, no âmbito da esfera da proteção do direito à privacidade. Embora o direito constitucional à privacidade e o sigilo bancário possam coexistir, a informação protegida pelo sigilo estará fora do âmbito da tutela do direito à privacidade se interferir no âmbito de terceiros, permitindo o acesso aos dados e documentos relativos à movimentação bancária dos investigados com base nas exceções previstas pela legislação infraconstitucional:

> Sempre que houver interesse público ou de ordem pública no esclarecimento de determinadas situações, a justificar a revelação deste fato, ou então existir o assentimento do titular, entendemos que não poderá ser invocado o direito à privacidade para subtraí-lo do conhecimento do(s) interessados(s). Isto porque, conforme bem expôs o inesquecível Pontes de Miranda, a própria ação do indivíduo, atingindo o âmbito social e interferindo em interesses de terceiros, exclui o fato da órbita protetiva do direito à privacidade. (Bellinetti, 1996, p. 154)

Nesse sentido, o sigilo bancário não tem sido reconhecido como direito absoluto, tendo sido afastado do âmbito de proteção do direito constitucional à privacidade, com base no atendimento do interesse público, quando surgem dúvidas acerca da prática de atos ilícitos que possam estar sendo por ele encobertos, conforme demonstra a seguinte decisão proferida pelo Superior Tribunal de Justiça, nos autos do Recurso Especial n° 943.304/SP, em que foi Relator o Ministro Luiz Fux:

> [...] o sigilo bancário não tem conteúdo absoluto, devendo ceder ao princípio da moralidade pública e privada, este sim, com força de natureza absoluta. A regra do sigilo bancário deve ceder todas as vezes que as transações bancárias são denotadoras de ilicitude, porquanto não pode o cidadão, sob o alegado manto de garantias fundamentais, cometer ilícitos. O sigilo bancário é garantido pela Constituição Fe-

deral como direito fundamental para guardar a intimidade das pessoas desde que não sirva para encobrir ilícitos [...].[96] (Brasil, Superior Tribunal de Justiça, 2008B)

De se destacar, ainda, a existência de orientação jurisprudencial minoritária, que admite o acesso direto a informações bancárias pelo Ministério Público, sustentando que esta hipótese não viola o direito à privacidade, tendo em vista o dever legal de preservação do sigilo imposto à instituição, o qual é garantido pela responsabilização civil e penal do representante do Ministério Público, em caso de uso indevido das informações requisitadas, fora das finalidades investigatórias a que se destinem.[97]

No que se refere às movimentações bancárias de valores correspondentes a verbas públicas, estas não são protegidas pelo sigilo bancário, pois os atos de gestão da Administração Pública não se enquadram no âmbito da tutela do direito à privacidade, devendo submeter-se aos princípios constitucionais da publicidade, moralidade e legalidade, que exigem a transparência na utilização dos recursos oriundos da arrecadação tributária, cuja titularidade pertence à coletividade, impondo a possibilidade de conhecimento de todos sobre a destinação que lhes é dada, com a finalidade de permitir a mais ampla fiscalização em sua aplicação.

Em precedente paradigmático, no julgamento do Mandado de Segurança nº 21.729-4/DF, cujo Relator para o acórdão foi o Ministro Néri da Silveira, o Supremo Tribunal Federal reconheceu a possibilidade de requisição direta pelo Ministério Público, sem prévia autorização judicial, de informações referentes a empréstimos subsidiados pelo Tesouro Federal, concedidos pelo Banco do Brasil em favor de empresas do setor sucroalcooleiro, pois estas informações

---

[96] Na mesma linha, pode-se citar decisão proferida pelo Tribunal de Justiça de Santa Catarina, nos autos do Agravo de Instrumento nº 2003.024964-8, Relator Desembargador Irineu João da Silva, na qual, apesar de ter sido reconhecida a existência de divergências acerca da condição do sigilo bancário ser garantia do direito à privacidade e intimidade, foi declarado que estes não são direitos absolutos, permitindo a quebra do sigilo bancário das partes supostamente envolvidas em conduta ilícita (Brasil, Tribunal de Justiça de Santa Catarina, 2004B).

[97] O Tribunal Federal da 2ª Região, nos autos do *Habeas Corpus* nº 96.02.98460-9/RJ, cujo Relator foi o Juiz Chalu Barbosa, em acórdão publicado no Diário da Justiça de 19 de junho de 1997, assim decidiu: "O art. 8º, parágrafos 1º e 2º, da Lei Complementar nº 75/93, confere ao Ministério Público o acesso a informes bancários, atribuindo-lhe, porém, o dever legal de utilizar os dados obtidos apenas para os fins a que se destinem. Assim, não há que se falar em violação à intimidade e à vida privada, posto que está resguardado o caráter sigiloso das informações, garantindo-se, inclusive, a responsabilização civil e penal do órgão do Ministério Público, no caso de uso indevido das informações requeridas." (Brasil, Tribunal Regional Federal da 2ª Região. HC nº 96.02.98460-9/RJ, 1ª Turma. Relator Juiz Chalu Barbosa. DJ 16 junho 1997. *Apud* Carvalho Filho, 2001, p. 265)

se destinavam a instruir investigação sobre a aplicação de verbas públicas:

> Mandado de Segurança. Sigilo bancário. Instituição financeira executora de política creditícia e financeira do Governo Federal. Legitimidade do Ministério Público para requisitar informações e documentos destinados a instruir procedimentos administrativos de sua competência. 2. Solicitação de informações, pelo Ministério Público Federal ao Banco do Brasil S/A, sobre concessão de empréstimos, subsidiados pelo Tesouro Nacional, com base em plano de governo, a empresas do setor sucroalcooleiro. 3. Alegação do Banco impetrante de não poder informar os beneficiários dos aludidos empréstimos, por estarem protegidos pelo sigilo bancário, previsto no art. 38 da Lei nº 4.595/1964, e, ainda, ao entendimento de que dirigente do Banco do Brasil S/A não é autoridade, para efeito do art. 8º, da LC nº 75/1993. 4. O poder de investigação do Estado é dirigido a coibir atividades afrontosas à ordem jurídica e a garantia do sigilo bancário não se estende às atividades ilícitas. A ordem jurídica confere explicitamente poderes amplos de investigação ao Ministério Público – art. 129, incisos VI, VIII, da Constituição Federal, e art. 8º, incisos II e IV, e § 2º, da Lei Complementar nº 75/1993. 5. *Não cabe ao Banco do Brasil negar, ao Ministério Público, informações sobre nomes de beneficiários de empréstimos concedidos pela instituição, com recursos subsidiados pelo erário federal, sob invocação do sigilo bancário, em se tratando de requisição de informações e documentos para instruir procedimento administrativo instaurado em defesa do patrimônio público. Princípio da publicidade, ut art. 37 da Constituição.* 6. No caso concreto, os empréstimos concedidos eram verdadeiros financiamentos públicos, porquanto o Banco do Brasil os realizou na condição de executor da política creditícia e financeira do Governo Federal, que deliberou sobre sua concessão e ainda se comprometeu a proceder à equalização da taxa de juros, sob a forma de subvenção econômica ao setor produtivo, de acordo com a Lei nº 8.427/1992. 7. Mandado de segurança indeferido. (Brasil, Supremo Tribunal Federal, 1995, grifo nosso)

O raciocínio contido na decisão da Corte Suprema aludida também se aplica às informações bancárias referentes aos particulares que contratam com a Administração Pública, os quais também se sujeitam às normas de direito público ao realizarem negócios com o Poder Público, impondo-se a total transparência nos contratos e pagamentos entre estes celebrados, o que afasta qualquer hipótese de proteção ao direito à privacidade ou ao sigilo bancário referente a estas operações:

> [...] Sem embargo até mesmo das considerações precedentes, sobre a inexistência de sigilo bancário para requisições oriundas do Ministério Público, deve-se frisar, nessa hipótese em particular, que aquele que contrata com a Administração Pública em sentido amplo, deve saber que está realizando um contrato sujeito à mais ampla publicidade, e que todos os aspectos do negócio jurídico que empreende devem ser suscetíveis de conhecimento por parte da população de modo geral e especialmente por parte de outros órgãos públicos encarregados do resguardo ao bom emprego do numerário estatal, entre eles o próprio Ministério Público, a quem incumbe a responsabilização judicial dos que malversam recursos do erário. Desse

modo, aquele que contrata com o Poder Público também fica sujeito a ter seus negócios bancários diretamente relacionados com o contrato, sujeitos ao controle do *parquet*. Portanto, *também o argumento de que o outro contratante deveria ter resguardado o sigilo, cai por terra diante da publicidade do contrato que celebra com a Administração, que se estende a todos os aspectos desse contrato, inclusive a eventuais desdobramentos seus perante instituições financeiras* (recebimentos mediante cheques, por exemplo). (Decomain, 1996, p. 215-216, grifo nosso)

Pelo exposto, o direito constitucional à privacidade não faz parte da essência do sigilo bancário, o qual é protegido pela legislação infraconstitucional, embora ambos possam coexistir na proteção do sigilo das informações bancárias dos indivíduos (Bellinetti, 1996, p. 155). Se a informação protegida pelo sigilo bancário interferir no âmbito de terceiros e surgir o interesse público na apuração de condutas ilícitas, não se pode invocar a tutela do direito à privacidade, que não é absoluta, sendo admissíveis as exceções ao sigilo previstas pela Lei Complementar nº 105/2001, que dispõe sobre o sigilo das operações de instituições financeiras, o que tem sido aceito pela jurisprudência atualmente dominante. Estas exceções ao sigilo bancário previstas na Lei Complementar aludida não contemplam o princípio da reserva de jurisdição, prevendo hipóteses de quebra de sigilo sem a necessidade de intervenção judicial, por iniciativa das Comissões Parlamentares de Inquérito do Poder Legislativo Federal, das autoridades e agentes fiscais tributários da União, dos Estados, do Distrito Federal e dos Municípios, da Advocacia-Geral da União, do Banco Central do Brasil e da Comissão de Valores Mobiliários. Tais exceções ao sigilo bancário constantes da Lei Complementar nº 105/2001, de caráter geral, não elidem outra exceção ao sigilo, igualmente dispensando a autorização judicial, constante em norma infraconstitucional de igual hierarquia, mas de caráter especial. Assim, deve ser admitida a exceção ao sigilo prevista na Lei Complementar nº 75/93 (Lei Orgânica do Ministério Público da União), em seu art. 8º, § 2º, o qual autoriza a requisição direta pelo Ministério Público de quaisquer informações, registros, dados ou documentos protegidos pelo sigilo legal, cuja última norma também é aplicável ao Ministério Público dos Estados por força do art. 80 da Lei nº 8.625/93, segundo interpretação sistemática do ordenamento jurídico brasileiro relativa ao tema tratado.

Diante dessas razões, entende-se inadequada a orientação jurisprudencial hoje dominante quanto ao tema, que exige a prévia autorização judicial para que o Ministério Público obtenha acesso às informações e documentos protegidos pelo sigilo bancário, a fim de instruir suas investigações de tutela da probidade, o que recomenda seja esta orientação revista, admitindo-se o acesso direto da Instituição ministerial às informações bancárias dos investigados, com base nos fundamentos normativos e doutrinários antes referidos, a fim de garantir-lhe os meios necessários para o exercício de suas funções constitucionais de defesa da ordem jurídica, do regime democrático e dos interesses sociais e individuais indisponíveis.

Por fim, não pode ser invocado o sigilo no que se refere às movimentações bancárias de valores correspondentes a verbas públicas, pois os atos de gestão da Administração Pública não se enquadram no âmbito da tutela do direito à privacidade, devendo submeter-se aos princípios constitucionais da publicidade, moralidade e legalidade. Estes princípios exigem a transparência na utilização dos recursos oriundos da arrecadação tributária, com a finalidade de permitir a mais ampla fiscalização em sua aplicação pelos seus titulares, isto é, por toda a população. Por isso, independentemente da revisão da orientação jurisprudencial sugerida no parágrafo anterior, o Ministério Público está legitimado a obter diretamente, sem autorização judicial, as informações e documentos bancários que tenham relação com a destinação dada a verbas públicas eventualmente desviadas do erário, em suas investigações sobre atos ilícitos de malversação de recursos públicos.

5. Conclusão

A Constituição de 1988 consagrou o restabelecimento da Democracia no Brasil, com a adoção do modelo de Estado Social e Democrático de Direito, no qual foi reconhecido um amplo rol de direitos fundamentais, não excludente de direitos implícitos da mesma natureza, decorrentes de outros princípios e direitos fundamentais constantes em seu texto, embora fora do capítulo específico, bem como daqueles advindos de tratados internacionais que obtenham a adesão do Estado brasileiro. A previsão dos direitos sociais no capítulo dos direitos fundamentais, na Constituição de 1988, ressaltou a condição de fundamentalidade destes, o que implica o reconhecimento de sua aplicabilidade imediata, conforme dispôs de forma inovadora o texto constitucional, excluindo a possibilidade de seu reconhecimento como normas programáticas, como, de regra, previam as Constituições anteriores.

A exigência de materialização dos direitos sociais, oriunda da transição do modelo de Estado Liberal para Social, criou novas espécies de demandas, que não se enquadravam na esfera de proteção do modelo tradicional de processo civil individualista, impondo o reconhecimento das modalidades de interesses transindividuais (interesses difusos, coletivos e individuais homogêneos) e de uma nova sistemática para seu tratamento, as quais deram origem à tutela coletiva. A necessidade de coletivização dos litígios foi reconhecida pelos legisladores no início da década de 1980, com a edição das Leis da Política Nacional do Meio Ambiente (Lei nº 6.938/81) e da Ação Civil Pública (Lei nº 7.347/85), tendo sido consolidada na Constituição de 1988, que consagrou a legitimidade do Ministério Público para a tutela coletiva de uma ampla gama de direitos, muitos dos quais fundamentais e essenciais ao funcionamento do regime democrático.

A Constituição de 1988 conferiu ao Ministério Público amplas funções institucionais para a defesa da ordem jurídica, do regime democrático e dos interesses sociais e individuais indisponíveis, sem inseri-lo na estrutura dos Poderes Executivo ou Judiciário, conforme constou na maioria das Constituições brasileiras anteriores. A Constituição atual definiu o Ministério Público como instituição autônoma e independente, essencial à função jurisdicional do Estado, afastando qualquer possibilidade de subordinação em relação aos três Poderes da República, outorgando a seus membros as garantias da vitaliciedade, da inamovibilidade e irredutibilidade de vencimentos e prevendo o acesso à Instituição mediante concurso público de provas e títulos. Dentre as relevantes funções sociais conferidas ao Ministério Público pelo texto constitucional, destaca-se, no âmbito cível, a legitimidade para promover a defesa dos direitos difusos e coletivos da sociedade, através dos instrumentos do inquérito civil e da ação civil pública.

A evolução institucional do Ministério Público trazida pela Constituição de 1988 foi consequência do modelo de Estado Social e Democrático de Direito por ela adotado, no qual, além dos tradicionais direitos fundamentais de primeira dimensão, também chamados de direitos negativos ou de proteção contra o Estado (os direitos às liberdades), foram reconhecidas novas dimensões de direitos fundamentais, os direitos econômicos e sociais (segunda dimensão) e os direitos de solidariedade (terceira dimensão). Assim, as novas dimensões de direitos fundamentais passaram a exigir uma nova postura do Estado para sua implementação, isto é, a mudança de sua conduta de abstenção ligada aos direitos liberais burgueses tradicionais, para uma postura positiva ou interventiva, dirigida à concretização dos direitos de segunda e terceira dimensões trazidos no texto constitucional.

Nesse sentido, os constituintes de 1988 não se contentaram em apenas declarar a eficácia imediata dos direitos fundamentais, aguardando a atuação do Poder Executivo no sentido da materialização dos direitos fundamentais sociais, econômicos e de solidariedade; eles preferiram reconhecer constitucionalmente os instrumentos do inquérito civil e da ação civil pública já previstos pela legislação ordinária, outorgando ao Ministério Público legitimidade constitucional para sua utilização, na proteção do patrimônio público e social, do meio ambiente e de outros interesses difusos e coletivos.

Atualmente, o Ministério Público dispõe de uma ampla legitimidade para a promoção da tutela da probidade administrativa, advinda de previsão constitucional e de inúmeras leis infraconstitucionais. A Constituição de 1988, além de reconhecer a legitimidade da Instituição para promover o inquérito civil, a fim de apurar a prática de atos ilícitos lesivos ao patrimônio público e a outros interesses difusos e coletivos, conferiu ao Ministério Público importantes poderes para sua instrução, tais como a possibilidade de expedição de notificações, de requisição de documentos e informações, os quais foram ampliados pela Lei Complementar nº 75/93 (Estatuto do Ministério Público da União) e pela Lei nº 8.625/93 (Lei Orgânica Nacional do Ministério Público), com base em expressa previsão constitucional. Outras leis infraconstitucionais também trouxeram dispositivos acerca da legitimidade investigatória do Ministério Público, com a outorga de relevantes poderes para tanto, em especial a Lei nº 7.347/85 (Lei de Ação Civil Pública) e a Lei nº 8.078/90 (Código de Defesa do Consumidor) e, no campo específico da tutela da probidade administrativa, a Lei nº 8.429/92 (Lei de Improbidade Administrativa).

Esse arcabouço constitucional e legal permitiu que o Ministério Público viesse a exercer atividades investigatórias inovadoras na esfera cível, dentre as quais se destaca a tutela da probidade administrativa. Nesta área, visa a garantir o direito à boa governança ou à administração proba, que utilize com eficiência os limitados recursos da sociedade para o atendimento do bem comum, ao invés de desviá-los para a obtenção de vantagens e privilégios pessoais dos governantes e de seus familiares ou protegidos, em detrimento da implementação dos direitos fundamentais sociais (educação, saúde, moradia, segurança, previdência social, dentre outros) e, por consequência, da garantia da dignidade da pessoa humana.

A identificação de limites nas investigações cíveis do Ministério Público de tutela da probidade faz-se necessária, pois, se estas têm por objetivo defender direitos fundamentais da sociedade, as mesmas não podem, durante sua tramitação, ofender o direito fundamental à privacidade dos investigados. Embora existam diferenças nos conceitos de intimidade, vida privada, honra e imagem das pessoas, protegidos pela Constituição de 1988, no art. 5º, inc. X, na condição de direitos fundamentais individuais, estes têm um caráter unitário, pois todos possuem tanto uma dimensão individual íntima, representada pela faculdade de isolamento, como também compreendem uma dimensão nas relações sociais, referente ao conhecimento e controle dos indivíduos sobre as informações que lhes dizem respeito. Por isto, a doutrina e jurisprudência estrangeiras atuais tendem a considerar estes direitos como uma pluralidade de manifestações ou modalidades do direito à privacidade, que engloba em um direito único os distintos instrumentos de tutela da vida privada.

A positivação constitucional brasileira sobre o direito à privacidade consistiu na elaboração de fórmulas genéricas, que não admitem uma interpretação rígida, permitindo a incidência dos usos sociais na delimitação de seu conteúdo, de acordo com o contexto histórico, social, político e econômico em que se encontra inserido. No caso de pessoas que exercem cargos públicos se revela reduzida a esfera de privacidade, que cede espaço a outros princípios e direitos fundamentais, sem que isto implique em sua supressão.

A exigência de requisitos mínimos para a instauração do inquérito civil ou de outra espécie de investigação ministerial possui íntima relação tanto com o princípio da obrigatoriedade, decorrente da circunstância da sociedade ser a titular dos direitos tutelados pelo Ministério Público, quanto com o direito à privacidade das pessoas investigadas. Dessa forma, na tutela da probidade administrativa, a atuação investigatória do Ministério Público dependerá da presença de hipótese relativa à prevenção ou repressão aos atos de improbidade administrativa previstos pelos arts. 9°, 10° e 11, da Lei n° 8.429/92, à busca de ressarcimento ao erário, ou à anulação de ato lesivo aos princípios da Administração Pública, a qual deverá estar baseada na existência de indícios mínimos relativos à prática dos atos ilícitos a serem investigados, consistentes na notícia de fato determinado, descrito de forma coerente e com a indicação de um início probatório, acerca da lesão ou ameaça de lesão a interesses ou direitos difusos juridicamente protegidos.

O princípio constitucional da publicidade (art. 37, *caput*, da Constituição de 1988) é visto atualmente como norma, na qual se integram valores relativos à ideia de Direito, consistentes na ideia de transparência e no dever de probidade dos integrantes da Administração Pública. Referido princípio da publicidade estabelece um mandamento de otimização, que prescreve algo para ser realizado na maior medida possível, indicando apenas uma direção a ser seguida, isto é, a publicidade da atuação estatal, dentro da qual se inserem as investigações cíveis do Ministério Público na tutela da probidade.

Embora a Constituição brasileira admita a possibilidade de restrição do princípio da publicidade dos atos processuais, mediante previsão legal, para a defesa da intimidade (art. 5°, inc. LX), nem as normas constitucionais, tampouco as infraconstitucionais, trouxeram qualquer norma específica referente às investigações do Ministério Público na tutela da probidade administrativa. Nesta área, a exceção de sigilo para a proteção da privacidade revela-se inadequada para a restrição do princípio constitucional da publicidade, pois a atuação dos agentes públicos, sejam estes servidores ou ocupantes de cargos políticos, equipara-se à gestão de patrimônio alheio, que no caso é público, devendo por isto todos os atos praticados nesta esfera ser de conhecimento dos titulares deste patrimônio, isto é, de toda a sociedade. Esta característica pública da atuação dos administradores e servidores públicos afasta o reconhecimento do direito à privacidade destes, no que se refere ao exercício das funções inerentes aos cargos públicos por eles ocupados. Os fundamentos para esta conclusão são encontrados no próprio princípio constitucional da publicidade, na responsabilidade pelo exercício de cargo ou função pública, na prevenção e nas restrições aos abusos de autoridade, na preservação do sistema democrático, bem como nas liberdades de expressão, de comunicação e de imprensa.

O ponto de equilíbrio entre a publicidade das investigações de atos lesivos à probidade administrativa, de um lado, e a privacidade dos investigados, de outro, ambas com assento constitucional, não reside no estabelecimento das hipóteses de sigilo das investigações para a proteção da dignidade e intimidade dos investigados. Este equilíbrio pode ser buscado evitando fazer-se publicidade das investigações com alarde ou sensacionalismo, enfatizando-se sempre que se trata de investigação, conciliando-se, assim, o interesse público da publicidade e o interesse do cidadão à privacidade.

O sigilo do inquérito civil fundado no interesse público, admitido por analogia com o art. 20 do Código de Processo Penal, em regra, poderá ser determinado pelo representante do Ministério Público que o presidir, com base nos critérios de razoabilidade e necessidade, seja para a conveniência da investigação ou para a proteção do interesse da sociedade, a fim de garantir a eficácia de suas diligências instrutórias, sem alcançar a totalidade da investigação, abrangendo tão somente a condução das investigações em curso e a fazer, mas não as diligências já realizadas, se a divulgação do teor destas últimas não prejudicar a efetivação das seguintes. Esta conclusão decorre da aplicação do princípio de interpretação constitucional da concordância prática, que harmoniza, com restrições parciais e recíprocas, os princípios da publicidade, de um lado, e os princípios da eficiência e da supremacia do interesse público, de outro.

Por outro lado, salvo a necessidade de se aguardar o exame de alguma medida liminar pelo Poder Judiciário (indisponibilidade de bens, busca e apreensão etc.), que eventualmente poderá ser prejudicada com sua divulgação antes que seja proferida a decisão, desaparecem os motivos das hipóteses de sigilo com a conclusão do inquérito civil. Desta maneira, a conclusão da investigação exige irrestrita publicidade, em especial na esfera da probidade administrativa, para que os cidadãos e interessados tenham conhecimento da gestão pública realizada pelos agentes e servidores públicos, bem como para que os investigados eventualmente possam preparar suas defesas.

Mesmo que a tramitação da investigação ministerial ocorra sob a égide do princípio constitucional da publicidade, o acesso, a utilização e a divulgação de alguns dados estão sujeitos a restrições no curso daquela. Estas restrições são determinadas por normas constitucionais ou infraconstitucionais, que impõem sigilo a determinadas matérias, limitando seu acesso a determinadas pessoas ou autoridades, condicionado à presença de hipóteses específicas e à preservação do sigilo das informações.

O Ministério Público não está sujeito à reserva do sigilo legal no exercício de seu poder constitucional de realizar requisições, sendo-lhe conferido o acesso a quaisquer informações e documentos de órgãos públicos ou privados, para a instrução de suas investigações cíveis de tutela da probidade, com base no art. 129, inc. VI, da Constituição da República, no art. 8°, § 2°, da Lei Complementar n° 75/93, e nos arts. 26, § 2°, e 80, ambos da Lei n° 8.625/93. Excepcionam-se desta regra geral as matérias em que a própria Constituição Federal exija a concessão de ordem judicial para a quebra do sigilo, bem como aquelas relativas ao sigilo profissional do advogado, previstas pelos arts. 7°, inc. XIX, e 34, inc. VII, ambos da Lei n° 8.906/94 (Estatuto da Advocacia e da Ordem dos Advogados do Brasil). Todavia, após o ajuizamento de ação civil pública pelo Ministério Público, as informações e documentos protegidos por sigilo que venham a integrar o processo de tutela da probidade administrativa, como objeto da discussão judicial, perdem este caráter, devendo ser submetidos à publicidade.

O direito constitucional à privacidade não faz parte da essência do sigilo bancário, que é protegido pela legislação infraconstitucional. Se a informação protegida pelo sigilo bancário interferir no âmbito de terceiros e surgir o interesse público na apuração de condutas ilícitas, não se pode invocar a tutela do direito à privacidade, que não é absoluta, sendo admissíveis as exceções ao sigilo previstas pela Lei Complementar n° 105/01, que dispõe sobre o sigilo das operações de instituições financeiras. Tais exceções ao sigilo bancário constantes da Lei Complementar n° 105/01, de caráter geral, não elidem a exceção ao sigilo prevista no art. 8°, § 2°, da Lei Complementar n° 75/93 (Lei Orgânica do Ministério Público da União), de caráter especial, que autoriza a requisição direta pelo Ministério Público, para a instrução de suas investigações, de quaisquer informações, registros, dados ou documentos protegidos pelo sigilo legal. Esta última norma também é aplicável ao Ministério Público dos Estados por força do art. 80 da Lei nº 8.625/93, segundo interpretação sistemática do ordenamento jurídico brasileiro relativa ao tema tratado.

Por fim, não pode ser invocado o sigilo no que se refere às movimentações bancárias de valores correspondentes a verbas públicas, pois os atos de gestão da Administração Pública não se enquadram no âmbito da tutela do direito à privacidade, devendo submeter-se aos princípios constitucionais da publicidade, moralidade e legalidade. Estes princípios exigem a transparência na utilização dos recursos oriundos da arrecadação tributária, com a finalidade de permitir a mais ampla fiscalização em sua aplicação pelos seus titulares, isto é, por toda a população.

Referências

AGULHON, Maurice. *1848*: O aprendizado da República. Tradução de Maria Inês Rolim. Rio de Janeiro: Paz e Terra, 1991.

ALEXY, Robert. *Teoría de los Derechos Fundamentales*. Traducción de Carlos Bernal Pulido. 2. ed. Madrid: Centro de Estudios Políticos y Constitucionales, 2007.

ALEMANHA. Constituição de Weimar de 1919. In: COMPARATO, Fábio Konder. *A afirmação histórica dos direitos humanos*. 6. ed. São Paulo: Saraiva, 2008.

ALVES, Rogério Pacheco; GARCIA, Emerson. *Improbidade Administrativa*. 4. ed., rev. e ampl. Rio de Janeiro: Lumen Juris, 2008.

ARRUDA, José Roberto. *Vídeos*. Apresentam supostos pagamentos de propina na Administração Pública no Distrito Federal. Disponível em: <http://www.youtube.com>. Acesso em: 03 dez. 2009.

ATALIBA, Geraldo. *República e Constituição*. 2. ed. Atualização de Rosolea Miranda Folgosi. São Paulo: Malheiros: 2007.

AZEVEDO, Plauto Faraco de. *Direito, justiça social e neoliberalismo*. São Paulo: Revista dos Tribunais, 1999.

BANDEIRA DE MELLO, Celso Antônio. *Curso de Direito Administrativo*. 26. ed., rev. e atual. São Paulo: Malheiros, 2009.

BARENDT, Eric. *Freedom of speech*. 2. ed. New York: Oxford, 2007.

BELLINETTI, Luiz Fernando. Limitações legais ao sigilo bancário. In: *Revista de Direito do Consumidor*, Instituto Brasileiro de Política e Direito do Consumidor, São Paulo, n. 18, p. 141-161, abr./jun. 1996. São Paulo: Revista dos Tribunais, 1996.

BOBBIO, Norberto. *A era dos direitos*. Tradução de Carlos Nelson Coutinho. 7. reimpr. Rio de Janeiro: Elsevier, 2004.

BONAVIDES, Paulo. *Do Estado Liberal ao Estado Social*. 8. ed. São Paulo: Malheiros, 2007.

BRANDÃO, Paulo de Tarso. *Ação Civil Pública*. Florianópolis: Obra Jurídica, 1996.

BRASIL. Conselho Nacional do Ministério Público. *Resolução nº 23, de 17 de setembro de 2007*. Regulamenta os artigos 6º, inciso VII, e 7º, inciso I, da Lei Complementar nº 75/93 e os artigos 25, inciso IV, e 26, inciso I, da Lei nº 8.625/93, disciplinando, no âmbito do Ministério Público, a instauração e a tramitação do inquérito civil. Disponível em: <http://www.cnmp.gov.br/conselhos/cnmp/legislação/resoluções>. Acesso em: 2 dez. 2009.

——. Ato Institucional nº 1, de 9 de abril de 1964. In: CAMPANHOLE, Adriano; CAMPANHOLE, Hilton Lobo (org.). *Constituições do Brasil*. 10. ed. São Paulo: Atlas, 1992.

——. Ato Institucional nº 5, de 13 de dezembro de 1968. In: CAMPANHOLE, Adriano; CAMPANHOLE, Hilton Lobo (org.). *Constituições do Brasil*. 10. ed. São Paulo: Atlas, 1992.

——. Código de Processo Civil. In: GOMES, Luiz Flávio (org.). *Código Penal, Código de Processo Penal, Legislação Penal e Processual Penal, Constituição Federal*. 11. ed. rev., ampl. e atual. São Paulo: Revista dos Tribunais, 2009.

——. Código de Processo Penal. In: GOMES, Luiz Flávio (org.). *Código Penal, Código de Processo Penal, Legislação Penal e Processual Penal, Constituição Federal*. 11. ed. rev., ampl. e atual. São Paulo: Revista dos Tribunais, 2009.

——. Código Tributário Nacional. In: *Presidência da República do Brasil*: Legislação: Códigos. Disponível em: <http://www.planalto.gov.br>. Acesso em: 10 jan. 2010.

——. Constituição Política do Império do Brasil (1824). In: CAMPANHOLE, Adriano; CAMPANHOLE, Hilton Lobo (org.). *Constituições do Brasil*. 10. ed. São Paulo: Atlas, 1992.

——. Constituição da República Federativa do Brasil (1891). In: CAMPANHOLE, Adriano; CAMPANHOLE, Hilton Lobo (org.). *Constituições do Brasil*. 10. ed. São Paulo: Atlas, 1992.

——. Constituição da República dos Estados Unidos do Brasil (1934). In: CAMPANHOLE, Adriano; CAMPANHOLE, Hilton Lobo (org.). *Constituições do Brasil*. 10. ed. São Paulo: Atlas, 1992.

——. Constituição dos Estados Unidos do Brasil (1937). In: CAMPANHOLE, Adriano; CAMPANHOLE, Hilton Lobo (org.). *Constituições do Brasil*. 10. ed. São Paulo: Atlas, 1992.

——. Constituição dos Estados Unidos do Brasil (1946). In: CAMPANHOLE, Adriano; CAMPANHOLE, Hilton Lobo (org.). *Constituições do Brasil*. 10. ed. São Paulo: Atlas, 1992.

——. Constituição do Brasil (1967). In: CAMPANHOLE, Adriano; CAMPANHOLE, Hilton Lobo (org.). *Constituições do Brasil*. 10. ed. São Paulo: Atlas, 1992.

——. Constituição da República Federativa do Brasil (1988). In: GOMES, Luiz Flávio (org.). *Código Penal, Código de Processo Penal, Legislação Penal e Processual Penal, Constituição Federal*. 11. ed. rev., ampl. e atual. São Paulo: Revista dos Tribunais, 2009.

——. Decreto nº 848, 19 de setembro de 1890. Organiza a Justiça Federal. In: *Presidência da República do Brasil*: Legislação: Decretos. Disponível em: <http://www.planalto.gov.br>. Acesso em: 12 ago. 2009.

——. Emenda Constitucional nº 16, de 26 de novembro de 1965. In: CAMPANHOLE, Adriano; CAMPANHOLE, Hilton Lobo (org.). *Constituições do Brasil*. 10. ed. São Paulo: Atlas, 1992.

——. Emenda Constitucional nº 1, de 17 de outubro de 1969 (Constituição de 1969). In: CAMPANHOLE, Adriano; CAMPANHOLE, Hilton Lobo (org.). *Constituições do Brasil*. 10. ed. São Paulo: Atlas, 1992.

——. Emenda Constitucional nº 7, de 3 de abril de 1977. In: CAMPANHOLE, Adriano; CAMPANHOLE, Hilton Lobo (org.). *Constituições do Brasil*. 10. ed. São Paulo: Atlas, 1992, p. 271-278.

——. Emenda Constitucional nº 45, de 8 de dezembro de 2004. In: GOMES, Luiz Flávio (org.). *Código Penal, Código de Processo Penal, Legislação Penal e Processual Penal, Constituição Federal*. 11. ed. rev., ampl. e atual. São Paulo: Revista dos Tribunais, 2009.

———. Lei de 29 de novembro de 1832. Promulga o Código de Processo Criminal de primeira instância com disposição provisória acerca da Administração da Justiça Civil. In: *Presidência da República do Brasil*: Legislação: Leis do Império. Disponível em: <http://www.planalto.gov.br>. Acesso em: 5 ago. 2009.

———. Lei nº 261, de 3 de dezembro de 1841. Reformando o Código de Processo Criminal. In: *Presidência da República do Brasil*: Legislação: Leis do Império. Disponível em: <http://www.planalto.gov.br>. Acesso em: 10 ago. 2009.

———. Lei nº 4.717, 29 de junho de 1965. Regula a ação popular. In: *Presidência da República do Brasil*: Legislação: Leis Ordinárias. Disponível em: <http://www.planalto.gov.br>. Acesso em: 28 ago. 2009.

———. Lei nº 6.938, 31 de agosto de 1981. Dispõe sobre a Política Nacional do Meio Ambiente, seus fins e mecanismos de formulação e aplicação, e dá outras providências. In: *Presidência da República do Brasil*: Legislação: Leis Ordinárias. Disponível em: <http://www.planalto.gov.br>. Acesso em: 14 ago. 2009.

———. Lei nº 7.347, de 24 de julho de 1985. Disciplina a ação civil pública de responsabilidade por danos causados ao meio ambiente, ao consumidor, a bens e direitos de valor artístico, estético, histórico, turístico e paisagístico (VETADO) e dá outras providências. In: *Presidência da República do Brasil*: Legislação: Leis Ordinárias. Disponível em: <http://www.planalto.gov.br>. Acesso em: 12 ago. 2009.

———. Lei nº 7.853, de 24 de outubro de 1989. Dispõe sobre o apoio às pessoas portadoras de deficiência, sua integração social, sobre a Coordenadoria Nacional para Integração da Pessoa Portadora de Deficiência – Corde, institui a tutela jurisdicional de interesses coletivos ou difusos destas pessoas, disciplina a atuação do Ministério Público, define crimes, e dá outras providências. In: *Presidência da República do Brasil*: Legislação: Leis Ordinárias. Disponível em: <http://www.planalto.gov.br>. Acesso em: 10 ago. 2009.

———. Lei nº 7.913, de 7 de dezembro de 1989. Dispõe sobre a ação civil pública de responsabilidade por danos causados aos investidores no mercado de valores mobiliários. In: *Presidência da República do Brasil*: Legislação: Leis Ordinárias. Disponível em: <http://www.planalto.gov.br>. Acesso em: 10 ago. 2009.

———. Lei nº 8.069, de 13 de julho de 1990. Dispõe sobre o Estatuto da Criança e do Adolescente e dá outras providências. In: *Presidência da República do Brasil*: Legislação: Leis Ordinárias. Disponível em: <http://www.planalto.gov.br>. Acesso em: 10 ago. 2009.

———. Lei nº 8.078, de 11 de novembro de 1990. Dispõe sobre a proteção do consumidor e dá outras providências. In: *Presidência da República do Brasil*: Legislação: Leis Ordinárias. Disponível em: <http://www.planalto.gov.br>. Acesso em: 15 ago. 2009.

———. Lei nº 8.429, de 2 de junho de 1992. Dispõe sobre as sanções aplicáveis aos agentes públicos nos casos de enriquecimento ilícito no exercício de mandato, cargo, emprego ou função na administração pública, indireta ou fundacional e dá outras providências. In: *Presidência da República do Brasil*: Legislação: Leis Ordinárias. Disponível em: <http://www.planalto.gov.br>. Acesso em: 18 ago. 2009.

———. Lei nº 8.625, de 12 de fevereiro de 1993. Institui a Lei Orgânica Nacional do Ministério Público, dispõe sobre normas gerais para a organização do Ministério Público dos Estados e dá outras providências. In: *Presidência da República do Brasil*: Legislação: Leis Ordinárias. Disponível em: <http://www.planalto.gov. br>. Acesso em: 31 jul. 2009.

——. Lei nº 8.884, de 11 de junho de 1994. Transforma o Conselho Administrativo de Defesa Econômica (Cade) em Autarquia, dispõe sobre a prevenção e a repressão às infrações contra a ordem econômica e dá outras providências. In: *Presidência da República do Brasil*: Legislação: Leis Ordinárias. Disponível em: <http://www.planalto.gov.br>. Acesso em: 10 ago. 2009.

——. Lei nº 8.906, de 4 de julho de 1994. Dispõe sobre o Estatuto da Advocacia e a Ordem dos Advogados do Brasil (OAB). In: *Presidência da República do Brasil*: Legislação: Leis Ordinárias. Disponível em: <http://www.planalto.gov.br>. Acesso em: 18 nov. 2009.

——. Lei nº 9.296, de 24 de julho de 1996. Regula o inciso XII, parte final, do art. 5º da Constituição Federal. In: *Presidência da República do Brasil*: Legislação: Leis Ordinárias. Disponível em: <http://www.planalto.gov.br>. Acesso em: 10 dez. 2009.

——. Lei nº 10.741, de 1º de outubro de 2003. Dispõe sobre o Estatuto do Idoso e dá outras providências. In: *Presidência da República do Brasil*: Legislação: Leis Ordinárias. Disponível em: <http://www.planalto.gov.br>. Acesso em: 20 ago. 2009.

——. Lei nº 11.448, de 15 de janeiro de 2007. Altera o art. 5º da Lei nº 7.347, de 24 de julho de 1985, que disciplina a ação civil pública, legitimando para sua propositura a Defensoria Pública. In: *Presidência da República do Brasil*: Legislação: Leis Ordinárias. Disponível em: <http://www.planalto.gov.br>. Acesso em: 18 set. 2009.

——. Lei Complementar nº 40, de 14 de dezembro de 1981. Estabelece normas gerais a serem adotadas na organização do Ministério Público estadual. In: *Presidência da República do Brasil*: Legislação: Leis Complementares. Disponível em: <http://www.planalto.gov.br>. Acesso em: 12 ago. 2009.

——. Lei Complementar nº 75, de 20 de maio de 1993. Dispõe sobre a organização, as atribuições e o estatuto do Ministério Público da União. In: *Presidência da República do Brasil*: Legislação: Leis Complementares. Disponível em: <http://www.planalto.gov.br>. Acesso em: 10 ago. 2009.

——. Lei Complementar nº 105, de 10 de janeiro de 2001. Dispõe sobre o sigilo das operações de instituições financeiras e dá outras providências. In: *Presidência da República do Brasil*: Legislação: Leis Complementares. Disponível em: <http://www.planalto.gov.br>. Acesso em: 10 jan. 2010.

——. Superior Tribunal de Justiça. *Recurso Especial nº 34980/SP*. Relator Ministro Francisco Peçanha Martins. J. 15 jun. 1994. Disponível em: <http://www.stj.jus.br>. Acesso em: 18 setembro 2009.

——. ——. *Recurso Ordinário em Mandado de Segurança nº 14397/PR*. Relator Ministro José Arnaldo da Fonseca. J. 1º out. 2002. Disponível em: <http://www.stj.jus.br>. Acesso em: 09 dez. 2009.

——. ——. *Recurso Ordinário em Habeas Corpus nº 13360/PR*. Relator Ministro Gilson Dip. J. 27 maio 2003. Disponível em: <http://www.stj.jus.br>. Acesso em: 29 jan. 2010.

——. ——. *Recurso Especial nº 644994/MG*. Relator Ministro João Otávio de Noronha. J. 17 fev. 2005. Disponível em: <http://www.stj.jus.br>. Acesso em: 25 set. 2009.

——. ——. *Súmula nº 329*. J. 2 ago. 2006A. Disponível em: <http:/www.stj.jus.br>. Acesso em: 19 ago. 2009.

———. ———. *Recurso Especial nº 633250/AM*. Relator para o acórdão Ministro Arnaldo Esteves Lima. J. 21 nov. 2006B. Disponível em: <http://www.stj.jus.br>. Acesso em: 5 jan. 2010.

———. ———. *Recurso Especial nº 695214/RJ*. Relator Ministro Humberto Martins. J. 14 ago. 2007A. Disponível em: <http://www.stj.jus.br>. Acesso em: 18 set. 2009.

———. ———. *Recurso Especial nº 849841/MG*. Relatora Ministra Eliana Calmon. J. 28 ago. 2007B. Disponível em: <http://www.stj.jus.br>. Acesso em: 25 set. 2009.

———. ———. *Recurso Ordinário em Mandado de Segurança nº 25375/PA*. Relator Ministro Felix Fischer. J. 19 fev. 2008A. Disponível em: <http://www.stj.jus.br>. Acesso em: 12 jan. 2010.

———. ———. *Recurso Especial nº 943304/SP*. Relator Ministro Luiz Fux. J. 6 maio 2008B. Disponível em: <http://www.stj.jus.br>. Acesso em: 7 jan. 2010.

———. ———. *Recurso Especial nº 1119377/SP*. Relator Ministro Humberto Martins. J. 26 ago. 2009A. Disponível em: <http://www.stj.jus.br>. Acesso em: 18 set. 2009.

———. ———. *Recurso Especial nº 1058053/MG*. Relatora Ministra Eliana Calmon. J. 20 ago. 2009B. Disponível em: <http://www.stj.jus.br>. Acesso em: 18 set. 2009.

———. ———. *Recurso Especial nº 1060976/DF*. Relator Ministro Luiz Fux. J. 17 nov. 2009C. Disponível em: <http://www.stj.jus.br>. Acesso em: 6 jan. 2010.

———. ———. *Recurso Ordinário em Habeas Corpus nº 25789/SP*. Relator Ministro Napoleão Nunes Maia Filho. J. 20 ago. 2009D. Disponível em: <http://www.stj.jus.br>. Acesso em: 12 jan. 2010.

———. ———. *Habeas Corpus nº 117733/PR*. Relator Ministro Arnaldo Esteves Lima. J. 7 maio 2009E. Disponível em: <http://www.stj.jus.br>. Acesso em: 7 jan. 2010.

———. ———. *Mandado de Segurança nº 21729-4/DF*. Relator para o acórdão Ministro Néri da Silveira. J. 5 out. 1995. Disponível em: <http://www.stf.jus.br>. Acesso em: 7 jan. 2010.

———. ———. *Recurso Extraordinário nº 215301/CE*. Relator Ministro Carlos Velloso. J. 13 abril 1999A. Disponível em: <http://www.stf.jus.br>. Acesso em: 5 janeiro 2010.

———. ———. *Recurso Extraordinário nº 219780/PE*. Relator Ministro Carlos Velloso. J. 13 abr. 1999B. Disponível em: <http://www.stf.jus.br>. Acesso em: 8 jan. 2010.

———. ———. *Recurso Extraordinário nº 208790/SP*. Relator Ministro Ilmar Galvão. J. 27 set. 2000. Disponível em: <http://www.stf.jus.br>. Acesso em: 18 set. 2009.

———. ———. *Recurso Extraordinário nº 248202/MG*. Relator Ministro Moreira Alves. J. 30 abr. 2002. Disponível em: <http://www.stf.jus.br>. Acesso em: 18 set. 2009.

———. ———. *Habeas Corpus nº 88190-4*. Relator Ministro Cezar Peluso. J. 29 ago. 2006. Disponível em: <http://www.stf.jus.br>. Acesso em: 04 dez. 2009.

———. ———. *Ação Direta de Inconstitucionalidade nº 3943*. Relatora Ministra Carmen Lúcia. Ajuizada 16 ago. 2007A. Disponível em: <http://www.stf.jus.br>. Acesso em: 10 out. 2009.

———. ———. *Questão de Ordem na Petição nº 3923/SP*. Relator Ministro Joaquim Barbosa. J. 13 jun. 2007B. Disponível em: <http://www.stf.jus.br>. Acesso em: 08 out. 2009.

———. ———. *Reclamação nº 2138/DF*. Relator para o acórdão Ministro Gilmar Mendes. J. 13 jun. 2007C. Disponível em: <http://www.stf.jus.br>. Acesso em: 08 out. 2009.

———. ———. *Habeas Corpus nº 91684-8/PR*. Relator Ministro Marco Aurélio. J. 19 ago. 2008. Disponível em: <http://www.stf.jus.br>. Acesso em: 04 dez. 2009.

——. ——. *Agravo Regimental no Agravo de Instrumento nº 506323/PR*. Relator Ministro Celso de Mello. J. 02 jun. 2009A. Disponível em: <http://www.stf.jus.br>. Acesso em: 08 out. 2009.

——. ——. *Súmula Vinculante nº 14*. P. 9 fev. 2009B. Disponível em: <http:/www.stf.jus.br>. Acesso em: 26 jan. 2010.

——. Tribunal de Justiça de Santa Catarina. *Recurso em Mandado de Segurança nº 2003.018395-7*. Relator Juiz Jânio de Souza Machado. J. 26 out. 2004A. Disponível em: <http://www.tj.sc.gov.br>. Acesso em: 17 dez. 2009.

——. ——. *Agravo de Instrumento nº 2003.024964-8*. Relator Desembargador Irineu João da Silva. J. 9 mar. 2004B. Disponível em: <http://www.tj.sc.gov.br>. Acesso em: 17 dez. 2009.

——. ——. *Mandado de Segurança nº 2008.002108-4*. Relatora Desembargadora Salete Silva Sommariva. J. 23 jun. 2008. Disponível em: <http://www.tj.sc.gov.br>. Acesso em: 17 dez. 2009.

——. ——. *Mandado de Segurança nº 2008.059570-9*. Relator Desembargador Torres Marques. J. 19 jan. 2009. Disponível em: <http://www.tj.sc.gov.br>. Acesso em: 17 dez. 2009.

BURLE FILHO, José Emmanuel. Principais aspectos do inquérito civil, como função institucional do Ministério Público. In: MILARÉ, Édis (org.). *Ação Civil Pública*: Lei 7.347/85: reminiscências e reflexões após dez anos de aplicação. São Paulo: Revista dos Tribunais, 1995.

CANOTILHO, José Joaquim Gomes. *Direito Constitucional e Teoria da Constituição*. 7. ed. Coimbra: Almedina, 2003.

CARVALHO FILHO, José dos Santos. *Ação Civil Pública*: Comentários por artigo: Lei nº 7.347, de 24.7.85. 3. ed. rev., ampl. e atual. Rio de Janeiro: Lumen Juris, 2001.

COMPARATO, Fábio Konder. *A afirmação histórica dos direitos humanos*. 6. ed. São Paulo: Saraiva, 2008.

COSTA JÚNIOR, Paulo José da. *O direito de estar só*: a tutela penal da intimidade. 3. ed. São Paulo: Siciliano, 2004.

CUSTÓDIO, André Viana; VERONESE, Josiane Rose Petry. *Trabalho Infantil:* A negação do ser criança e adolescente no Brasil. Florianópolis: OAB/SC, 2007.

DECOMAIN, Pedro Roberto. *Comentários à Lei Orgânica Nacional do Ministério Público*: Lei 8.625, de 12.02.1993. Florianópolis: Obra Jurídica, 1996.

DINAMARCO, Pedro da Silva. *Ação Civil Pública*. São Paulo: Saraiva, 2001.

DWORKIN, Ronald. *Levando os direitos a sério*. Tradução de Jefferson Luiz Camargo. 2. ed. São Paulo: Martins Fontes, 2007.

ESTADOS UNIDOS DA AMÉRICA DO NORTE. Declaração de Independência (1776). In: COMPARATO, Fábio Konder. *A afirmação histórica dos direitos humanos*. 6. ed. São Paulo: Saraiva, 2008.

——. Declaração dos Direitos de Virgínia (1776). In: COMPARATO, Fábio Konder. *A afirmação histórica dos direitos humanos*. 6. ed. São Paulo: Saraiva, 2008.

FARIAS, Edilsom Pereira de. *Colisão de direitos*: a honra, a intimidade, a vida privada e a imagem versus a liberdade de expressão e comunicação. 3. ed., rev. e atual. Porto Alegre: Sergio Antonio Fabris, 2008.

FERRARESI, Eurico. Limites de atuação do Ministério Público no inquérito civil. In: CUNHA, Rogério Sanches; GOMES, Luiz Flávio; TAQUES, Pedro (org.). *Limites constitucionais da investigação*. São Paulo: Revista dos Tribunais, 2009.

FERREIRA FILHO, Manoel Gonçalves. *Direitos humanos fundamentais*. 10. ed. São Paulo: Saraiva, 2008.

FRANÇA. Constituição de 1791. In: COMPARATO, Fábio Konder. *A afirmação histórica dos direitos humanos*. 6. ed. São Paulo: Saraiva, 2008.

——. Constituição de 1793. In: COMPARATO, Fábio Konder. *A afirmação histórica dos direitos humanos*. 6. ed. São Paulo: Saraiva, 2008.

——. Constituição de 1795. In: COMPARATO, Fábio Konder. *A afirmação histórica dos direitos humanos*. 6. ed. São Paulo: Saraiva, 2008.

——. Constituição de 1814. In: COMPARATO, Fábio Konder. *A afirmação histórica dos direitos humanos*. 6. ed. São Paulo: Saraiva, 2008.

——. Constituição de 1848. In: COMPARATO, Fábio Konder. *A afirmação histórica dos direitos humanos*. 6. ed. São Paulo: Saraiva, 2008.

——. Déclaration des Droits de l'Homme et du Citoyen du 26 août 1789. In: DUVERGER, Maurice. *Constitutions et Documents Politiques*. 4. ed. Paris: Presses Universitaires de France, 1966.

GARCIA, Emerson. *Ministério Público*: Organização, Atribuições e Regime Jurídico. 3 ed. Rio de Janeiro: Lumen Juris, 2008.

GIACOMUZZI, José Guilherme. *A moralidade administrativa e a boa-fé da administração pública*: O conteúdo dogmático da moralidade administrativa. São Paulo: Malheiros, 2002.

GOMES, José Jairo. Apontamentos sobre a improbidade administrativa. In: ANJOS FILHO, Rogério Nunes dos; COSTA NETO, Nicolao Dino de Castro e; SAMPAIO, José Adércio Leite; SILVA FILHO, Nívio de Freitas (org.). *Improbidade administrativa*: comemoração pelos 10 anos da Lei n. 8.429/92. Belo Horizonte: Del Rey, 2002.

GREENAWALT, Kent. *Speech, crime, and the uses of language*. New York: Oxford, 1989.

HESSE, Konrad. *Elementos de Direito Constitucional da República Federal da Alemanha*. Tradução de Luís Afonso Heck. Porto Alegre: Sergio Antonio Fabris, 1998.

HOBSBAWM, Eric. *Era dos Extremos*: O breve século XX: 1914-1991. Tradução de Marcos Santarrita. 2. ed. São Paulo: Companhia das Letras, 1999.

INGLATERRA. Magna Carta (1215). In: COMPARATO, Fábio Konder. *A afirmação histórica dos direitos humanos*. 6. ed. São Paulo: Saraiva, 2008.

——. Lei de *Habeas Corpus* (1679). In: COMPARATO, Fábio Konder. *A afirmação histórica dos direitos humanos*. 6. ed. São Paulo: Saraiva, 2008.

——. Declaração de Direitos (Bill of Rights – 1689). In: COMPARATO, Fábio Konder. *A afirmação histórica dos direitos humanos*. 6. ed. São Paulo: Saraiva, 2008.

KEYNES, John Maynard. *A teoria geral do emprego, do juro e da moeda*. Tradução de Mário R. da Cruz. São Paulo: Atlas, 2007.

——. *As conseqüências econômicas da paz*. Tradução de Sérgio Bath. São Paulo: Imprensa Oficial do Estado; Brasília: Universidade de Brasília, 2002.

——. O fim do "laissez-faire". In: SZMRECSÁNYL, Tamás (org.). *John Maynard Keynes*: economia. Tradução de Miriam Moreira Leite. 2. ed. São Paulo: Ática, 1984.

LARENZ, Karl. *Metodologia da Ciência do Direito*. Tradução de José Lamego. 3. ed. Lisboa: Fundação Calouste Gulbenkian, 1997.

LYRA, Roberto. *Teoria e prática da Promotoria Pública*. 2 ed. 1 reimpr. Porto Alegre: Sergio Antonio Fabris, 2001.

MANCUSO, Rodolfo de Camargo. *Ação Civil Pública*: em defesa do meio ambiente, do patrimônio cultural e dos consumidores: Lei 7.347/85 e legislação complementar. 7. ed. São Paulo: Revista dos Tribunais, 2001.

MARTINS JÚNIOR, Wallace Paiva. *Probidade Administrativa*. 4. ed. São Paulo: Saraiva, 2009.

MARTINS NETO, João dos Passos. *Direitos Fundamentais*: Conceito, função e tipos. São Paulo: Revista dos Tribunais, 2003.

——. *Fundamentos da liberdade de expressão*. Florianópolis: Insular, 2008.

MAZZILLI, Hugo Nigro. *A defesa dos interesses difusos em juízo*: meio ambiente, consumidor e outros interesses difusos e coletivos. 13. ed. São Paulo: Saraiva, 2001.

——. *O Inquérito Civil*: Investigações do Ministério Público, compromissos de ajustamento e audiências públicas. 3 ed. São Paulo: Saraiva, 2008.

MEIRELLES, Hely Lopes. *Direito Administrativo brasileiro*. 35. ed. Atualização de Eurico de Andrade Azevedo et al. São Paulo: Malheiros, 2009.

MÉXICO. Constituição de 1917. In: COMPARATO, Fábio Konder. *A afirmação histórica dos direitos humanos*. 6. ed. São Paulo: Saraiva, 2008.

MIRANDA, Jorge. *Teoria do Estado e da Constituição*. 2. ed. Rio de Janeiro: Forense, 2009.

NERY JÚNIOR, Nelson. Título VI: Disposições finais. In: GRINOVER, Ada Pellegrini *et al*. *Código brasileiro de defesa do consumidor*: comentado pelos autores do anteprojeto. 6 ed. Rio de Janeiro: Forense Universitária, 1999.

OSÓRIO, Fábio Medina. *Improbidade administrativa*: Observações sobre a Lei 8.429/92. 2. ed. Porto Alegre: Síntese, 1998.

PASOLD, Cezar Luiz. *Função Social do Estado Contemporâneo*. Florianópolis: Autor; Florianópolis: LADESC, 1984.

PAZZAGLINI FILHO, Marino. *Lei de improbidade administrativa comentada*: aspectos constitucionais, administrativos, civis, criminais, processuais e de responsabilidade fiscal: legislação e jurisprudência atualizadas. São Paulo: Atlas, 2002.

PÉREZ LUÑO, Antonio Enrique. *Derechos Humanos, Estado de Derecho y Constitución*. 9. ed. Madrid: Tecnos, 2005.

——. *Los derechos fundamentales*. 7. ed. Madrid: Tecnos, 1998.

PRZEWORSKI, Adam. *Capitalismo e Social-Democracia*. Tradução de Laura Teixeira Motta. São Paulo: Companhia das Letras, 1989.

RAMOS, André de Carvalho. O combate internacional à corrupção e a Lei da Improbidade. In: ANJOS FILHO, Rogério Nunes dos; COSTA NETO, Nicolao Dino de Castro e; SAMPAIO, José Adércio Leite; SILVA FILHO, Nívio de Freitas (org.). *Improbidade administrativa*: comemoração pelos 10 anos da Lei n. 8.429/92. Belo Horizonte: Del Rey, 2002.

RANGEL, Paulo. *Investigação criminal direta pelo Ministério Público*: Visão crítica. 2 ed. Rio de Janeiro, Lumen Juris, 2005.

SANTA CATARINA. Lei Complementar nº 197, de 13 de julho 2000. In: *Ministério Público do Estado de Santa Catarina*: Normas: Legislação Estadual: Leis Complementares. Disponível em: <http://www.mp.sc.gov.br>. Acesso em: 02 ago. 2009.

——. Procuradoria-Geral de Justiça do Ministério Público do Estado de Santa Catarina. *Ato nº 81/2008/PGJ*. Regulamenta a investigação cível do Ministério Público do Estado de Santa Catarina. Disponível em: <http://www.mp.sc.gov.br/normas/Atos PGJ>. Acesso em: 02 dez. 2009.

SARLET, Ingo Wolfgang. *A eficácia dos direitos fundamentais*. 9. ed. rev. atual. e ampl. Porto Alegre: Livraria do Advogado, 2008.

SILVA, Edson Ferreira da. *Direito à intimidade*: de acordo com a doutrina, o direito comparado e a Constituição de 1988. São Paulo: Oliveira Mendes, 1998.

SILVA, José Afonso da. *Curso de direito constitucional positivo*. 28. ed., rev. e atual. São Paulo: Malheiros, 2007.

TRÊS, Celso Antônio. A atuação do Ministério Público contra a improbidade administrativa probidade no combate à improbidade. In: ANJOS FILHO, Rogério Nunes dos; COSTA NETO, Nicolao Dino de Castro e; SAMPAIO, José Adércio Leite; SILVA FILHO, Nívio de Freitas (org.). *Improbidade administrativa*: comemoração pelos 10 anos da Lei n. 8.429/92. Belo Horizonte: Del Rey, 2002.

WATANABE, Kazuo. Título III: Da defesa do consumidor em juízo: Capítulo I: Disposições gerais. In: GRINOVER, Ada Pellegrini *et al*. *Código brasileiro de defesa do consumidor*: comentado pelos autores do anteprojeto. 6 ed. Rio de Janeiro: Forense Universitária, 1999.

WEINGARTNER NETO, Jayme. *Honra, privacidade e liberdade de imprensa*: uma pauta de justificação penal. Porto Alegre: Livraria do Advogado, 2002.

WOLKMER, Antonio Carlos. *História do direito no Brasil*. 4 ed. Rio de Janeiro: Forense, 2008.

———. *Pluralismo Jurídico*. 2. ed. São Paulo: Alfa Omega, 1997.